Widmung

Dieses Buch ist Dir, meinem Mann und Seelenkameraden Leonard Radomile, gewidmet.

Deine Liebe und Dein Einsatz für Dich selbst, für mich und unsere Ehe haben mir alles gegeben, was ich seit jeher suchte. Deine Liebe hat mich ganz und gar erfüllt und mich die Frau sein lassen, zu der Gott mich geschaffen hat. Ich weiß, daß alles in meinem Leben und meiner Arbeit von Gott durch Dich zu mir kommt, und ich gebe Dir alles in ewiger Dankbarkeit. Ich liebe Dich.

Terry Cole-Whittaker

Mentaltraining im Alltag

Erfolgreiche Techniken zur Lösung von Alltagsproblemen

Verlag PETER ERD · München

HOW TO HAVE MORE IN A HAVE-NOT WORLD
by Terry Cole-Whittaker
Original English language edition published by
Rawson Associates, New York, NY 10017

Umschlaggestaltung: Franz Wöllzenmüller
Umschlagillustration: Bildagentur Mauritius, Foto: Westlight
Aus dem Amerikanischen übertragen
und bearbeitet von Ursula Lindt
Neuausgabe des 1987 erschienenen Buches
„Träume werden wahr“ (ISBN 3-8138-0068-7)

Gesamtherstellung: Presse-Druck Augsburg
Printed in West Germany
ISBN 3-8138-0160-8

Inhaltsverzeichnis

Anerkennungen

Niemand tut irgend etwas alleine. Nach meiner Erfahrung ist Gottes Liebe alles, und wir alle sind Zellen im Körper Gottes, die zum Lobe und zur Freude Gottes zusammenwirken.

Ich möchte insbesondere den folgenden Menschen danken und ihren Beitrag zu meinem Leben und meiner Arbeit öffentlich anerkennen: Meinem Mann Leonard; unseren Töchtern Suzanne, Rebecca und Jenna, unserem Schwiegersohn und Rebeccas Mann David Wiesehan, unseren Eltern Adam Reith und Barbara Crawford, Anthony und Tina Radomile; unserer übrigen Familie; den Mitarbeitern und Freiwilligen unserer Gemeinde, deren Liebe, Verpflichtung und Hingabe alles möglich machte, all die Lehrer, die ich kennenlernen durfte, deren Bücher ich gelesen, deren Kurse ich besucht habe und durch die ich Gottes Liebe und Wahrheit erfahren durfte, möchte ich ganz besonders erwähnen.

Jesus von Nazareth ist mein Retter und mein Führer zum Heiligen Geist. Die Weisheit und die Lehren Lao-Tse und Buddha waren auch ein Gottesgeschenk für mich.

Ernest Holmes brachte mir die Gesetzmäßigkeiten des Lebens nahe und lehrte mich, wer ich bin. Der »Course of Miracles« ist für mich eine immerwährende Quelle der Liebe und der Wahrheit.

Ich spreche meine Anerkennung allen aus, die vor mir da waren und die Mut und Weitsicht durch sich und ihr Wirken zum Ausdruck brachten, die uns unserem göttlichen Potential spirituell nähergebracht haben. Meine Anerkennung gilt den Gnostikern, Metaphysikern, der Pfingstbewegung, Martin Luther, Moses, den Quantenphysikern, Sigmund Freud, Ida Rolf, dem Rebirthing, der Ernährung, den

Übungen, Oral Roberts, Reverend Ike, Werner Erhard, L. Ron Hubbard, Robert Panté, Marshall Thurber, Bhagwan Rajneesh, Sondra Ray*, Fritz Perls, Williams James, Abraham Maslow, Jamie Weinstein, Bel Evans und dem Yoga. Und ich danke den Gläubigen, den Zweiflern, den Skeptikern und allen anderen, die ich kenne und die ich nicht kenne und die zu meinem Leben und dem Leben anderer beigetragen haben. Ich verneige mich vor allen und bin allen aufrichtig dankbar.

Ich danke Eleanor und Ken Rawson, meinen Verlegern; Elizabeth Backman, Neale Marshall-Walsch; Dixie, der Schreiberin dieses Textes, und noch einmal meinem Mann Leonard, der mir half, dieses Buch zu beenden, herauszubringen und Ihnen zukommen zu lassen. Es funktioniert.

Danke!

Von Sondra Ray erschien ebenfalls im Verlag Peter Erd »Ja zur Liebe«

Sie haben
die Fähigkeiten,
die Sie brauchen

1. Kapitel

Mehr haben in einer armen Welt

Sie können wirklich haben, was Sie sich wünschen, wenn Sie es sich fortwährend wünschen. Es gibt Menschen, für die dies zutrifft und denen es jeden Tag bessergeht. Sie sind selten, und es ist durchaus möglich, daß Sie noch nie einem solchen Menschen begegnet sind. Gehören Sie jedoch zu ihnen, dann hilft Ihnen dieses Buch, noch mehr zu dem zu werden, was Sie sein könnten. Gehören Sie nicht dazu, dann zeigt ihnen dieses Buch die Möglichkeiten, wie Sie genau das sein, tun und haben können, was Sie möchten und ein glücklicherer und liebevollerer Mensch werden können.

Dies mag sich unrealistisch anhören, doch etwas in Ihnen möchte, daß das, was ich sage, wahr ist. Hören Sie auf dieses »Etwas« in Ihrem Innern, denn es sind Ihr Herz und Ihre Intuition, die hier sprechen. Eigentlich verfügt jeder über die Fähigkeiten, das zu sein, zu tun und zu haben, was er sich wünscht. Dieses Buch wurde geschrieben für alle diejenigen, die bereit und mutig genug sind, die Hände danach auszustrecken.

Dies ist kein Verfahren, um schnell reich zu werden. Es handelt sich auch nicht darum, wie man leicht Stroh zu Geld machen kann. Es erfordert Zeit, Ihren Einsatz, Ihren Mut und die Bereitschaft zu harter Arbeit und Ausdauer.

Es gab schon immer Menschen, die jeden gewünschten materiellen Besitz hatten, jedes angestrebte Erfolgssymbol erreichten, ob Ruhm, Macht oder Reichtümer. Es gibt viele Menschen, die wundervolle, liebevolle Beziehungen, gesunde Körper und eine positive Einstellung besitzen. Und dann gibt es noch diejenigen, die die Gegenwart einer höheren Kraft erfahren und spüren.

Entscheiden Sie sich nicht für »Stückwerk«. Ich meine, daß Sie innerhalb eines Kontex oder eines Rahmens der Selbsterfüllung und Befriedigung alles haben können, was Sie sich aufrichtig wünschen. Zu viele Menschen geben sich mit Krümeln des Lebenskuchens zufrieden und träumen niemals davon, daß Sie den ganzen Kuchen haben können. Alles zu haben bedeutet nicht, Kompromisse zu schließen oder erst alles zu verkaufen, um alles zu bekommen. Alles zu haben bedeutet auch mehr als das erste Drängen einer neuen Liebe, geht über die augenblickliche Begeisterung über ein gewonnenes Rennen, den Kauf einer Stereoanlage oder eines neuen Autos oder die Beförderung im Beruf hinaus. Die Einstellung des »Habens« übersteigt alles in der materiellen Welt und verwandelt die Bedingungen und Ereignisse Ihres Lebens. Dieses »Haben« transzendiert die Einstellung. Es entspringt dem Wissen darum, wer Sie sind, und so führen Sie Ihr Leben direkt aus dieser Erkenntnis heraus.

Die zwei Seiten des »Habens«

Es gibt zwei Seiten des Habens. *Die erste beschäftigt sich mit Ihnen, der Person, als dem Erzeuger Ihres Lebens.* Das ist der Schlüssel, ohne den alle Ihre Bemühungen und Kämpfe Sie nicht weiterbringen, und mit diesem Schlüssel ist Kampf überflüssig. Sie sind derjenige, der entscheidet, wie Ihr Leben verlaufen wird, und Sie sind es auch, der sich sein Leben vorstellt in die Wirklichkeit hinein.

Die zweite Seite ist, das Leben selbst zu meistern. Wenn man etwas meistert, dann besitzt man es. Kennt man erst die Gesetzmäßigkeiten des Lebens, lernt man auch deren konsequente Anwendung, um die gewünschten Ergebnisse zu erzielen. Reden sind nichts wert – das gleiche gilt für Ideen. Macht ist da, wo diese Ideen verwirklicht werden. Es gibt viele gute Menschen, die wünschen, hoffen, versuchen und die verzweifelt etwas möchten, die aber genau dort aufhören und nicht die Anstrengungen auf sich nehmen, um ihre Träume wahrzumachen. Um zu haben in einer armen Welt, müssen Sie wissen, wer Sie sind, und das Spiel des Lebens meistern.

Es gibt ungeschriebene Lebensgesetze. Wenn Sie die nicht kennen und nicht bewußt anwenden, dann ist das Beste in Ihrem Leben immer noch das Schlechteste dessen, was sein könnte. Vielleicht wissen Sie in Ihrem Innern, daß Sie in Wirklichkeit ein hervorragender Pianist sind, doch Sie spielen nicht einmal Klavier. Wenn man unter diesen Bedingungen beginnt, dann braucht man sowohl das Wissen, daß man ein hervorragender Pianist werden kann, obwohl man gerade erst anfängt, Klavierstunden zu nehmen, als auch eine Menge Hingabe. Spielen Sie mit Engagement, dann lernen Sie schließlich, so gut Klavier zu spielen, wie Sie schon immer in sich fühlten. *Ihre Ergebnisse entsprechen Ihrem Bewußtsein.* Das erfordert Engagement und Übung. Sie müssen daran arbeiten – und Sie müssen daran glauben.

Verfügen Sie nicht über das Bewußtsein, wer Sie sind, und haben Sie auch die Fähigkeiten und das Wissen nicht entwickelt, um das gewünschte Ergebnis hervorzubringen, dann sind Sie wirklich in Schwierigkeiten. Auf dieser Ebene ist das Leben ein einziger Kampf voller Frustration, Enttäuschung, Ablehnung, Unfälle und ähnlichem. Das Leben zu meistern bedeutet, das *Leben zu transzendieren*, so daß Sie erfahren können, wie es sich lebt. Es gibt diesen Unterschied, wie wir sehen werden.

In meinem Leben werde ich mir jeden Tag mehr bewußt, wer ich bin und welche Kraft mich durchströmt. Ich werde auch immer geübter im Einsatz meiner Talente, und ich fühle mich verpflichtet, auch das zu tun, was ich sage, so daß ich *ständig* das habe, was ich mir wünsche. Für mich war oder ist das Leben niemals ein Spiel des Zufalls. Das Leben kennt Gesetz und Ordnung, und die Sonne scheint jeden Tag auf uns herab, wenngleich wir vielleicht im Schatten stehen und uns wundern, warum es kalt und dunkel ist. Nur Sie selbst können durch eine feste Willensentscheidung in das Licht hervortreten. Durch diese bewußte Entscheidung werden die Kräfte des Lebens auf Ihre neuen Pläne und Absichten gelenkt. Diejenigen, die »haben«, sind auch diejenigen, die selbst die Dinge in die Hand nehmen; sie wissen, daß es an ihnen selbst liegt. Außerhalb gibt es niemanden, der Sie an der Hand führt. Sie müssen sich auf sich selbst verlassen, müssen sich selbst motivieren.

Wir leben in einer armen Welt. Mindestens 95 Prozent der Bevölkerung leben als Opfer oder potentielle Opfer von Kräften, die sie außerhalb ihrer selbst wähnen. Die meisten Menschen warten darauf, daß von außen etwas geschieht, das sie bewegt, rettet oder versorgt. Wir geben den Ereignissen, anderen Menschen, Dingen, Verhältnissen und Orten Macht über uns, anstatt die Verantwortung für uns selbst zu übernehmen. Nicht zu wissen, wer Sie sind, und die grundsätzlichen Gesetze des Lebens nicht zu kennen bedeutet, sich abzustrampeln und mehr ein Mitfahrer oder ein Beobachter als ein aktiver Teilnehmer am Leben zu sein. Je mehr Macht Sie der Welt über sich *einräumen*, um so mehr *reduzieren* Sie Ihre Macht über die Welt. In der Schöpfungsgeschichte der Bibel wird davon gesprochen, daß Gott den Menschen Herrschaft über die Erde gab. Er hat nicht der Erde Herrschaft über uns gegeben. Ja, es gibt die Naturgesetze, und wir müssen sie kennen und mit ihnen leben, und der Mensch besitzt zusätzlich die Fähigkeit zur bewußten Wahl und den Willen.

Könner lernen die Regeln und Gesetze. Sie selbst können entscheiden, ob Sie das Leben meistern und ganz erfahren wollen. Es liegt an Ihnen. Um etwas zu meistern, muß man die Regeln kennen, muß wissen, wie sie funktionieren, wie sie anzuwenden sind und wie sie einem helfen können. Die Ski-Asse stellen nicht ihre eigenen Gesetze auf; sie finden vielmehr heraus, wie das Skifahren am besten geht. Sie werden eins mit ihren Skiern, den Bergen und dem Schnee. Ein wahrer Könner verliert sich an das Skifahren so wie ein Supertänzer sich in den Tanz verliert. Die Anstrengung verschwindet, und was bleibt, ist die Erfahrung der Mühelosigkeit. Es ist wie der Augenblick der Ekstase bei Liebenden – das Individuum verschwindet, was bleibt ist die heilige Vereinigung. Ein Könner verliert durch die Hingabe seine Identität und wird zur Erfahrung von kosmischer Energie in Bewegung. *Es erfordert Mühe, mühelos zu werden.* Die Gesetze des Lebens beziehen sich auf alle Bereiche des Lebens, Sie brauchen also nicht alles herauszufinden. Entdecken Sie das Wesentliche, es trifft auf alle Bereiche Ihres Lebens zu. Es sieht nur so schwierig aus.

Könner nutzen das Leben. Geist und Körper scheinen in direkter Opposition zu stehen, denn Geist ist unendlich, unsterblich und absolut, der Körper ist endlich, vorübergehend und relativ. Es geht also um diesen offensichtlichen Konflikt. Im Johannes-Evangelium sagt die Bibel: »Der Geist ist willig, aber das Fleisch ist schwach.« Es scheint, als gäbe es einen direkten Konflikt zwischen Ihnen als Wesen, dem Geist in Ihrem Körper und dem physischen Körper.

Die Herausforderung besteht darin, den Körper zu einem Diener Ihres Geistes zu machen. Sie lernen die Gesetze und die Funktionsweise des Körpers, und indem sie beides verbinden, wird Ihr Sein oder Ihr Selbst zum Meister. Der scheinbare Konflikt zwischen Mensch und Natur verschwindet in einer Einheit und im Fest des Lebens. Die physische Welt wird zu Ihrem Werkzeug, zu Ihrem Spielplatz. Für die meisten Menschen bedeutet die physische Welt Last und Untergang. Der Geist wird der Diener des Fleisches. Ein Meister zu sein heißt, die Mittel Ihres Selbstausdrucks einzusetzen so wie ein Sänger seinen Atem und seine Stimmbänder und ein Maler Leinwand, Farbe und Pinsel. Das Leben will gelernt werden.

Könner kennen keine Furcht. Das Leben ist nicht geheimnisvoll; wir verbergen uns vor dem Leben, und dann geben wir vor, einige beunruhigende Aspekte des Lebens, und dazu gehören wir selbst, seien geheimnisvoll. Weil wir schon einen großen Teil des Lebens als undurchschaubar und erschreckend bezeichnet haben, ist es um so schrecklicher, uns dem zu stellen, was wir wirklich fürchten. Viele handhaben die Furcht, indem sie sich mehr und mehr zurückziehen und scheinbare Sicherheit für sich schaffen, indem sie sich selbst schützen, verstecken, sich verteidigen und zum Angriff übergehen, und dabei verlieren sie in der vorgetäuschten Sicherheit ständig Kraft.

Je mehr Sie das Leben und die Welt fürchten, um so weniger Freiheit besitzen Sie und desto weniger können Sie die Liebe, die Begeisterung und die Freude erfahren, die aus der Könnerschaft geboren werden. In Wahrheit gibt es keine Gefahr; Ihre Verteidigung erst erschafft die Feinde. Dienen Sie Ihren Ängsten, dann erschaffen Sie wirkliche Monster. Einige Menschen ziehen sich zurück, andere werden, anstatt sich zurückzuziehen, noch militanter und machthungriger. Wieder andere versuchen sogar, Verlust, Schmerzen, Kummer zu verhindern, indem sie sich mit Reichtum, Macht und Berühmtheit wappnen. Der

Lauf der Welt funktioniert jedoch so nicht, sondern führt nur zu weniger Freude und Glück und mehr Furcht und Isolation.

Könner gehen der Macht entgegen. Wenn Sie sich selbst zurücksetzen oder Ihren Glauben, nicht genug zu sein, überkompensieren, dann drücken Sie in beiden Fällen Ihre Hilflosigkeit aus. Je näher man dem Nullpunkt der Macht kommt, je komplexer, verwirrender und bedrohlicher wird das Leben. Je näher Sie diesem Nullpunkt sind, um so mehr verlieren Sie Ihre Identität und um so mehr verbinden Sie sich mit der Welt und ihren Äußerlichkeiten. Sie sehen und erfahren sich dann selbst als befristet, zerstörbar und im wesentlichen machtlos. Die Welt bedroht sie, und die Herausforderung des Lebens scheint größer zu sein als Sie selbst.

Je näher Sie der unendlichen Macht kommen, um so einfacher, klarer und hilfreicher wird das Leben. Erkennen Sie, wer Sie sind, dann dringen Sie vor zu höheren Ebenen des Bewußtseins und der Macht, bis zum Unendlichen. Und die Dinge, Ereignisse, Verhältnisse, Überzeugungen und Emotionen sinken dahin ab, wohin sie gehören, zum Nullpunkt, wo sie keine Macht mehr über Sie haben. Betrachten Sie es so: Je höher Sie steigen, um so müheloser und freudevoller wird es, das Leben zu leben. Auf dieser Ebene möchten Sie ewig leben, und das Leben ist für Sie ein reichgedeckter Tisch.

Lösung des Konflikts

Ein Hauptkonflikt in uns entsteht aus unserer Zerrissenheit zwischen Spirituellem und Physischem. Je weiter Sie sich vom Spirituellen entfernen, um so näher sind Sie dem Physischen. Sie werden zu einem leblosen, befristeten, begrenzten Wesen. Um davon loszukommen, müssen Sie sich von dem abwenden, wie Sie sich bisher wahrgenommen, erfahren und erkannt haben. Sie müssen die Macht zurückfordern, die Sie bisher leblosen Objekten, fremden Menschen, Orten, Dingen, Erfahrungen, Entscheidungen, Überzeugungen, Emotionen, Gedanken und Werten übertragen haben. Sie müssen zu dem Selbst werden, das alles beinhaltet und in Gottes Hand liegt, oder wie immer Sie diese höhere Macht auch bezeichnen wollen. Sie müssen sein wie der Geist, der sich auf ewig zu höherem Bewußtsein und Leben ausdehnt.

Der Abstieg setzt dann ein, wenn ein Mensch von der Annahme ausgeht, er sei *nur ein Körper mit einem Namen.* Der Prozeß des »Nicht-Habens« beginnt schon früh, und jede Entscheidung, die Sie dahingehend treffen, daß sie etwas »nicht haben können«, bringt Sie einen Schritt näher an den Nullpunkt. Jede Entscheidung, die Sie in Richtung »Ich kann haben, was ich will« treffen, bringt Sie Ihrem wahren Wesen als ganzes, vollkommenes – und lebendiges menschliches Wesen einen Schritt näher. Aus dem Albtraum erwachen heißt sich zum ersten Mal ganz klar und deutlich sehen.

»Dinge haben an sich keine Bedeutung.« Wenn ein Mensch nicht *wach und bewußt* ist, dann dreht sich sein Leben um Geld, Arbeit, Kleidung, die Meinung anderer Leute, Autos, Sex, Rechthaberei sowie um ihre Nachbarn, die Regierung, das Alter, Häuser, die Vergangenheit, die Zukunft, wer unrecht hat, das Glück – oder was sonst es immer sein mag.

Das Leben selbst und wie man lebt sind zwei völlig verschiedene Aspekte des Lebens. Wenn Sie das Wesentliche, das Innerste des menschlichen Lebens mit dem Leben selbst durcheinanderbringen, dann hören Sie auf, sich zu verwirklichen. Statt dessen wird Ihr Leben eine Sache des Drängens, Zerrens, Veränderns, Bewegens, Versteckens, Suchens, Findens, Verlangens und Nichtwollens dieses Wesentlichen. Materielle Dinge sind nur materielle Dinge – keinesfalls mehr. Dinge bedeuten nichts. Das Leben bedeutet nichts, es ist! *Sie* sind das, was zählt. Werden Sie auf der Spitze dieser Welle getragen, dann arbeiten das gesamte Leben, alles Geschehen, alle Überraschungen für Sie.

Die Antwort liegt nicht darin, auf das Leben und die Dinge dieser Welt zu verzichten. Die Welt und das Spiel des Lebens abzulehnen, löst gar nichts, und Sie verfehlen den Sinn des Lebens. Das wäre, als würden Sie einer intimen Beziehung aus dem Weg gehen, weil Sie befürchten, verletzt zu werden oder den anderen zu verletzen. Sie versagen sich Beziehungen und wähnen sich frei. Doch Sie sind nicht frei, sondern eben gesteuert von Ihrem Furcht- und Glaubenssystem, und dazu sind Sie auch noch alleine. Die Süße des Lebens besteht darin, ganz am Leben teilzunehmen, aber nicht davon aufgefressen zu werden. Ein wahrhaft mutiger Mensch ist der, der sich völlig ungezwungen in das Leben stürzt.

Ein Verzicht bestätigt jedoch, daß die Macht der physischen Welt und Ihrer Ängste und negativen Emotionen stärker ist als Sie selbst. *Sie sind nur dann wirklich frei, wenn Sie die Entscheidung, zu »haben« oder nicht »zu haben«, aus dem Verständnis heraus treffen, daß Sie »haben können, was Sie haben wollen«.*

Feiern oder fasten, das ist nicht die Frage

Wollen Sie auf etwas verzichten, dann untersuchen Sie dies genauer, damit Sie Ihre Abhängigkeit davon erfahren und herausfinden, und dann können Sie es auf natürliche Weise loslassen. Wirkliches Feiern ist ebenso transformierend wie wirkliches Fasten. Feiern oder Fasten selbst sind jedoch kein Ausdruck des Lebens oder Selbstzweck. Nichts ist an sich bedeutungsvoll oder wichtig. Alles ist nur Kulisse, Vehikel oder Werkzeug zur Selbsterkenntnis. Das Selbst zu verwirklichen, zu realisieren, bedeutet, frei zu leben, unbegrenzt von selbstauferlegten Behinderungen des Geistes. Das Selbst verwirklichen ist die Fähigkeit, auf innere Schätze, ungenutzte Talente und Fähigkeiten zurückzugreifen für ein Leben der umfassenden Teilnahme, Erfüllung und Liebe.

Betrachten Sie, wieviel Macht und Chancen Sie gewinnen, wenn Sie ein Leben frei von einengenden Überzeugungen der Vergangenheit führen. Stellen Sie sich doch vor, was Ihnen alles möglich ist. Es gibt noch viel zuwenig Menschen, die begreifen, daß man das Leben nicht ertragen oder sich damit abfinden muß, sondern nach freier Entscheidung leben kann. Nur zu leben ist eine äußere, wirklichliches Lebendigsein eine innere Sache.

Ist man nur gefangen im Leben, aber nicht wirklich lebendig, dann verfehlt man den Sinn des Lebens. Die Welt ist voller kaputter Menschen, die ihr Leben auf unterschiedlichen Ebenen fristen und so das Leben versäumen. Niemand darf dafür verdammt oder verachtet werden, doch für jeden von uns ist es an der Zeit, für alle Möglichkeit zu erwachen, die wir bisher versäumt haben. Viele Menschen leben in einem Zustand falscher Hoffnung oder auch der Hoffnungslosigkeit. Diejenigen, die in einem Zustand falscher Hoffnung leben, warten darauf, gerettet zu werden; sie warten auf eine Antwort oder ein Zeichen; sie warten darauf, daß jemand kommt und ihnen sagt, was sie tun sollen. Sie warten auf jemanden oder etwas von außen, der oder das ihnen gibt, was sie sich wünschen oder was sie brauchen. Viel zuviele Menschen auf dem absteigenden Ast warten auf eine Antwort.

Ich selbst wartete vor Jahren jeden Morgen auf die Zeitung, um mein Horoskop für den Tag zu lesen und daraus zu erfahren, ob dies »der Tag« war. Das war natürlich nie der Fall, bis ich aufhörte, auf eine Antwort zu warten, und mein Leben selbst in die Hand nahm, mit oder ohne Zeichen von außen. Und seitdem ist *jeder Tag* »der Tag«.

Ich lebte in Hoffnung und Hoffnungslosigkeit, fühlte mich als Opfer meiner Verhältnisse und den Menschen in meiner Umgebung – bis ich aufwachte. Auch heute gibt es manchmal noch Zeiten, in denen ich in meine alten Verhaltensmuster zurückfalle, besonders dann, wenn ich mich auf bisher unbekannte Gebiete vorwage, neue Dinge versuche oder in meinem persönlichen oder beruflichen Leben neue Verantwortung übernehme. Dann neige ich dazu, meine Mitmenschen dafür zu beschuldigen, daß ich mich nicht anerkannt und geschätzt fühle nach allem, was ich für andere getan habe – auf diesen Schwindel falle ich manchmal noch herein. Doch heute erkenne ich mein Spiel viel schneller, gebe es viel rascher wieder auf, weil ich sehe, was ich damit in meinem Leben anrichte. Wenn ich ein Problem oder ein scheinbares Hindernis sehe, dann erweitere ich mein Bewußtsein und den Sinn meines Daseins und sehe die Lösung dieses Problems oder Hindernisses so, daß jeder Betroffene daraus Gewinn und Nutzen zieht.

So erreicht man die Wende:

Um ein Mensch zu sein, der hat, was es braucht, und der haben kann, was er sich wünscht, muß man aufwachsen und sich selbst Schritt um Schritt zu seinem wahren Wesen wiederherstellen. Menschen können nicht wirklich Schaden erleiden, es sei denn, sie entscheiden sich dafür, kaputt zu bleiben, wenn sie erst erwacht sind. Aufwachen heißt, bewußter und klarer zu werden. Schlafen bedeutet in der Bibel und vielen berühmten Legenden und Berichten, nicht zu wissen und nicht zu erfahren.

Der wahre Wendepunkt tritt dann ein, wenn ein Mensch wie aus tiefem Schlaf erwacht und alles wie zum ersten Mal im Leben sieht oder hört. *Die Transformation findet in diesem Augenblick statt.* Es ist, als seien Sie neugeboren, eine Neugeburt in eine neue Welt. Diesmal ist es eine Welt des Lebens – und Sie sind die Ursache Ihres Lebens. Die wahre Änderung tritt ein, wenn Sie sich Gott übergeben. Wahre Einheit mit der höheren Macht nimmt alle Furcht und ersetzt sie durch Frieden. Frieden und Liebe werden zum Herzenswunsch eines ganzen Menschen.

Die Rolle der Liebe

Der Mensch erleidet Schaden, wenn man ihm Liebe versagt. Keine Liebe erfahren bedeutet Nichtanerkennung des eigenen Seins und des eigenen Wertes. Wenn wir in unserem Sein und Wesen verleugnet werden, werden wir zu einem unbedeutenden Menschen, erscheinen als Null. Dies geschieht normalerweise schon früh in unserer Kindheit und kann sich während unseres ganzen Lebens fortsetzen, wenn wir diesem Vorgang nicht ein Ende setzen, indem wir unserem Leben eine andere Richtung geben. Unserem Leben die Wende geben und in die entgegengesetzte Richtung gehen heißt bereuen; wir kehren nach Hause, in unseren natürlichen Seinszustand zurück. Unser wahres Wesen ist das einer spirituellen Einheit, die ganz, vollständig und vollkommen ist. Ganzheit ist ein Zustand des Bewußtseins; sie ist eine Einstellung, eine Grundlage des Seins. In Wahrheit sind Sie immer ganz, vollständig und vollkommen, ob Sie dies akzeptieren wollen oder nicht.

Wirkliches Lebendigsein ist das Ergebnis von Liebe und Selbstannahme. *Selbstannahme ist die erste Ebene der Liebe.* Wenn Sie nicht wissen, was Liebe ist, beginnen Sie damit, sich selbst so anzunehmen, wie Sie sind, ohne den Wunsch, anders zu sein. Dies ist schon ein riesiger Schritt – und ein sehr wichtiger. Nichts stellt einen Menschen so sehr wieder her wie Liebe. Liebe ist alles. Liebe heilt alles. Liebe ist in sich selbst und aus sich selbst heraus vollkommen. Liebe ist der Sinn, das Ziel und der Weg zur Erfüllung ihrer selbst.

Liebe und Annahme beinhalten Fähigkeit und Vertrauen. Werden wir aufgehalten, gezwungen oder gibt man uns einen Ersatz für das, was wir uns wirklich wünschen, dann ist das so, als würden uns Liebe, Vertrauen und unser wahres Sein vorenthalten. Unsere *natürliche* Neigung ist es, uns auszudrücken, zu erschaffen und unsere Ansprüche auf das Leben geltend zu machen.

Zählen Sie einmal all die Gelegenheiten auf, in denen Sie sich in irgendeiner Weise von etwas abgehalten oder unterdrückt fühlten. Sie könnten unter einer wichtigen Hemmung leiden, die Sie heute tatsächlich behindert. Um diese Hemmung auszuräumen, müssen Sie sie sehen und erkennen, welche Auswirkung sie auf Sie hat, und schließlich bereit sein, den Ärger gegebenenfalls zum Ausdruck zu bringen, die Vergangenheit loszulassen und das Leben fortzusetzen.

☐ *Betrachten Sie Ihr Leben und erinnern Sie sich der Gelegenheiten, in denen Sie daran gehindert wurden, zu sein, zu tun und zu haben, was Sie wünschten.*

☐ *Durchleben Sie noch einmal diese Gelegenheiten, wie Sie sich dabei fühlten und welche Entscheidungen Sie daraus gezogen haben.*

☐ *Fragen Sie sich selbst: Welchen Einfluß haben diese Entscheidungen von gestern auf mein Leben heute?*

Wenn Sie gehindert werden, besonders dann, wenn Ihnen etwas wichtig ist, dann geben Sie vielleicht auf, was Sie sich eigentlich wünschen, oder Sie machen Ausflüchte und lügen, um es zu bekommen. Oder vielleicht versuchen Sie, andere daran zu hindern, zu sein, zu tun und zu haben, was Sie sich wünschen. Hinderungen unterdrükken uns, und wenn sie nicht als solche erkannt und verwandelt werden, dann zerstören sie unseren Willen und brechen unseren Geist. Wenn wir merken, daß wir gehindert oder unterdrückt werden, fühlen wir uns hilflos und unbeweglich, festgefahren und unfähig. Nur Sie selbst können das beenden.

Wenn Sie gezwungen werden, zu tun, was Sie nicht wünschen, dann fühlen Sie sich auch herabgesetzt. Wenn man uns anschreit, bedroht oder zu etwas zwingt, dann werden wir schwach, verwirrt, eingeengt und ängstlich; einige von uns setzen vielleicht umgekehrt Drohungen und Gewalt ein, um selbst zu bekommen, was sie sich wünschen. Durch den Zwang, zu sein, zu tun oder zu haben, was wir nicht wollen, wird in uns unglaublicher Zorn, Abneigung und Feindseligkeit aufgebaut. Autoritätspersonen werden zu Feinden und erscheinen als potentielle Bedrohung unseres Wohlbefindens. Irgendwie haben wir alle solche Gemütszustände zugelassen, doch wichtiger ist, daß Sie selbst die Macht über Ihr Leben zurückgewinnen können. Um das zu tun, müssen Sie sich des Einflusses dieser Bedingungen auf Ihr Leben bewußt werden und bereit sein, diesen Einfluß loszuwerden. Nur wir selbst können uns wiederherstellen.

- ☐ *Erinnern Sie sich, ob Sie je gezwungen wurden, etwas zu sein, zu tun oder zu haben, was Sie nicht wünschten.*
- ☐ *Lassen Sie sich dieses Ereignis nochmals durchleben, empfinden Sie und erinnern Sie sich, welche Entscheidungen Sie trafen.*
- ☐ *Fragen Sie sich: Wie beeinflussen diese Begebenheiten mein Leben heute?*
- ☐ *Fragen Sie sich: Behandle ich selbst andere so? Fühle ich mich immer noch gegen meinen Willen gezwungen?*

Wenn Sie gegen irgend etwas, das wie Zwang aussieht, rebellieren und daher der Zwang oder die Angst davor Ihr Leben beeinflußt, dann erschaffen Sie selbst aus Ihren Befürchtungen und Überzeugungen Ihre eigenen Ungeheuer.

Die Erfüllung Ihrer Wünsche

Haben Sie sich schon einmal etwas gewünscht und dann etwas anderes bekommen als Ersatz? Je mehr wir uns an Ersatz gewöhnen, um so mehr versagen wir uns das, was wir uns wirklich wünschen. Wir können nicht den gewünschten Partner heiraten, also heiraten wir einen Ersatz. Uns reicht das Geld nicht, um Hummer zu Abend zu essen, deshalb begnügen wir uns mit Thunfisch. Unser Leben ist voll von Ersatz. Sie bekommen, wofür Sie sich entscheiden. Und wenn Sie in Begriffen des Ersatzes denken, gewöhnen Sie sich daran, zu sagen: »Oh, es macht nichts, ich nehme auch etwas anderes«, oder »Das ist schon in Ordnung, für mich reicht das.« Sie möchten Butter – und bekommen Buttrersatz. Sie wünschen sich Liebe – und bekommen einen Tritt. Sie möchten lebendig sein, doch Sie geben sich mit einem halben Leben oder einem halben Tod zufrieden.

Streben Sie nach dem, was Sie sich wünschen. Sie brauchen sich nicht mit Ersatz oder einem Ladenhüter zufriedenzugeben. Sie können das haben, was Sie sich wünschen, und das ist reich sein. Reichtum bedeutet weder Extravaganz noch Verschwendung, sondern lediglich, das zu haben, was man sich wünscht. Mehr zu haben, als Sie sich wünschen, ist genauso ein Zeichen von Mangel, als hätten Sie nicht genug. Wer sagt denn, Sie müßten in einem Restaurant ein ganzes Abendessen bestellen, nur weil Sie den Nachtisch essen möchten? Vergessen Sie doch das Hauptgericht und bestellen nur das Dessert.

Behinderungen, Zwang oder Ersatz tragen dazu bei, daß wir den Glauben an uns selbst, Gott und das Leben verlieren. Das Leben ist ein herrliches Abenteuer, und ganz tief in unserem Innern wünschen wir uns, das Spiel des Lebens voll und ganz zu erfahren. Hören Sie auf zu kämpfen, Ablehnung zu empfinden oder es den anderen heimzahlen zu wollen. Heilen Sie sich selbst und geben Sie sich, was Sie sich wünschen. Warum leisten Sie so großen Widerstand? Sehen Sie doch Hindernisse als das an, was sie sind – eine Gelegenheit, größer als diese Hindernisse zu sein. Sie können in Wirklichkeit diese Hindernisse einsetzen, um sich selbst zu *helfen*, Ihre Ziele und Absichten zu erreichen. (Wir behandeln diesen Punkt ausführlicher in einem späteren Kapitel.)

Beschließen Sie, lebendig zu sein. Die meisten Menschen stellen in ihrem Leben außer »Warum ich, lieber Gott?« kaum eine Frage. Schauen Sie in die Gesichter Ihrer Mitmenschen. Wie viele davon sehen lebendig, glücklich und vital aus, und wie vielen gelingt es, ihren Traum zu leben. Sie werden bemerken, daß die meisten Menschen – Durchschnittsmenschen – halb tot sind. Das Glänzen und Leuchten ist vergangen. Sie schlafen, und der Schlaf wird immer tiefer, und das schlimmste daran ist wohl, daß sie es nicht einmal wissen.

Schlafen ist nichts Unrechtes, es ist aber so, daß alle guten Dinge des Lebens nur dem zufallen, der wach ist. Erinnern Sie sich daran, wie anregend es ist, mit einem wirklich lebendigen Menschen zusammenzusein. Ein wacher Mensch entzündet das Feuer der Leidenschaft in den Herzen der Menschen. Damit wir selbst zu dem erwachen, was wir wirklich sind, zur Begeisterung des Lebens in uns, müssen wir uns zunächst einmal bewußt werden, daß wir geschlafen haben.

Beschließen Sie, Ihr Spiel aufzugeben! Die wandelnden Toten machen sich selbst und anderen vor, es ginge ihnen prima, nur um ihre Ruhe zu haben. Sich nicht bewußt zu machen, daß man sich nicht bewußt ist, ist Ignoranz der schlimmsten Art. Heuchelei ist für manche Menschen so sehr ein Teil ihres Lebens, daß sie sich dessen nicht einmal mehr bewußt sind. Der ständige Wunsch, die Fassade zu wahren, wird zur Lebenseinstellung. Wenn das Spiel, das Sie spielen, Sie selbst sind, wenn Ihre Probleme nur Sie selbst sind, dann können Sie nicht mehr einen Schritt zurücktreten und sich selbst sehen. Doch Sie haben es in der Hand, das zu ändern!

Beschließen Sie, die Wahrheit zu sagen. Aufzuwachen erfordert ungeheuren Mut, denn dann müssen wir die Wahrheit sagen, vielleicht zum ersten Mal in unserem Leben. Unsere Mitmenschen wollen diese Wahrheit oft nicht hören, denn tief in ihrem Innern erkennen sie wohl, daß das, was wir aussprechen, auch ihre Wahrheit ist. Sie glauben, daß sie viel verlieren und nicht riskieren können, die falsche Sicherheit und den scheinbaren Trost aufzugeben. Und das sind genau die Dinge, von denen Sie bereitwillig lassen müssen. Um in dieser Welt lebendiger zu werden, mächtiger zu sein und dem Leben mehr abzugewinnen, müssen Sie sich mit vielem befassen und auseinandersetzen. So lange Ihre Sicherheit von Menschen, Orten, Dingen, Überzeugungen und Konzepten von gestern abhängt, können Sie nicht frei sein, das zu sein, was Sie wirklich sind. Was Ihnen heute gehört, bleibt Ihnen, alles andere fällt von Ihnen ab. Wahre Macht entsteht durch Ihre Bereitschaft, im Leben zu stehen, und nicht neben dem Leben.

Die Angst vor der Macht

Die Angst vor der Macht wirkt sich häufig so schädlich auf die Menschen aus, daß sie machtlos bleiben. Schauen Sie unter die Oberfläche und nach den Ursachen dieser Machtlosigkeit, und Sie entdecken, was Sie zurückgehalten hat. Die Furcht davor, alles zu sein, zu tun und zu haben, ist der Dreh- und Angelpunkt.

Es gibt eine Angst, zu viel Gutes, zu viel Glück, zu viel Gesundheit, zu viel Reichtum, zu viel Liebe und überhaupt zu viel Leben mitzubekommen. Die meisten Menschen neigen dazu zu sagen: »Sicher, ich möchte schon, aber die anderen nicht!« Ein Teil der Furcht mag in dem Gedanken liegen, daß Sie sich nicht vertrauen können und mit unbegrenzten Mengen dessen, was Sie sich wünschen, falsch, verschwenderisch oder unverantwortlich umgehen würden.

Andere Gedanken, die Sie vielleicht abhalten, mögen sein, daß Sie sich dessen nicht wert fühlen oder meinen, es sei spirituell nicht wichtig, so viel Freude und Gutes zu erfahren. Auch Freude und Haben werden tabuisiert, und so erfahren die meisten Menschen ein freudloses und armseliges Dasein. Aber das muß nicht sein! Sie können alles haben.

Klären wir doch einmal die Frage der Macht: Wir alle haben schon Machtmißbrauch gesehen und erfahren, und wir alle haben in bezug auf Macht eine Entscheidung getroffen – auch darüber, ob sie gut oder schlecht, richtig oder falsch ist. Macht ist jedoch weder gut noch schlecht, nur wird sie eben von manchen mißbraucht. Es ist nicht einmal so, daß Menschen gut oder schlecht sind; es ist nur ihre Überzeugung von sich selbst. Wenn Sie glauben, wertlos zu sein, dann sind es auch die anderen und das Leben. Aber Sie sind es wert! Macht ist nichts anderes als Macht, so wie Geld nichts anderes als Geld ist. Macht oder Geld, beide sind neutral. Es gibt sie einfach! Menschen schreiben der Macht jedoch Bedeutung zu, und Menschen brauchen oder mißbrauchen die Energie, die die Macht hervorbringt. Doch grundsätzlich sind die Menschen gut – dies scheint ein gutgehütetes Geheimnis. Es ist daher Zeit, daß wir uns selbst befreien, um zu sein, wer und was wir sind. Um uns wiederherzustellen, müssen wir langsam erkennen, daß wir weder unsere Gedanken noch unsere Vergangenheit sind und auch nicht so, wie wir abgestempelt wurden.

Klären wir auch das Phänomen Liebe: Wir können jetzt in Liebe und in Frieden leben, wenn wir uns ständig daran erinnern, was wir aus der Vergangenheit über die Liebe wissen. Unsere Vergangenheit kennt sich in der Liebe nicht aus. Liebe ist im Jetzt. Liebe ist der Sinn des Lebens. Liebe ist keine Erinnerung, man kann sie weder vorrätig auf Eis legen noch aufbewahren oder kaufen. Die Liebe erfüllt Raum und Zeit mit sich selbst. Wenn Sie in irgendeiner Form der Liebe Leid und Schmerz erfahren haben, dann haben Sie Schaden erlitten. In diesen Augenblicken scheint es die Liebe nicht zu geben. Leid und Schmerz können unser körperliches und emotionelles Überleben bedrohen. Das Leben wird zu einer verlustreichen Angelegenheit statt einem Fest der Liebe und Schöpfung.

Klären wir auch das Problem Verlust: Verlust gibt es nicht, es handelt sich dabei lediglich um die *Bewertung* eines Zustandes oder irgendeines Ereignisses. Ich sage nicht, wir könnten nicht körperlich verletzt werden, doch ich behaupte, daß jedes schmerzliche Ereignis, wenn es nicht freigesetzt wird, eine weitere Gelegenheit wird, dichtzumachen, abzuschalten und sich abzuwenden. Manche Menschen werden gewalttätig und schlagen aus, um noch mehr Schmerzen und Verlust zu verhindern, andere wiederum flüchten, entweder körperlich oder emotionell. Der Schlüssel liegt darin, die Auswirkung der Schmerzen und des Verlustes gehen zu lassen und zu Ihrer ganzen Macht und Liebe zurückzukehren. Der Schaden ist angesiedelt in der Erinnerung und in den Zellen des Körpers. Sie müssen alles freisetzen und loslassen, was Sie geistig und körperlich nicht brauchen, um wieder zu gesunden. Lassen Sie los. Der Schaden kann nur dauerhaft sein, wenn Sie an ihm festhalten und die Entscheidung treffen, geschädigt zu bleiben. Aber das Gefühl der Verletzung bringt keine Erlösung.

Ein Spiel, das wir alle schon gespielt haben

In meiner Jugend spielten wir manchmal ein Spiel, das auf mich einen großen Eindruck hinterließ. Wir baten jemanden, der dieses Spiel nicht kannte, sich auf den Boden zu setzen – und dann bedeckten wir ihn mit einer Decke. Dann sagten wir dem Betreffenden, daß er etwas auf seinem Körper hätte, daß er etwas trüge, was er eigentlich nicht brauchte. Dann baten wir ihn, das, was überflüssig sei, auf den Boden zu werfen. Das Erstaunliche war, daß die Leute entweder Kleidungsstücke oder Schmuck ablegten und nicht erkannten, daß das, was sie nicht brauchten, doch die Decke war.

Wir suchen und suchen nach Antworten und erkennen das Naheliegende nicht. Wir *brauchen* weder die Schmerzen noch den Verlust. Und doch setzen wir sie ein, und Millionen schwelgen darin. Manche Menschen sind so deprimiert und verschlossen, daß sie sich nur dann lebendig fühlen, wenn sie verletzt sind. Um sich lebendig zu fühlen, schaffen sie sich daher Ärger, Tragik und Schmerzen, um überhaupt etwas zu fühlen. Etwas ist besser als nichts. Hier müssen wir Feuer mit Feuer bekämpfen und erkennen, daß der Weg aus diesem Dilemma heraus durch das Dilemma hindurchführt. Um Pein und Schmerzen loszuwerden, müssen wir, wenn es notwendig ist, Pein und Schmerzen durchleben und dann den »Wert« aufgeben, den unserer Meinung nach diese Schmerzen für uns hatten. Nicht voll ausgelebt oder freigegeben bleiben emotionelle Schmerzen auf irgendeiner Ebene mit uns verbunden.

So überwinden Sie Ablehnung

Schmerzen stehen in direkter Beziehung zu körperlichen oder emotionalen Traumata. Körperliche Traumata – Unfälle, Krankheiten – sind häufig begleitet von emotionalen Traumata und stehen in direkter Verbindung zu unseren Beziehungen mit anderen Menschen. Es scheint zwei gegensätzliche Energieströme in uns zu geben. Der eine ist unser Wunsch, Liebe zu geben und von anderen geliebt zu werden, und der andere ist unser Wunsch nach Autonomie, spiritueller Ganzheit und Selbstgenügsamkeit. Diese Kräfte stehen scheinbar in Konflikt zueinander, und doch existieren beide nebeneinander und sind notwendig. Wir müssen dieses Gesetz kennen und zulassen, daß sich das Gedankliche dem Geistigen unterordnet. Die Herausforderung besteht darin, »in dieser Welt und nicht von dieser Welt zu sein«. Die Herausforderung besteht darin, uns ganz und gar der Liebe zu übergeben und sowohl volle Verantwortung für unser Leben zu übernehmen, als auch zu erkennen, daß wir die Ursache dessen sind, was uns widerfährt.

Wenn Sie Ihre Macht einem anderen übergeben, geht es möglicherweise abwärts mit Ihnen. Doch Kraft unseres Willens können wir umkehren. Wollen Sie auf Ihrem Wege nach unten etwas haben, was Sie sich wünschen, müssen Sie nur erkennen, daß niemand Sie aufhält, niemand Sie unterdrückt, niemand sie unten hält. Sie selbst halten die Macht in Ihren Händen.

Klären wir die Frage der Ablehnungen: Niemand schlägt Ihnen etwas ab – das Leben verweigert Ihnen nichts, es ist alles in Fülle für Sie da. Verweigerungen, abschlägige Antworten sind nicht wirklich, sondern eine Täuschung, eine Illusion. Das Universum sagt stets ja, es sagt niemals nein. Weil Sie nicht das haben, was Sie sich wünschen, aber belastet sind mit Dingen, die Sie nicht wollen, sieht es für Sie so aus, als erteilten andere oder das Leben Ihnen eine Absage. Das große Hindernis liegt darin, daß Sie »nein« als eine Entscheidung ansehen. Doch »nein« besteht nicht wirklich. »Ja« ist eine endgültige Zustimmung, und Sie müssen anerkennen, daß Sie diese Zustimmung längst erhalten haben und alles fordern können.

Ich sage damit nicht, daß Sie zu allem ja sagen sollen. Es ist durchaus richtig für Sie, nein zu sagen, das klärt die Dinge und bestimmt Ihre Ja-Antworten. Aber das Leben sagt stets ja. Die »Nein«-Antworten stammen von Ihnen.

Da Ihnen also niemand etwas abschlägt, was wünschen Sie sich? Was möchten Sie nun sein, tun und haben? Zu glauben, das Leben sei Ihnen versagt, bedeutet, daß Sie sich selbst und noch mehr den anderen die Schuld geben, ärgerlich sind und sich selbst und die anderen verleugnen. *Bejahen Sie das Leben – und das Leben bejaht Sie!* Sie werden sich bemühen müssen, um die alten Gewohnheiten, wie Sie das Leben und die Welt betrachten, loszulassen. Wie sie bisher das Leben, die Menschen, Ereignisse und Gelegenheiten sahen, funktioniert jetzt nicht mehr. Auf jeder neuen Ebene des Erwachens und Wachsens müssen Sie nun ständig neu entscheiden und wählen, was Ihnen und Ihrem Ziel dienlich ist. Betrachten Sie die nachfolgenden Punkte, und unternehmen Sie die folgenden Schritte, für sich selbst zu bejahen:

- ☐ *Das Leben ist ein Hologramm, das bedeutet, jedes Teilstück läßt auf das Ganze schließen. Ihre Beziehung zu sich selbst spiegelt sich in jedem Aspekt Ihres Lebens wider.*
- ☐ *Jede Zelle Ihres Körpers enthält die gesamte Geschichte Ihres Körpers. Der Mikrokosmos ist eine kleinere Ausgabe des Makrokosmos.*
- ☐ *Schauen Sie sich Ihre Beziehung zu Geld an, und es wird ersichtlich, welche Beziehung Sie zu Gott haben. (Vielleicht finden Sie dies seltsam, und Sie brauchen mir das auch nicht zu glauben. Aber schauen Sie es sich trotzdem an.) Geld ist ein Energiestrom und ein Symbol der Anerkennung und des Reichtums.*
- ☐ *Schauen Sie sich Ihre Beziehung zu Reichtum an. Für jeden von uns ist das Leben wie ein Spiegel, und Sie können diesen Spiegel nutzen, um sich selbst zu entdecken. In diesem Vorgang breitet sich das Leben vor Ihnen aus und überschüttet Sie mit so vielen Segnungen, daß Sie kaum alle fassen können.*

Es ist notwendig, daß Sie das, was in Ihnen ist, zum Vorschein bringen. Was in Ihnen steckt, ist grenzenlos und so lange ohne Form, bis Sie es durch Ihre Imagination zum Erscheinen bringen als das, was Sie sich wünschen. Sich dieses Vorgangs bewußt zu sein bedeutet, volle Macht zu haben.

Die Glücklichen unter uns sind die, die dem Leben immer einen Schritt voraus sind, durch ihre Imagination Dinge ins Dasein rufen, unbegrenzt von Vergangenheit, Überzeugungen, Konzepten und der Welt, die sie sehen und kennen. Für mich ist es Gott, der durch mich lebt; ich muß mich selber einen sauberen und klaren Kanal sein lassen für die Kraft, die sich durch mich zum Ausdruck bringen will. Das bedeutet, ich darf mir nicht selbst im Weg stehen und den Weg versperren für das, was mir gehört.

Leben Sie Ihre Visionen

In diesem Buch geht es darum, unsere Vision zu leben. Was ist nun eine Vision? Ich meine damit das, was Sie inspiriert, motiviert, und Ihnen Freude am Leben macht. Ihre Vision ist Ihre ganz besondere Art, wie Sie sich selbst zum Ausdruck bringen und gleichzeitig einen positiven Beitrag zum Leben Ihrer Mitmenschen leisten. Was haben Sie eigentlich schon immer tun wollen? Wobei haben Sie das sichere Gefühl, zum Leben anderer beitragen zu können? Was bedeutet Ihnen sehr viel? *Das ist Ihre Vision. Das tun Sie!*

Ich habe herausgefunden, daß jeder Mensch eine tiefe Verpflichtung und ein brennendes Verlangen spürt, anderen zu geben, zu helfen und diese Welt in den Himmel zu verwandeln, der sie sein könnte. Manche Menschen haben eine sehr klare solche Vision und leben sie, Schritt für Schritt. Ihr Leben hat einen Sinn, und sie fühlen eine Verpflichtung, die größer ist als sie selbst.

Um Ihre Größe hervorzubringen, brauchen Sie ein großes und wertvolles Ziel. Sonst bleiben Sie klein und kleinlich – und schrecklich langweilig. Wenn Sie nicht Ihre wahre Größe zum Vorschein bringen, wird es in Ihrer Umgebung nur Menschen geben, die von ihren letzten Krankheiten, ihren Eheproblemen und sonstigen Opfergeschichten berichten: »Ich sagte und sie sagte, und dann sagte ich und dann sagte sie« mit der allgemeinen Tendenz: »Ist das nicht schrecklich?«, oder: »Wann unternimmt denn jemand etwas?« oder »Die Dinge werden immer schlimmer!«

Ihr Leben hängt davon ab. Ihre Vision leben bedeutet, das wiederzuentdecken – falls Sie es nicht längst getan haben –, was Sie schon immer tun wollten. Wenn Sie Ihre natürlichen Veranlagungen, auch wenn sie Ihnen nicht so wichtig erscheinen, mit Engagement zur Bereicherung, Inspiration, Befähigung und Verwandlung Ihrer Mitmenschen und

Ihrer Lebensqualität einsetzen, dann verfügen Sie über den Schlüssel zum Paradies. Was könnte mehr wert sein als lieben und geliebt zu werden und freiwillig oder beruflich eine Arbeit zu verrichten, die unserem Traum entspricht? Was Sie eigentlich immer wollten, war geben, anderen Menschen helfen und zu ihrem Leben beitragen. Wenn Sie dabei versagt haben oder man Sie dabei gehindert, lächerlich gemacht und ausgelacht hat, dann haben Sie diesen Traum vielleicht unter Enttäuschung und Leid begraben und geschworen, nie wieder etwas für andere zu tun. Doch Ihr Leben hängt davon ab, daß Sie Ihre Vision, Ihren Traum wiederfinden.

Begeisterung, Ausdauer und Engagement

Wenn Sie Ihre Vision ganz und gar leben wollen, muß Begeisterung Ihr Lebenspartner sein. Ohne Begeisterung ist das Leben leer. Sie ist die wichtigste Energie, die Herz und Seele für Ihre große Aufgabe gewinnt. Kombinieren Sie Begeisterung mit Ausdauer und Engagement – und die Welt gehört Ihnen. Sie gewinnen mehr als die Welt; Sie gewinnen Ihre Beziehung zum Leben, zu Gott, zur Liebe, und zu Ihrer eigenen Seele. Daneben verblaßt alles andere, was die Welt sonst noch zu bieten haben mag. Jeder muß verliebt sein, denn ohne Liebe und ohne Begeisterung ist man wie ein Stück Holz, das vorgibt, ein Mensch zu sein. Wirklich lebendig zu sein erfordert Ihre Bereitschaft, jedes bißchen Leben zu genießen, ein offenes Wesen zu sein und immer wissen zu wollen, was als nächstes kommt.

Mein Engagement besteht darin, dieses Buch für die zu schreiben, die schon haben, aber mehr möchten, *und* für die, die noch nicht haben, aber dazu bereit sind. Mehr zu haben in dieser armen Welt des Nicht-Habens erfordert, daß Sie sich zu einem der Auserwählten erklären, weil *Sie* diese Wahl getroffen haben. Im übrigen geht es in diesem Buch um nichts anderes als um diese Entscheidung, die an sich der Vorgang der Wiederherstellung ist.

Nutzen Sie die Übungen und Techniken am Ende eines jeden Kapitels als Hilfsmittel, um die Informationen umzusetzen und die gewünschten Ergebnisse zu erzielen. Sie können sie wieder und wieder verwenden, sobald eine neue Herausforderung in Ihr Leben tritt und von Ihnen verlangt, sich auf eine höhere Bewußtseinsebene, zu Liebe und Meisterschaft zu erheben. Die Übungen werden Ihnen helfen herauszufinden, was Sie sich wünschen, welchen Traum Sie leben möchten und was Sie daran hindert, das zu sein, zu tun und zu haben, wozu Sie sich entschlossen haben. Durch den Einsatz dieser Übungen können Sie sich befreien von Hindernissen und sich dem liebenden, wohlhabenden und friedlichen Leben öffnen, das für Sie erreichbar ist.

Übungen:

Was wünschen Sie sich?

1. Schauen Sie hinter alles, was Ihnen unangenehm ist, und schreiben Sie genau das auf, was Sie sich wünschen. Seien Sie ganz genau und ausführlich. Dies ist in jeder Situation die erste und grundlegende Frage des Lebens. Die Antwort ist ein Muß. Sind Sie bereit, all das Gute anzunehmen?

»Haben«-Übungen:

2. Führen Sie diese Übungen jeden Tag aus, bis Sie sich wiederhergestellt fühlen.
   - ☐ Schauen Sie ganz bewußt auf Gegenstände und Qualitäten des Lebens und sagen sich: »Das kann ich haben.« Sagen Sie auch: »Das ist für mich.«
   - ☐ Seien Sie sich Ihres Körpers, Ihrer Gefühle, Ihrer Reaktionen jeden Augenblick bewußt.
   - ☐ Machen Sie sich bewußt, wo Sie sind. Achten Sie auf Details und gewinnen Sie einen Überblick. Menschen lassen zu, durch andere Menschen und Dinge herabgesetzt zu werden. Kehren

Sie diese Tendenz dadurch um, daß Sie anderen Aufmerksamkeit schenken und sie beobachten. Achten Sie auf die Umgebung, auf die Ereignisse. Dinge, die Sie direkt und sorgfältig beobachten, verlieren ihren Schrecken und ihr Geheimnis.

- ☐ Schauen Sie die Menschen, Situationen, Ereignisse und Gegenstände als das an, was sie sind, nicht als das, als was Sie sie in der Vergangenheit gesehen haben.
- ☐ Machen Sie die folgenden Aussagen und beobachten Sie dabei Ihre Reaktionen: »Die Welt, wie ich sie sehe, bedeutet nichts.« und dann »Ich bestimme die Bedeutung dessen, was ich sehe.«

Übungen zur Wiederherstellung:

3. Notieren Sie jede einzelne Niederlage, die Sie in bezug auf Ihre Absichten, Ziele, Wünsche, Träume, Beziehungen erfahren haben.
4. Wählen Sie die Absichten, Ziele, Wünsche und Träume aus, die Sie, obwohl bisher unerreicht, immer noch haben. Gewinnen Sie Ihr Leben zurück, indem Sie Ihre Ziele, Ihre Vorsätze, Ihre Absichten, Ihre Vision wiederentdecken.
5. Indentifizieren Sie alle Ereignisse Ihres Lebens, in denen Sie sich behindert, herabgesetzt oder ohnmächtig fühlten. Haben Sie sich aufgrund eines solchen Ereignisses selbst zurückgenommen und entschieden, weniger zu sein, als Sie in Wirklichkeit sind?
6. Sehen Sie jetzt an, was es Sie gekostet hat, sich zurückzuziehen, und erkennen Sie, welche Entscheidung Sie damit getroffen haben und welchen Einfluß diese Entscheidung auf Ihr Leben hat.
7. Wer hat Sie aufgehalten, gezwungen oder Ihnen Ersatz für das gegeben, was Sie sich wirklich wünschten? Was haben Sie getan, um es dem anderen heimzuzahlen, ihn auszusperren, damit Sie das bekamen, was Sie sich wünschen?
8. Schreiben Sie alle Gedanken, Befürchtungen, Überzeugungen und Ideen auf, die damit zu tun haben, daß Sie oder andere sich die wahren Wünsche erfüllen.

Schöpfung:

9. Schließen Sie Ihre Augen und nehmen Sie sich die Freiheit, sich in ihrem Wunschdasein zu sehen, zu erleben und zu fühlen. Sehen Sie in aller Ausführlichkeit, wie Sie bereits haben, was Sie sich wünschen. Malen Sie sich diese Szene deutlich aus, stellen Sie sich Ihre zukünftigen Erfahrungen vor. In größtmöglicher Deutlichkeit. Tun Sie das täglich ein oder zwei Mal, je nach Wunsch.
10. Schreiben Sie bejahende Aussagen dessen, was Sie sich wünschen, eine Woche lang täglich zehnmal auf. Falls Zweifel, Furcht oder Bedenken in Ihnen entstehen, so schreiben Sie sie einfach an den Rand des Blattes. Dann setzen Sie die bejahende Aussage dagegen und fahren fort. Denken Sie daran, Sie schaffen neue Bedingungen, und diese Bejahungen mögen zunächst schwer zu akzeptieren sein. Machen Sie aber trotzdem weiter.
    - ☐ Es ist nichts dabei, daß ich, __________ (Ihr Name), genau das habe, was ich mir wünsche!
    - ☐ Ich, __________, kann haben, was ich mir wünsche.
    - ☐ ☐ Alles im Leben ist da für mich, __________, um mich daran zu erfreuen.
    - ☐ Je machtvoller ich bin, um so liebevoller bin ich aus.
    - ☐ Jeder ist glücklich darüber, daß ich, __________, geboren wurde und ganz am Leben teilnehme und meine Vision lebe.

2. Kapitel

Haben Sie Vertrauen in sich selbst – Sie sind genug –

Niemand kann Ihre Entscheidungen treffen außer Sie selbst. Niemand kann Ihnen sagen, was Sie sich wünschen sollten, außer Sie selbst, und niemand außer Ihnen kann die Verantwortung übernehmen oder über die Qualität Ihres zukünftigen Lebens entscheiden.

Die wichtigsten Fragen lauten:
- □ Vertrauen Sie sich selbst die Verantwortung für Ihr Leben an?
- □ Vertrauen Sie sich selbst mit so viel Macht?
- □ Sind Sie in der Lage, die richtigen Entscheidungen zu treffen und sich um sich selbst zu kümmern?

Die wichtigste Überlegung für jeden von uns heißt immer wieder: Habe ich es richtig gemacht? Kann ich das tun? Mache ich es richtig? Die zweite große Überlegung heißt: Wohin wende ich mich, um das zu bekommen, was ich brauche? Woher kommt es und wohin geht es?

Die Antwort auf die ersten Fragen lautet »ja!« Die Antwort auf den zweiten Komplex heißt: »Von Ihnen selbst zu Ihnen selbst.« Die Wahrheit ist, daß Sie bereits alles haben, was Sie sich wünschen oder brauchen. Es wartet lediglich darauf, von Ihnen abgerufen zu werden. Die Wahrheit ist auch, daß Sie ein völlig vertrauenswürdiger Mensch und durchaus in der Lage sind, Ihr Leben und das aller anderen Menschen auf diesem Planeten in die Hand zu nehmen, falls Sie sich entscheiden, auf dieser breiten Basis einen Beitrag zum Leben zu leisten.

Sich selbst auf dieser Ebene zu sehen und dem Vertrauen in sich selbst zu trauen, ist ein Vorgang ständiger Entdeckung. Sie werden sehen, aus Ihrer Erkenntnis heraus, daß Sie der einzige sind, dem Sie vertrauen und auf den Sie sich verlassen können, geschieht ein Wunder, und dann stellen Sie fest, daß Sie auch anderen vertrauen und sich auf sie verlassen können. Sie zäumen damit das Pferd von vorne auf, so wie es richtig ist. Es klappt einfach nicht, sich hinter einem anderen Menschen zu verstecken, damit der ihr Leben lebt. Doch nehmen Sie Ihr Leben in die Hand, dann wird jeder Mensch und jede Gelegenheit zu einer Lektion, einer Liebeserfahrung und/oder einem Beitrag.

Was Sie suchen, werden Sie nicht außerhalb Ihrer Selbst finden. Das ist die große Neuigkeit – Sie müssen nicht weiter zu suchen, um das zu finden, was Sie sich wünschen oder brauchen. Sie verfügen schon jetzt darüber! Diese Aussagen habe ich früher auch gehört und hatte, obwohl ich irgendwie wußte, daß dies stimmte, doch außer diesem kleinen Fünkchen Wahrheit keine Ahnung, keine Vorstellung, wo und wie ich suchen sollte oder auch wie ich aus diesem Schatz von Weisheit, Wissen und Liebe schöpfen könnte.

Begreifen Sie die Frage des Vertrauens

Die grundlegende Frage dieses Kapitels ist die des Vertrauens, des Selbstvertrauens. Sie können nur dann haben, was Sie sich wünschen, wenn Sie sich auf sich selbst verlassen können. Vielleicht trauen Sie sich nicht einmal darin, daß Sie sich das, was Sie haben wollen, auch *wirklich* wünschen. Der erste Schritt in Richtung »Haben, was Sie sich wünschen«, besteht darin, sich zu fragen: »Was möchte ich wirklich?« Lautet Ihre Antwort: »Ich weiß es nicht«, wen wollen Sie dann fragen? Wer sollte es dann wissen? Es ist nicht so, daß die meisten Menschen nicht in der Lage wären zu bekommen, was sie möchten; aber bisher haben sich nur wenige Menschen so vertraut, daß sie sich bewußt machen konnten, was ihnen von ihrem eigenen Innern her zur Verfügung steht. Ohne diese bewußte persönliche Beziehung zu uns selbst müssen wir an anderer Stelle suchen, was wir brauchen. *Das Leben wird dann zu einer ständigen Suche nach dem, was wir zu vermissen glauben.*

Mangel an Selbstvertrauen ist Selbstverletzung. Das Problem besteht darin, daß Selbstzweifel immer weiter vom Selbstvertrauen wegführen, Sie werden sich nur immer mehr selbst in Frage stellen. Um von dieser schiefen Ebene herunterzukommen, sollten Sie damit beginnen, sich einfach einmal zu vertrauen. Es hört sich schwierig an, wenn ich Sie bitte, zu sich selbst Vertrauen zu haben, wenn doch gerade darin Ihre Schwierigkeit besteht. Es ist fast so, als könnten Sie eine bestimmte Arbeit nur finden, wenn Sie die notwendige Erfahrung mitbringen, doch die notwendige Erfahrung können Sie nur machen, wenn Sie die entsprechende Arbeit haben. Doch das ist Ihr Ausgangspunkt; Sie beginnen, positiv zu handeln, und sind schon auf dem Weg in die Richtung, in die Sie zu gehen wünschen. *Sie lernen Vertrauen, indem Sie vertrauen.*

Sich selbst zu vertrauen heißt eigentlich, dem Leben zu vertrauen, da Sie doch ein Teil der Natur und des Lebens sind. Sie sind eins mit allem Leben, und diese Einheit deutet an, daß Sie überall gegenwärtig sind, allwissend und allmächtig. Der äußerste Teil des Universums ist Ihr innerster Teil. Sie sind Teil allen Lebens, und das ganze Leben ist ein Teil von Ihnen. Was irgendwo bekannt ist, weiß auch Ihr Inneres, und was immer mit Ihnen geschieht, ist an jedem Punkt des Universums spürbar.

In dem Film »Krieg der Sterne« spricht Obi Wan-Kenobi von einem Wandel der Kräfte – diese Aussage hat mich sehr berührt, weil sie meiner eigenen Erfahrung entspricht. Da ich meinen eigenen Erfahrungen mehr und mehr vertraue, spüre ich genau, was mit jedem meiner Mitarbeiter los ist, und ich weiß, von wem ich etwas hören oder sehen werde.

Es gibt nichts Verborgenes, das nicht offenbar wird. Der Vorgang des Bewußtwerdens oder Erwachens ist so, als würde man sich immer bewußter, was vorgeht. Es geschieht einfach. Es gibt keine Geheimnisse, und alles ist bekannt. Sie sind es, der sich dessen bewußt ist oder auch nicht.

Frieden gibt es nur, wenn Sie dem Leben vertrauen, indem Sie sich selbst vertrauen; es mag vielleicht Gefühllosigkeit geben, die den Schmerz verhindert, doch es gibt weder Frieden, Befriedigung noch Lebendigkeit. Je mehr Sie sich selbst und Ihrem inneren Führer vertrauen, um so mehr sind Sie auf alles Leben eingestimmt und empfinden alles Leben, ganz gleich in welcher Form.

Sechs Punkte zum Thema Vertrauen

Ich möchte Ihnen helfen, Ihr Einfühlungsvermögen und das Handwerkszeug zu entwickeln, mit denen Sie Ihr Leben auf der Basis ewigwachsenden Vertrauens in sich selbst, in das Leben und eine höhere Macht leben können. Dieses tiefe und stets wachsende Vertrauen gibt Ihnen das, was Sie sich vom Leben wünschen.

Bei Ihrer Geburt bekamen Sie die Gabe mit, sich selbst zu vertrauen, gleichzeitig haben Sie die Herrschaft über diese Erde mitbekommen, wie die Schöpfungsgeschichte der Bibel sagt. Aufgrund Ihrer Integrität, Stärke, Sicherheit und Fähigkeit sind Sie vertrauenswürdig, und man kann sich auf Sie verlassen. Sie sind der Verantwortliche, in den Vertrauen und Autorität gesetzt wurde. Da dies der Wahrheit entspricht, stellen Sie sich einmal vor, was Sie mit diesen Gaben alles erreichen können!

Ich möchte, daß Sie dieses Kapitel auf eine andere Art und Weise lesen, als Sie es sonst tun. Lesen Sie dieses Kapitel, als spräche es direkt zu Ihrem Herzen und zu Ihrer Seele, zum wesentlichen Kern Ihres Seins. Hören Sie mich so an, daß Ihre Zweifel, Ihr Widerstand, Ihr Unglauben, Ihre Furcht verwandelt werden. Lassen Sie dieses Kapitel in sich widerklingen und Ihr ganzes Engagement hervorbringen, damit Sie aus Ihrer Ganzheit heraus leben.

Das Leben ist ein großes Experiment. Ich bin nicht verpflichtet, erfolgreich zu sein, bin auch nicht verpflichtet, das Leben einen ganz bestimmten Verlauf nehmen zu lassen, doch ich habe die unbedingte Verpflichtung herauszufinden, wohin mich der Weg führt und was geschieht, wenn ich die Erfahrungen annehme und nach den Gesetzen des Lebens lebe. Meine Begeisterung für die Erfahrung hat mir all meine Angst genommen, denn ich kann nicht versagen. Es erwartet uns nur die Entdeckung dessen, was vorhanden ist. Ein ungeheurer Glaubensakt ist nötig, um sich selbst zu vertrauen, wenn man nur wenig oder gar keinen Beweis dafür hat, daß dieses Vertrauen gerechtfertigt ist. Das spirituelle Leben ist so verschieden vom weltlichen Leben, weil das spirituelle Leben von uns fordert, daß wir »tun als ob« und uns hinauswagen ins Unbekannte. Das weltliche Leben jedoch verlangt von uns, daß wir »dann« handeln, nicht »tun als ob«, und daß wir auf Nummer Sicher gehen und einen Schritt rückwärts machen in die sogenannte Sicherheit, in die gewohnte Umgebung und in die Vergangenheit. Doch das Leben findet nicht in der Vergangenheit statt, sondern in diesem Augenblick.

Sie müssen sich ins Unbekannte hinauswagen, indem Sie bereit sind zu vertrauen. Mir selbst zu vertrauen war (und ist) für mich eine große Herausforderung, denn meine Angst, ein schlechter Mensch zu sein, der nicht wiedergutzumachende Fehler begeht, wurde schon bei anscheinend kleinen Entscheidungen ausgelöst. Ich glaubte wirklich, ich könnte andere und mich selbst verletzen, wenn ich eine falsche Entscheidung träfe. So wurden Entscheidungen zu einer Frage von »Leben und Tod«, wenn sie mit meiner Arbeit zu tun hatten. Persönliche Entscheidungen waren nicht von so großer Angst begleitet. Ich wußte, ich würde überleben. Was mir zu schaffen machte, waren die geschäftlichen Entscheidungen, die so aussahen, als würde durch eine Fehlentscheidung alles zusammenbrechen. Aus dem Bereich unseres höheren Selbst zu leben, verwandelt jedoch selbst Fehler in Lehren, die sicherstellen, daß wir unsere Ziele und Absichten erreichen.

Wenn Sie sich selbst als spirituelle Einheit entdecken, dann ist Zeit wie Ewigkeit, denn eine Form des Daseins verwandelt sich in die nächste. Es gibt keinen Anfang und kein Ende. Sobald Sie aus der Ganzheit Ihres Lebens leben, nimmt jedes Ereignis nur den Platz ein, der ihm zugedacht ist, und wächst nicht übermäßig. Und dann stellen Sie fest, daß Sie weder einen Fehler gemacht noch versagt haben. Es gibt nur das, was Sie getan oder nicht getan haben – ganz einfach. Ihr eigener Wert wird durch Erfolg oder Versagen nicht berührt.

In unsere Physiologie sind alle Erfolge und alles Versagen der biologischen Evolution eingeschlossen. Auf der biologischen Ebene ist der Tod im Kampf um das »Überleben der Besten« das unausweichliche Ereignis. Doch das Überleben der Fähigsten hat keinen Bezug zu den höheren Ebenen des Bewußtseins und der Wahrnehmung. Alles ist Liebe, und auf dieser Ebene gibt es weder Konkurrenz noch eine Bedrohung des Lebens. Leben aus der Liebe heißt leben aus dem absoluten Vertrauen, daß alles dazu bestimmt ist, sich zum Besten aller zu entwickeln. Frieden und Liebe und Freude daran, zum Wohl anderer beizutragen, sind die Gewinne auf der höheren Ebene, wogegen Macht, Kontrolle, Besitz und Rechtschaffenheit die wünschenswerten Ergebnisse (zum puren Überleben) auf der unteren Daseinsebene darstellen.

Sie erfahren den Tod in jedem Augenblick Ihres Lebens. Auf der physischen Ebene war der Tod schon immer ein Teil des Lebens. Denken Sie an die großen Katastrophen, die auf dieser Erde stattgefunden haben, erinnern wir uns der Grausamkeit des Menschen gegenüber seinen Mitmenschen. Es gab Kannibalismus, Folterung und jegliche Art und jedes Ausmaß an Gewalttätigkeit und Herabsetzung, die nur denkbar sind. In uns ist beides, sowohl die Anlage zu verletzen und schädigen wie auch die, ganz und gar liebevoll, sicher und ein zum Wohle anderer beitragendes Wesen zu sein, das Zeit und Raum transzendiert. Das letzte Vertrauen erwächst aus der »Verpflichtung zum Engagement«, die Liebe zu wählen, unsere persönliche Ganzheit zu erhalten und stets für das einzustehen, was ethisch gut ist und uns selbst und anderen dient. Wir sollten uns selbst sagen: »Ich vertraue mir, daß ich mich als liebendes, hilfreiches und ethisches Wesen verhalte; ich kann mir darin vertrauen, aus meinem höheren Selbst heraus zu leben, und falls ich dies nicht tue, vertraue ich mir darin, dann den Betreffenden mein Versagen einzugestehen und alles zu tun, um den Fehler zu korrigieren.«

Um die Wünsche der unteren Ebene zu transzendieren, wo es um das Überleben um jeden Preis geht, ohne Rücksicht auf das eigene

Leben oder das anderer, müssen Sie erkennen und begreifen, daß Sie haben können, was Sie sich wünschen, unabhängig davon, was andere tun oder nicht tun. Niemand ist eine Bedrohung für Sie. Ihr Leben erwächst aus Ihrer eigenen Bewußtheit und Ihrer Bereitschaft, das anzunehmen, was Sie sich wünschen, und ein großartiges Leben zu führen.

Vergebung und Vertrauen

Damit Sie Vertrauen in sich selbst gewinnen können, müssen Sie sich selbst vergeben, nicht vertrauenswürdig, unsicher oder unzuverlässig gewesen zu sein. Vertrauenswürdig sein bedeutet nicht, aufhören menschlich zu sein; es bedeutet jedoch, daß Sie die Verantwortung haben, die Dinge wieder in Ordnung zu bringen und zu bereinigen. Ihr Wort ist Gesetz, und Ihr Wort ist Ihre Verpflichtung zum Vertrauen. Deshalb ist auch Ihre Unterschrift gesetzlich verpflichtend für das, was Sie unterschrieben haben – und Sie müssen sich daran halten. Sie sind sich selbst anvertraut, Ihnen wurde die Herrschaft über die Erde übergeben, und Sie haben die Kraft, fruchtbar zu sein und sich zu vermehren. Ihr Leben erwächst aus Ihrem Wort. Sich selbst zu vertrauen, verlangt von Ihnen, daß Sie sich für sich selbst wiederherstellen, indem Sie die Verantwortung übernehmen für jeden Mangel an Integrität und dafür, was Sie für Ihr Leben wählen können. Ihr Wort ist der Schöpfer Ihrer Welt, es geht von Ihnen aus und pflanzt sich fort.

Um Vertrauen zu erkennen, müssen Sie sich der Entscheidungen bewußt werden, die Sie vielleicht einmal bezüglich Ihrer mangelnden Vertrauenswürdigkeit, Ihrer Unfähigkeit zu richtigen Entscheidungen und Ihrer Unzuverlässigkeit getroffen haben. Vielleicht schauen Sie auch die Kehrseite einmal an – Entscheidungen, die Sie über die Vertrauenswürdigkeit, die Urteilsfähigkeit oder die Zuverlässigkeit anderer Menschen getroffen haben.

Erinnern Sie sich an Zeiten in Ihrem Leben, als Sie sich entschieden, nicht vertrauenswürdig zu sein, dann schreiben Sie diese jetzt auf. Eltern und Erwachsene neigen manchmal dazu, Kindern zu sagen, daß sie dumm, unverantwortlich, nicht vertrauenswürdig seien, daß sie den bei der Geburt mitbekommenen Verstand verloren oder kein Gehirn im Kopf hätten, nichts richtig machten, eine Enttäuschung seien, nicht denken und vieles in der Art. – Und wohl jeder von uns hat irgendwann unter solchen negativen Äußerungen gelitten.

- ☐ *Überlegen Sie – und halten sie sie schriftlich fest –, wann andere mit Ihren Entscheidungen unzufrieden waren oder Ihnen sagten, Sie seien egoistisch wegen Ihrer Wünsche.*
- ☐ *Untersuchen Sie jedes Versagen, das Sie hochgespielt haben. Wenn diese sogenannten Versagen mehr Bedeutung haben, als ihnen zusteht, dann lassen Sie sich von diesem Versagen unterminieren und es zur Ursache dafür werden, daß Sie Ihre Urteilsfähigkeit, Ihre Fähigkeiten und – noch wichtiger – sich selbst in Frage stellen.*
- ☐ *Machen Sie sich die Gelegenheit bewußt, in denen Sie andere enttäuscht haben oder andere durch Ihr Urteil und Ihr Verhalten Schaden erlitten oder versagt haben.*
- ☐ *Während Sie dies Begebenheiten notieren, empfinden Sie vielleicht Trauer, Kummer, Ärger oder sonstige Emotionen. Erlauben Sie sich selbst diese Gefühle. Atmen Sie tief ein und aus, und die Gefühle werden vergehen.*

Mit unserem Gefühl, nicht vertrauenswürdig zu sein, ist viel Kummer und Trauer verbunden. Hält dieses Gefühl an, bewirkt es, daß wir glauben, unrecht zu haben, und uns unfähig fühlen, doch wenn wir uns selbst und den anderen vergeben, setzen wir die Vergangenheit frei.

Schreiben Sie zunächst oben auf ein Blatt all die vielen Gelegenheiten, in denen Sie Vertrauenswürdigkeit und gutes Urteil bewiesen haben. Ich habe einmal auf das Verhältnis meiner Erfolge/Mißerfolge geschaut, und mir wurde klar, daß meine Entscheidungen in 80 Prozent der Fälle richtig waren und nur zu 20 Prozent kein Ergebnis brachten. Ich war überrascht, denn ich lebte in der Vorstellung, daß ich große Fehler mache, die meine Erfolge überwiegen. Vertrauen ist eine Frage der Verbindung zu Ihrer Intuition, Ihrem Gefühl, Ihren Wünschen und sogar Ihren Erfahrungen. Je mehr Sie vertrauen, um so mehr Vertrauen haben Sie in sich selbst.

Vertrauen Sie Ihren Gefühlen

Eines der Hilfsmittel des Vertrauens ist das Vertrauen in Ihre Gefühle, Ihre Intuition und Ihre Erfahrungen – beobachten Sie die Ergebnisse. Wenn Sie so leben, werden Sie sich des Unterschieds zwischen Ihrem inneren Führungssystems und den Selbstzweifeln und dem Urteilssystem bewußt. Setzen Sie eine Kombination von Intuition, Erfahrung und Intellekt ein, dann verfügen Sie über ein unschlagbares Team. Nutzen Sie das Hilfsmittel Selbstvertrauen und überprüfen Sie die Ergebnisse, so bauen Sie das Gefühl des Zutrauens in ihre natürliche Fähigkeit zu wissen auf. Einige meiner traurigen Erfahrungen, speziell in Beziehungen, beruhten darauf, daß ich meine Intuition überhörte, eindeutige Warnungen ignorierte und meinte, ich könnte mich gegen meine wirklichen Wünsche oder das verhalten, was ich als richtig erkannt hatte. Es hat sich noch nie bewährt, wenn ich mir selbst nicht treu blieb.

Sie können nicht sehr lange aus der Täuschung heraus leben. Sie werden davon eingeholt und müssen schließlich den Preis doch zahlen. Vertrauen Sie Ihrer Erfahrung, denn das ist für Sie die Wahrheit. Selbst wenn es so aussieht, als funktioniere es so großartig nicht, so sind Sie doch sich selbst und Ihrer Erfahrung treu geblieben – und das zahlt sich schließlich aus. Bleiben Sie auf dem Weg, durch die innere Führung Ihre Macht zurückzugewinnen, und Schritt für Schritt wird es Ihnen gelingen, schon die geringste Veränderung in Ihnen selbst und anderen, in Situationen und dem, was gewünscht und gebraucht wird, zu bemerken. Sie wissen wirklich alles; Sie brauchen sich nur darüber klarzuwerden, daß Sie alles wissen. Auch die anderen besitzen dieses Wissen. Es ist so machtvoll, mit Menschen zu tun zu haben, die anderen vertrauen, ein ausgeprägtes Empfinden für Energie haben und über das Wissen verfügen, wie sie ihre innere Führung nutzen können.

Lernen Sie aus Ihrer Vergangenheit

Ein weiteres Hilfsmittel zur Entwicklung von Vertrauen besteht darin, die Vergangenheit anzusehen und sich dessen zu erinnern, was man einen kapitalen Mißerfolg nennen würde. Wann wurden Sie sich zum ersten Mal der inneren gelben Warnlampe bewußt, die sagte: »Vorsicht, hier läuft etwas falsch?« Was haben Sie unternommen, um Ihren Kurs zu korrigieren, oder haben Sie die Warnung einfach ignoriert? Ich bin sicher, es gab noch weitere Warnungen, und vielleicht erinnern Sie sich sogar daran, daß die Angelegenheit von Anfang einen falschen Eindruck machte. Achten Sie auf die Warnzeichen – und kehren Sie zurück auf den rechten Weg. Falls Sie die Korrektur nicht vornehmen, dann gibt es entweder einen Zusammenstoß – oder Sie verbrennen sich... Vielleicht schaffen Sie es zwar so gerade eben, oder Sie finden sich in einer unerträglichen Situation. Irgendwo wissen Sie jedoch Bescheid, und dieses Wissen ist etwas anderes, als sich mit Ihren Befürchtungen und Sorgen zu beschäftigen und diesen zur Wirklichkeit zu verhelfen.

Wissen, was wirklich ist

Es ist eine Herausforderung, den Unterschied zwischen der Realität und dem von uns Erdachten zu erkennen. Für mich gibt es zwei Feedback-Systeme, die nicht lügen. Sie geben nur wieder oder duplizieren, was wirklich vorgeht. Das eine System ist mein Körper. Er lügt nicht, sondern sagt mir immer die Wahrheit. Das andere System ist die Welt um mich herum. Beide Systeme besitzen kein eigenes Leben, sondern nur das, welches ich ihnen gebe. Ein Körper trifft genausowenig eigene Entscheidungen wie ein Auto, eine Lampe, Geld, die Arbeit oder eine Beziehung. Das Leben ist der Spiegel, der Ihnen zeigt, wo Sie sich gerade befinden. Dieses Feedback-System sagt immer die Wahrheit darüber, was mit Ihnen geschieht, und dieses System kann Ihnen die Macht verleihen, zu haben, was Sie sich wünschen, wenn Sie es anwenden. Der Mangel an Vertrauen entsteht in Ihrem Kopf. Sie sind genau da, wo Sie sein wollen. Wenn Sie das glauben, dann können Sie sich darauf verlassen, daß das Leben »ja« zu Ihnen sagt.

Der Körper als Führer

Ich habe viele, viele Stunden und Jahre mit Körperbewußtsein und Körperarbeit in Form von Körpertherapien wie Rolfen, Heller, Naiger, Shiatzu, schwedische Massage und Chiropraktik wie auch Ernährung und Gymnastik verbracht. Dabei fand ich heraus, daß meine Schultern schmerzen, wenn ich mich selbst zurückhalte. Als ich meine Sexualität unterdrückte und mir Vergnügen versagte, hatte ich Schmerzen im unteren Teil meines Rückens. Zu der Zeit waren Gymnastik und Laufen für mich schwierig. Auch mein Magen sagt mir ganz deutlich, wie ich mich wirklich fühle. Ich kann erkennen, was mit anderen los ist, und spüre sofort in meinem Körper, wenn etwas nicht stimmt.

Körperliche Krankheiten erzählen Geschichten von Menschen, die an Abneigungen und Ärger festhalten und sich selbst bedingungslose Liebe versagen.

- Überschüssiges Fett ist ein Schrei nach Liebe und Schutz vor Verletzungen.
- Falscher Appetit ist ein weiterer Ruf nach Ganzheit und Zufriedenheit.
- Übermäßiger Alkoholkonsum ist der Wunsch, das Leben besser zu gestalten.

Ihr Körper spricht zu Ihnen und sagt Ihnen, was Sie sich wünschen und was Sie brauchen, wenn Sie sich nur die Mühe machen, ihm zuzuhören. Unterdrücken Sie jedoch Ihre Gefühle, Ihre Emotionen, Ihr Bedürfnis nach Liebe und vollem Selbstausdruck, schneiden Sie den Körper von der Zufuhr vitaler Lebenskraft ab. Die Menschen streiten gerne ab, daß Sie selbst die Ursache dessen sind, was sie sind. Sie machen sich lieber selbst etwas vor, als die Wahrheit zu erkennen und dann etwas zu unternehmen. Ihre Welt ist nichts anderes als Ihre

Energien in fester Form. Der Stuhl vor Ihrem Schreibtisch steht dort, weil Sie ihn selbst dahin gestellt haben oder einem anderen erlaubten, das für Sie zu tun.

Alle möglichen Erklärungen und Entschuldigungen fallen den Menschen dafür ein, warum ihr Leben so verläuft, wie es verläuft, doch die wirklichen Gründe nennen sie nicht. Es ist so, wie es ist, weil es eben gar nicht anders sein kann, und Sie selbst haben es *dazu gemacht*. Das Geheimnis besteht darin, Ihr Leben zu beobachten, und dann wissen Sie, wo Sie stehen. Setzen Sie ein Feedback-System ein, um Ihre Sinne zu vervollständigen und eine Ebene erreichen zu können, die Sie mit Ihrem tiefsten Selbst in Kontakt bringt.

Fragen an Sie selbst

Vielleicht stellen Sie sich einige der folgenden Fragen, um mit Ihrem eigenen Selbst, Ihren Wünschen, Ihren Bedürfnissen und Ihrer eigenen Wahrheit in Berührung zu kommen:

☐ Wenn jede Entscheidung, die ich getroffen habe, richtig war, wofür entscheide ich mich eigentlich?

☐ Welche Gefühle habe ich augenblicklich wirklich?

☐ Welches Ideal habe ich, wenn alles so sein könnte, wie ich es mir wünsche?

☐ Welcher Konflikt besteht zwischen dem, was ich mir wünsche, und dem, was ich meiner Meinung nach nicht sein, tun oder haben kann?

☐ Was fürchte ich zu verlieren oder was würde geschehen, wenn ich meinen Bedürfnissen und Wünschen vertraue?

☐ Wünsche ich mir das wirklich, oder will ich nur jemandem etwas heimzahlen und mein eigenes Melodrama zu Ende spielen?

☐ Wenn ich es wagte, mir selbst die Wahrheit zu sagen, wie würde diese Wahrheit aussehen?

☐ Wovor hätte ich Angst, wenn ich in diesem Augenblick glücklich wäre, ganz unabhängig von allen Umständen?

☐ Wovor hätte ich Angst, wenn ich mir selbst vertrauen könnte?

Stellen Sie sich selbst weitere Fragen, die Ihnen dabei helfen, an die Wahrheit Ihrer eigenen Erfahrungen heranzukommen.

Vertrauen ist eine Frage des Mutes – und was mich betrifft, so verlangt es auch Einsatz und die Bereitschaft, die Werte und Ergebnisse meiner persönlichen inneren Führung zu entdecken. Wenn Sie Angst davor haben, das Wohlwollen anderer zu verlieren und Fehler zu machen, dann haben Sie noch einige Hürden zu überwinden. Um das Leben in seiner ganzen Fülle zu erfahren, muß Ihre Neugier darauf, wie Sie natürlicherweise funktionieren, größer sein als Ihr Interesse, alles zusammenzuhalten.

Welche Rolle spielen Fehler?

Um etwas zu lernen, machen Sie Fehler, und Fehler dienen als Rückmeldung; nutzen Sie sie, um sich zu helfen. Es erfordert eine Menge Mut, Ihre Wahrheit mit anderen zu teilen, besonders dann, wenn sie unbequem ist. Gleichzeitig müssen wir auch bereit sein, die Wahrheit anderer anzuerkennen und zu respektieren. Im Vertrauen wagen wir zu sagen: »Ich habe das Gefühl, dies ist nicht gut für mich. Was geht hier wirklich vor? Was ist es, das du nicht aussprichts?«, wenn wir fühlen, daß es eigentlich um etwas anderes geht.

Oft habe ich keine Ahnung, wie die Wahrheit aussieht oder was da vor sich geht, doch ich weiß: irgend etwas ist los. Ich weiß, ich kann herausfinden, was los ist, wenn ich die Dinge untersuche. Ich merke gleich, wenn jemand – mich selbst eingeschlossen – abschaltet oder emotionell abwesend ist, dann sage ich meist: »Merkst du, daß sich von einem Augenblick auf den anderen etwas an dir verändert hat? Was ist es?« Die Menschen sagen dann meistens: »Nichts ist los«, machen dicht und wenden sich ab. Das funktioniert zwar nicht wirklich, aber Sie können auch niemanden zwingen, aufrichtig zu sein, der das jetzt gerade nicht will.

Ablehnung ist Manipulation

Wir sind so gut im Leugnen unserer Gefühle, Wünsche, Bedürfnisse und unserer Intuition, daß wir uns selbst zum Narren halten oder austricksen können. Deshalb sagen die Menschen normalerweise, daß sie nicht wissen, wie sie sich fühlen, was sie sich wünschen und wer sie sind oder welche Fähigkeiten oder Talente sie haben. Sie haben sich ihre Erfahrungen so lange versagt, daß es fast so aussieht, als hätten sie keine. Menschen, die sagen, sie wissen nicht, wie es ihnen geht, sind welche, die viel Ärger aufgestaut haben. Damit kann man auch andere manipulieren und beherrschen. Sich selbst verleugnen heißt unser Leben in die Hand eines anderen Menschen legen und sagen: »Ich kann mich nicht um mich selbst kümmern, tue du das für mich.«

Eine andere Art, sich vor Verletzungen zu schützen, besteht darin zu sagen, daß es einem egal ist und nichts ausmacht. Man vermeidet auf diese Weise Wünsche, die man eigentlich hat, und leugnet Erfahrungen, die man macht. So geben die Menschen ihre Träume und Gefühle auf und verstecken sich hinter dem falschen Mäntelchen der Sicherheit: »Ich will gar nichts, dann kann ich auch nicht verletzt werden.« Wir schalten den Urteils-Mechanismus ab, stumpfen ab gegen unsere Schmerzen und begraben unsere Gefühle in Essen, Alkohol und Drogen. In der Bibel heißt es: »Die ohne Vorstellungskraft sind, verkümmern.«

Sie sind erwählt, Sie sind derjenige, der das Leben aus seinem Inneren heraus entwirft. Dies nicht zu wissen heißt wahrlich, sich selbst die Möglichkeit eines reichen Lebens zu versagen. Setzen Sie diese Kraft ein, und lassen Sie diese Kraft durch ihr Bewußtsein für Sie wirken.

Ein letztes Hilfsmittel

Mit der Fähigkeit, Ihr Bewußtsein zu entwickeln, verfügen Sie über ein großes Hilfsmittel, um Ihr Vertrauen in sich selbst aufzudecken. Woher wissen Sie, daß Sie auf dem richtigen Weg sind? Woher wissen

Sie, ob jetzt die Zeit ist, etwas über Bord zu werfen, oder ob nur ein altes Wiederaufleben des Verhaltensmusters Sie zu überzeugen versucht, daß Sie jetzt entweder kämpfen oder die Flucht ergreifen müssen. Und wie können Sie wissen, ob Sie sich wirklich von allen Blockaden befreit haben, die dem im Wege stehen, was Sie sich wirklich wünschen? Ich kenne einige Wege, auf denen Sie Rückmeldung bekommen können, damit Sie wissen, wo Sie jetzt stehen:

1. Sie fühlen sich offen, klar und sicher – frei von Ärger, Abneigung, Verwirrung, Rechtfertigung oder Erklärungen. Sie erfahren eine Sicherheit, frei von Bindungen, unbeendeten Angelegenheiten, Verpflichtungen – Sie wissen einfach und deutlich. Vom geplanten Ergebnis sind Sie nur Stunden oder Tage entfernt.
2. Sie fühlen sich einigermaßen sicher und klar, doch es bestehen noch einige innere Konflikte, die widerspiegeln, daß Sie sich selbst nicht ganz einig sind. Sie wissen, was Sie wollen, haben aber das Gefühl, Sie seien es nicht wert, könnten es nicht erreichen oder daß es nicht gut noch richtig ist, so viel zu besitzen. Alte Überzeugungen stehen im Widerspruch zu Ihrem Wunsch, mehr Leben und mehr Liebe zum Ausdruck zu bringen. Werden Sie sich dieser Dinge bewußt, lassen Sie sie los und setzen Sie Ihren Weg fort.
3. Sie sind von dem beeinflußt, was andere Ihnen antun. Sie rechtfertigen sich und Ihre Handlungen. Sie schreiben anderen die Ursache und die Verantwortung zu, anstatt sie selbst zu übernehmen. Dies kann sich in Krankheit äußern oder darin, daß Ihr Leben nicht so verläuft oder daß Sie negativ über andere Menschen reden. Es kann auch sein, daß Sie sich prinzipiell als Opfer fühlen und deswegen andere angreifen, sich verteidigen, weglaufen oder Hilfe suchen. Halten Sie inne und beginnen Sie da, wo Sie gerade sind. Sehen Sie sich an, was Sie sich wünschen und doch versagen. Tun Sie, was nötig ist, um Ihre eigenen Erfahrungen zu machen. Niemand hält Sie davon ab, das zu haben, was Sie sich wünschen. Geben Sie die Mittel des Selbstmitleids und der Vorwürfe auf, um zu bekommen, was Sie haben wollen. Lohnt sich der Preis? Sie können es sich nicht leisten, Ihre Macht zu leugnen.

4. Sie sind der Meinung, daß Sie mit etwas fertig sind und daß es Zeit ist voranzugehen, doch in Wahrheit hinterlassen Sie ein komplettes Durcheinander und hauen einfach ab. Es ist nichts dabei abzuhauen, wenn Sie die Situation für zu gefährlich halten und glauben, damit nicht fertig zu werden, und wenn Sie wirklich die Freiheit besitzen, zu tun, was Sie sich wünschen. Es hat jedoch Konsequenzen, und früher oder später müssen Sie diesen Konsequenzen ins Auge sehen und sich damit auseinandersetzen.
   Sie können jedoch nicht endgültig fortlaufen, alles ignorieren oder sich vor irgend etwas oder gar vor sich selbst verstecken. Denn was Sie nicht verantwortlich und liebevoll grundlegend klären oder beenden, wird wieder auftauchen. Manches ist leichter zu handhaben, wenn man sich aus dem ständigen emotionellen Hin und Her zurückzieht; das hilft Ihnen, größer zu werden als Ihr Problem. Doch seien Sie wachsam, und machen Sie sich nicht vor, daß Ihnen nichts fehlt, wenn Sie Probleme nur ignorieren und davor weglaufen. Warnzeichen sind Informationsfluten, zurückgehaltene Informationen oder auch unbeendete Arbeiten, ungeregelte Finanzen und Beziehungen.
5. Sehen Sie die Menschen und die Dinge, wie sie sind, nicht wie Sie sie haben möchten. Vertrauen Sie sich selbst, indem Sie Ihre Beobachtungsgabe entwickeln. Beobachten Sie sich selbst, ob Sie vielleicht handeln aus der Einstellung: »Warum immer ich?« oder aus dem Wunsch heraus, nett sein zu wollen. Oder helfen Sie anderen, indem Sie sich verantwortlich verhalten und die Wahrheit sagen und auch sonst verantwortlich sind? Das bedeutet aber nicht, daß Sie Ihre Unschuld oder Ihren Glauben an die Menschen und das Leben aufgeben sollen.
   Halten Sie sich an Menschen, denen man vertrauen kann, oder wenigstens an Menschen, die ihr eigenes Leben in die Hand genommen haben und nach ethischen Grundsätzen leben. Sind Sie bereit, sich von anderen helfen zu lassen und selbst zu gedeihen? Verlassen Sie sich nicht auf Versprechungen, es sei denn, jemand hält seine Versprechen auch ein. Geben Sie selbst kein Versprechen, wenn Sie es nicht halten, und werden Sie

immer aufrichtiger darüber, worauf man sich bei Ihnen verlassen kann oder nicht.
Ohne Vertrauen ist Ihr Leben eine einzige Suche nach Sicherheit in Äußerlichkeiten und bei äußeren Kräften. Ohne Vertrauen werden Sie niemals das Reich von Frieden, Liebe, Reichtum und Meisterschaft finden. Sie sind vertrauenswürdig; also ist das Leben vertrauenswürdig und gibt Ihnen, was Sie anzunehmen bereit sind. Sie selbst sind der Schlüssel. Sie selbst müssen das sein, was Sie erfahren möchten. Sie können nur das bekommen, was Sie werden wollen. Sie können nicht haben, was Sie nicht sind. Je sicherer Sie sich in Ihrem Vertrauen zu sich selbst fühlen, um so mehr können Sie darauf vertrauen, daß Gott, das Leben Sie in diese Welt hineingestellt haben, damit Sie gewinnen.

Übungen

1. Erinnern Sie sich an jede Begebenheit, als Sie sich selbst vertrauten und damit eine gute Erfahrung machten.
2. Setzen Sie den fehlenden Teil des Satzes ein:

   a. Als ich mir selbst vertraute, da ______________________________

   b. Wenn ich mir selbst immer trauen würde, dann _______________

   c. Wenn es sehr wichtig ist, dann vertraue ich immer_____________

   d. Ich kann mich immer darauf verlassen, daß ich _______________

3. Führen Sie diese Übung mit einem Partner aus. Setzen Sie sich gegenüber und lassen Sie sich jeder zehn Minuten Zeit für diese Übung. Person A sagt zu Person B: »Die Gabe, die ich in dir sehe, ist... (Nennen Sie Eigenschaften und Fähigkeiten). Dann sagt Person B: »Danke, ich weiß.« Setzen Sie die Übung fort und nennen Sie weitere Eigenschaften und Fähigkeiten, die Sie in Person B sehen.

Nach zehn Minuten werden die Rollen getauscht. – Dies ist eine sehr wirkungsvolle Übung, nach der beide Personen sich geschätzt, fähig und großartig fühlen.

4. Nennen Sie zehn Ängste, die Sie über sich selbst haben.
5. Schreiben Sie auf, wie Sie den Vorwand, sich selbst nicht zu vertrauen, dazu benutzen, nicht die Verantwortung für Ihr eigenes Leben übernehmen zu müssen.
6. Nennen Sie zehn »Vorteile«, die Sie Ihrer Meinung nach davon haben, daß Sie sich selbst weniger, anderen aber mehr vertrauen.
7. Machen Sie wenn möglich folgende Übung mit einem Partner, ansonsten zehn Minuten lang schriftlich (viel wirkungsvoller ist die Übung mit einem Partner zusammen). Man setzt sich gegenüber, und Partner A sagt zu Partner B lediglich: »Ich kann haben, was ich mir wünsche.« – Und der Partner antwortet: »Ja, das kannst du.« Machen Sie diese Übung zehn Minuten lang und bekommen Sie wirklich ein Gefühl dafür, spüren Sie die Wucht des Gefühls, das Gewünschte zu haben. Nach Ablauf der Zeit tauschen Sie die Rollen.

Bejahungen

Lesen Sie diese Bejahungen so oft Sie möchten. Schreiben Sie die Bejahung, die Ihnen am besten entspricht, zwanzigmal jeden Tag auf.

Ich, __________, bin jetzt bereit, meinen Gefühlen, meinen Wünschen und meiner Intuition zu folgen.

Ich, __________, bin jetzt bereit, mir zu vertrauen, selbst wenn ich versagen sollte.

Ich, __________, vergebe meiner Mutter (meinem Vater), daß sie (er) mir nicht vertraut hat.

Ich, __________, vergebe mir selbst, wenn meine Entscheidungen und Beurteilungen falsch aussehen.

Je mehr ich, __________, mir selbst vertraue, um so häufiger mache ich die Erfahrung, vertrauenswürdig zu sein.

Ich, __________, bin jetzt bereit, meine Entscheidungen zu verantworten, indem ich mir selbst vertraue.

Stehen Sie sich nicht selbst im Weg

3. Kapitel

Machen Sie Schluß mit Selbstmitleid

Vielleicht denken Sie, dieses Kapitel habe mit Ihnen wenig oder gar nichts zu tun! Das dachte ich auch, bis ich das Thema Selbstmitleid genauer untersuchte und feststellte, wie sehr mich das davon abhielt, erfolgreich die Wirklichkeit zu leben, die ich mir wünschte.

Selbstmitleid wird von niemandem positiv bewertet, daher ist es nur natürlich, wenn keiner als triefend vor Selbstmitleid angesehen werden möchte. Es ist auch viel bequemer und einfacher, diese Eigenschaft an anderen zu entdecken als bei sich selbst. Selbstmitleid ist ein anderer Ausdruck für »Warum immer ich?«. »Ich armes Ding. Niemand liebt mich. Keiner weiß, wie schwer ich arbeite und auf wieviel ich verzichte.« »Ich armes Ding, ich mache die Arbeit viel besser als die, die dafür das große Geld und die ganze Anerkennung bekommen; ich bin ein Opfer, und jeder tut mir weh, trampelt auf mir herum und nutzt mich aus.« »Ich armes Ding, ich habe so viel Verantwortung.« »Ich armes Ding, ich komme einfach nicht voran.« »Ich armes Ding, niemand liebt mich, niemand kümmert sich um mich. Ich bin ganz alleine, und keiner schert sich darum.« »Ich armes Ding, ich habe nie Geld. Die anderen haben es geschafft, nur ich nicht.«

Selbstmitleid ist die Kehrseite des Eigendünkels und ein Anzeichen für einen inneren Konflikt zwischen Ihnen und dem, was Sie sein, tun und haben wollen. Sie fühlen sich machtlos, es anders zu bekommen.

Als ich neun Jahre alt war, bekam ich von meinem Vater Schläge und wurde zu Bett geschickt, weil ich bei einem Nachbarn über meine Großmutter gesagt haben sollte, die Großmutter trinke wie ein Bürstenbinder. Ich hatte nichts dergleichen getan, das heißt, ich wurde für etwas bestraft, was ich nicht getan hatte, und ich fühlte mich ohnmächtig, etwas dagegen zu unternehmen. Ich verkroch mich im Bett, weinte und tröstete mich selbst für das, was die anderen mir angetan hatten. Ich schwamm also in einer falschen Nachgiebigkeit gegen mich selbst – »Ich armes Kind, ich bin so brav und habe recht, und man hat mich verletzt und betrogen.« Für mich war das Trost und Schutz. Jahrelang habe ich mich so verhalten.

In gewissem Sinn hat Selbstmitleid mit einem Mangel an Durchsetzungsfähigkeit zu tun, und damit meine ich keinesfalls Aggression. Ich habe feindliche, aggressive, gewalttätige und furchterregende Menschen gekannt, die im Selbstmitleid gebadet haben. Sie geben ständig anderen die Schuld. Jeder und alles ist verantwortlich, nur sie selbst nicht. Mit dem Mangel an Bestimmtheit oder Energie meine ich, daß der Betreffende nicht weiß, wie er seine Ziele erreichen kann. Wahrscheinlich stammt dieses Gefühl der Hilflosigkeit aus der Kindheit, in der wir körperlich kaum in der Lage sind, uns das zu beschaffen, was wir uns wünschen.

Dieses Erlebnis als Neunjährige hatte damit zu tun, daß ich mich nicht um mich selbst kümmern konnte und daß ich mir wünschte, mein Vater möge mir glauben und mich dafür lieben und anerkennen, daß ich ein »braves Mädchen« war. Wenn wir unser Selbstmitleid nicht aufdecken und eliminieren, wird es jeden Bereich unseres Lebens beeinflussen.

Die verschiedenen Formen des Selbstmitleids

Hier folgen sieben Formen des Selbstmitleids (vielleicht fallen Ihnen noch einige mehr ein):

Das Opfer

Das Opfer ist der Held oder die Heldin, der oder die stets Gutes tut und am Ende dafür noch betrogen wird. Sie halten an, um jemandem zu helfen, und der, dem sie helfen, stiehlt am Ende Ihr Auto. Oder: das

Opfer kauft sich ein in ein System, mit dem man schnell reich werden kann, hat aber zum Schluß nichts als die leere Tasche – aus der der Halunke das Geld genommen hat, bevor er sich verdrückte – und für die Schulden aufzukommen. Das Opfer kämpft permanent mit dem Rücken zur Wand, leidet dabei ständig, fragt: »Warum ich?« und sagt dann: »Das ist nicht fair!«

Der Märtyrer

Der Märtyrer denkt genauso wie das Opfer, doch er sagt nie ein einziges Wort; er leidet schweigend und sagt: »Mir fehlt nichts; es ist gar nichts.« Das Problem bei Märtyrern ist, daß die anderen herausfinden sollen, was mit ihnen los ist, und wenn man das nicht tut, dann ist man schuld. Der schweigende und großmütige Dulder steht auf einem Podest und wurde als vollkommenes Beispiel von Rechtschaffenheit und Göttlichkeit verehrt.

Das Märtyrertum wurde durch die Religion aufrechterhalten, indem man diese stillen, edlen Dulder ehrte, die bereit waren, zu unserem Nutzen auf die Freuden und Vergnügen dieses Lebens zu verzichten. Doch sollten Sie für mich weder leiden noch sich aufopfern, denn in Gottes Universum gibt es nur Überfluß und die Freude am Leben. Machen Sie Ihr Verlangen zu leiden nicht besser, indem Sie es als »Selbstaufopferung« bezeichnen. Ganz gleich, wieviel Gutes diese Märtyrer taten, so haben sie doch den Glauben aufrechterhalten, daß man zum Wohl anderer, und um Gott zu dienen, Opfer und Leiden und die Pfeile der Ungerechtigkeit ertragen muß.

Märtyrer sind diejenigen, die gute Miene zum bösen Spiel machen, viel seufzen. Dies ist ein Teufelskreis, von dem niemand etwas hat. Ein Märtyrer ist der ewig Leidende, für manche ist das ein Elternteil. Wenn Sie denken: »Dieser Mensch ist wirklich ein Heiliger, daß er das aushält«, dann sprechen Sie von einem Märtyrer. Das Schlimme an den Opfern und Märtyrern ist jedoch, daß andere, die glücklich sind und so leben, wie es ihnen gefällt, das Gefühl bekommen, sie müßten Gewissensbisse haben, weil sie nicht leiden. Wenn wir die Opfer und

Märtyrer ehren und belohnen, dann wird diese Lüge weiter aufrechterhalten. (Märtyrer sind aber nicht zu verwechseln mit Menschen, die wirklich aus ihrem Herzen handeln und überhaupt nicht an Aufopferung denken.) Das Märtyrertum verleugnet die natürlichen Fähigkeiten des Individuums und macht Krankheit zu einem Dauerzustand. Verantwortlich sein heißt Freiheit gewinnen und als gesunder Mensch leben.

Der Retter

Selbstmitleid kann auch in der Figur des Retters zum Ausdruck kommen. Ein Retter möchte ständig jemanden retten, auch die, die gar nicht verloren sind oder nicht gerettet werden möchten. Sie sind Befreier, und ihr größtes Problem ist der Mangel an Anerkennung durch die Geretteten. Ich selbst neige dazu, ein Retter zu sein; das ist eine selbstgerechte Haltung und will sagen: Ich bin besser als du. Die Retter beherrschen die, die sie retten, so kann es durchaus geschehen, daß sie die ruinieren, die sie zuvor errettet haben. Sie vermitteln häufig ein Gefühl der Angst, daß, wenn man ihre helfende Hand und unendliche Weisheit ablehnt, sie nicht mehr da sind und man ganz alleine bleibt.

Jeder ist ein fähiger Mensch, und das Beste, was Sie für jemanden tun können, ist, diese Tatsache anerkennen und dem anderen helfen, sein eigenes Leben erfolgreich zu führen. Die meisten karitativen Projekte oder Unterstützungsprogramme gehen jedoch von der gegenteiligen Annahme aus. Ihrer Meinung nach gibt es die »Fähigen«, die denen helfen, die »unfähig« sind. Es gibt den Helfer und den, dem geholfen wird. Wir haben alle schon Hilfe gebraucht, doch es gibt eine sehr große Zahl von Menschen, denen nicht bewußt ist, wieviel Macht sie haben. Das trifft auch auf die zu, für die Hunger, Gewalt und Armut eine Lebensform darstellt und die doch fähig sind. Wenn die Menschen ihre Fähigkeiten nutzen, um zunächst sich selbst zu helfen und dann andere zu befähigen, sich selbst zu helfen, dann wird diese Welt geheilt. Die Menschen müssen aus dem Verständnis der eigenen

Fähigkeit und aus *Liebe* heraus genährt, gekleidet, untergebracht und ausgebildet werden.

Ich war einmal ganz niedergeschlagen und außer mir. Offensichtlich spielte ich gerade mein Spiel »Gebt mir mehr Aufmerksamkeit«. Ich warf mich selbst auf den Boden, nachdem ich vorher ein Dutzend Eier durch die Küche geworfen hatte. Ich lag da und weinte und schrie: »Helft mir!« Doch es kam niemand, ich stand also auf, räumte die Eier weg, putzte den Boden und erkannte, daß ich mir wohl selbst helfen mußte.

Wenn wir die Welt von Unwissen befreien könnten, dann wären die Retter dieser Welt arbeitslos. Darauf kommt es an! Ich halte mich von Menschen fern, die mich mit großen Augen ansehen, als wollten sie sagen: »Du bist so stark und großartig, ich bin hilflos: rette mich«, denn wenn sie schließlich ihre eigene Macht zurückfordern, dann falle ich von dem Podest herunter, auf das sie mich gestellt hatten. Sind Sie schon einmal von jemandem abgeschlachtet worden, für den Sie alles getan haben? Seien Sie nicht überrascht. Denken Sie an Christus. Er brachte die Botschaft der Liebe, und man müßte annehmen, jeder wäre dafür dankbar gewesen.

Ich leihe weder jemandem Geld, noch mische ich mich in Eheprobleme ein. Möchte ich jemandem Geld geben, tue ich das einfach so – als Ausdruck von Liebe. Der Mensch, der anderen helfen kann und es tut, ist ein fähiger Mensch, und jeder ist fähig. Doch um dies zu *wissen*, muß man es tun.

Eine enge Familienangehörige erzählte mir eine traurige Geschichte über ihre Geldsorgen. Ich wußte, sie hatte sich von einigen unserer Verwandten Geld geliehen. Als sie mich daher um Geld bat und versprach, es zurückzuzahlen, sagte ich ihr: »Nein, das wirst du nicht. Du hast bisher keinem das geliehene Geld zurückgegeben. Wenn du aber von jemandem Hilfe haben willst, richtig mit Geld umzugehen und dir finanziellen Wohlstand zu schaffen, dann bin ich gerne bereit, sie dir zu geben.« Ich gab ihr einige Hinweise und erklärte mich bereit, jede Woche mit ihr an ihren Finanzen zu arbeiten. Sie hat von meinem Angebot jedoch nie Gebrauch gemacht. Ich hätte ihr mehr geben können als die paar Dollar für ihre momentanen Bedürfnisse. Ich hatte ein Geschenk für sie, mit dem sie ihre finanziellen Probleme für *immer* hätte lösen können. Doch sie wollte nur *gerettet* und nicht *wiederhergestellt* werden. Wenn ein Elternteil dies ständig für ein Kind tut, dann erzieht er einen geistigen Krüppel.

Der Retter meint, er müsse sich aufopfern, damit es den anderen bessergeht. Seine Wut manifestiert sich als Schuldgefühl. Die Wut stammt aus der Überzeugung, daß man andere retten müsse und daher selbst nicht das haben kann, was man sich wünscht, weil man eben jeden anderen vorher retten muß. Die Retter halten sich selbst für besser als andere, doch gleichzeitig auch für weniger verdient als andere oder für weniger wert. Benachteiligte haben sehr häufig eine tiefe Abneigung gegen seine Rolle. Retter helfen häufig Opfern, die gar nicht gerettet werden wollen, weil ihnen die Rolle des Opfers gefällt. Es gibt natürlich auch Menschen, die zum Leben anderer aus Liebe und nicht aus Selbstaufgabe beitragen, und nicht als Retter. Sie helfen vielmehr ihren Mitmenschen, sich selbst zu lieben und zu achten.

Der Ankläger

Die Menschen, die andere beschuldigen, gehören der vierten Gruppe an. Die Hilflosigkeit wird gerechtfertigt, indem man Menschen oder Dinge außerhalb die Verantwortung übergibt. Zu dieser Gruppe gehören die Menschen, die die Katze oder den Stuhl treten, wenn sie wütend sind.

Die Ankläger beschuldigen die anderen, und nach ihrer Meinung aus gutem Grund. Sie tun sich leid und weigern sich, anzuerkennen, daß sie sich selbst behindern. Hält man uns davon ab, zu haben, was wir uns wünschen, oder zwingt uns, zu tun, was wir nicht wollen, dann fühlen wir uns überall behindert. Ganz gleich, wie stark, fähig, talentiert oder intelligent wir auch erscheinen mögen, unser Leben funktioniert einfach nicht – es ist, als ob sich uns eine Macht entgegenstellt. Wir empfinden tiefe Abneigung gegen andere Menschen und kritisieren sie ständig. Auf niedrigerer Ebene unterdrücken, behindern oder zwingen wir andere, so oft wir können.

Der Ankläger ist so triefend von Selbstmitleid, daß er häufig dazu neigt, seinen Kummer zu ertränken. Es tut weh, behindert zu werden. Kein Wunder, daß die Menschen sich selbst zu trösten oder zu schützen suchen mit der Masche: »Ich armes Kind« oder »Ich armes Wesen«. Doch dieser Weg hilft auch nicht, er hindert vielmehr daran, vom Leben zu bekommen, was man sich wirklich wünscht. Das Leben bietet uns Überfluß. *Es ist eben so, wie Sie sagen, daß es ist, das Leben!* Ihr Wort ist Gesetz, sprechen Sie also die Dinge so aus, wie Sie sie sich wünschen. Beschwerden machen nichts besser.

Der Kämpfer

Kämpfen ist ein weiterer Aspekt des Selbstmitleids. Der Kämpfer tut alles auf die schwere Art. Der Kämpfer wird wahrscheinlich weder klagen noch jammern, aber er macht sich die Dinge stets ein wenig schwieriger, als sie sind. Sie arbeiten fünfmal so hart oder tun Dinge mehrmals. Sie stehen besonders früh auf und gehen sehr spät schlafen. Sie benutzen Aussagen wie: »Das wird nicht leicht sein«, oder »Das ist eine schwierige Sache«, oder »Du mußt stark sein und es ertragen«. Sie sprechen über den Kampf durchaus nicht klagend, sondern so, als gehöre er zum Leben. Grundsätzlich beklagen sie sich nicht, sie möchten nur, daß man sie anerkennt. Die Masche »Ich armes Wesen« wird hier ersetzt durch: »Sieh mal, wie schwer ich arbeite und wie sehr ich mich einsetze.«

In unserem örtlichen Trainingszentrum arbeitete ich am Rudergerät, als der Trainer sagte: »Entspanne dein Gesicht, wenn du mit diesem Gerät trainierst. Es besteht kein Grund, irgendeinen anderen Teil des Körpers anzustrengen als den, mit dem du gerade trainierst.« Als ich meine Gesichtsmuskeln entspannte und die Übungen für die Armmuskeln fortsetzte, wurde mir klar, daß ich fürchtete, es könne so aussehen, als strenge ich mich nicht an, wenn es nicht auch auf meinem Gesicht ablesbar wäre, und man würde mich bitten, mich mehr anzustrengen, weil es eben so aussah, als mache ich es mir leicht. Ich habe das Kämpfen dazu benutzt, damit andere mir nicht noch mehr von dem aufhalsten, was ich sowieso nicht gerne tat. Ich konnte klar erkennen, daß ich dieses Mittel auf jedem Gebiet angewendet habe, um andere zu kontrollieren, die mich kontrollieren wollten.

Jetzt tue ich, was ich möchte. Ich kann so wenig oder so viel tun, wie ich für richtig halte, ganz gleich, was die anderen denken mögen. Negatives Kämpfen hört sich so an: »Ich armes Wesen, laß mich in Ruhe, siehst du nicht, wie schwer es mir fällt und wieviel Mühe ich mir schon gebe?« Andererseits erwachsen aus absichtlicher Entspannung auch Ergebnisse, wie ich später bei meinem Gymnastikübungen feststellen konnte.

Der Sessel-Kritiker

»Ich bin genausogut wie du, warum also kommt das Gute, das dir widerfährt, nicht auch zu mir« ist der sechste Typ des Selbstmitleids. Es ist das Gefühl, daß die anderen Erfolg haben und man selbst nicht, wo man doch besser sein könnte als die anderen, hätte man dazu nur die Gelegenheit. Die Menschen, die so empfinden, sind *schweigende* Konkurrenz. Sie verantworten keinen öffentlichen Vergleich. Sie lehnen sich im Sessel zurück und nehmen es auf mit Athleten, Entertainern, Vorgesetzten im Beruf, Politikern – mit wem auch immer. Sie könnten alles viel besser machen – aber sie tun es nicht. Tatsache ist, sie tun überhaupt nicht viel. Mit diesem Schild wollen sie sich vor dem Schmerz der Ablehnung und des Verlustes schützen. Sie denken, sie erfahren keine Ablehnung, wenn sie sich nicht nach vorn drängeln. Und so bemerken sie nicht, daß sie *schon* versagt haben, weil sie nicht am Leben teilnehmen und dennoch wütend sind, wütend über den, der die Gehaltserhöhung und das Lob bekommen hat.

Das Leben ist ein wundervolles Abenteuer, und Sie *gewinnen, indem Sie spielen.* Wer im Selbstmitleid schwelgt und die Einstellung »Ich armes Ding« hegt, versteckt sich hinter seinen kritischen Gefühlen anderen gegenüber. Er glaubt sich selbst zu helfen mit der Äußerung, daß der andere gar nicht so gut ist und daß er es hätte besser machen können. In diesen Menschen steckt eine tiefe Traurigkeit, denn normalerweise haben sie viele Talente und könnten mitmachen und viel Freude haben, doch die Angst vor dem Versagen ist zu groß. In Wahrheit aber gibt es kein Versagen, nur die Erfahrung im Prozeß des Lebens. Wer nicht mitspielt, verschwendet sein Leben – wie der Kritiker im Lehnstuhl.

Der Heuchler

Der siebte Typ sagt: »Du liebst mich nicht wirklich« oder »Du machst dir nicht wirklich etwas aus mir, denn wenn dir etwas an mir läge, dann würdest du ...« Dies kommt der Rolle des Märtyrers sehr nahe, ist aber doch wieder anders. Diese Menschen lieben das Gefühl der Zurückweisung – und der Einsamkeit; niemand ist gerne mit ihnen zusammen.

Das war auch meine Masche. Ich glaubte, nicht wirklich erwünscht zu sein und daß man mich gerne meide. In Wahrheit war jedoch ich es, die versuchte, die anderen zu meiden und zurückzuweisen, um sie zu verletzen. Schauen Sie sich stets die Kehrseite der Geschichte an – Sie meinen, die anderen täten Ihnen etwas an, und doch sind wahrscheinlich Sie es, der den anderen etwas antut. Ich habe mich so verhalten, weil ich mich vor eingebildeten zukünftigen Schmerzen und Verletzungen schützen wollte, falls mich jemand verließe. Ich konnte andere fortstoßen und mir vormachen, sie hätten mir dies angetan, und sie dann dafür tadeln, obwohl ich es doch selbst war, die die ganze Zeit abweisend war.

Es sind immer Sie, jedes Mal. Es mag schon stimmen, daß die anderen ihr Spiel mit Ihnen zu spielen versuchen, aber es liegt doch an Ihnen selbst, wie Sie damit umgehen, darauf reagieren und was Sie empfinden. Der Schlüssel liegt darin, den angeblichen, nur scheinbaren Nutzen des Selbstmitleids zu finden, aber auch, was dieses Selbstmitleid Sie kostet – und es dann loszulassen.

Erzählen Sie anderen Menschen von Ihrem Spiel! Es ist eine ungeheure Erleichterung, andere wissen zu lassen, was für ein Spiel Sie treiben. Es kann Ihnen helfen freizukommen. Warnen Sie Ihre Mitmenschen und bitten Sie darum, daß man Ihr Spiel nicht unterstützt. Es ist unangenehm, ich weiß es, und auch mehr als beängstigend, sich selbst so offenzulegen und jemandem seine Karten zu zeigen.

Während ich dies schreibe, wird mir ein Spiel ganz deutlich, das ich mit meinem Mann gespielt habe. Es ist schlimm genug, und doch geschah es, weil ich glaubte, mir damit Gutes zu tun und für mich zu sorgen. Jetzt muß ich mir selbst vergeben und mir Anerkennung aussprechen, weil ich einen Weg gefunden habe, mich vor Verletzung zu schützen: Ich weiß jetzt, daß ich diesen Schutz nicht mehr brauche. Denn es ist so, daß der Schutz die Verletzung erst hervorruft. Es gibt nichts, wovor ich mich schützen muß, und mich zu schützen heißt, *einen Feind zu erschaffen, den es in Wirklichkeit gar nicht gibt.* Ich erkenne, daß ich dieses Spiel in letzter Zeit häufig gespielt habe. Es hat den Anschein, als träte dieses Spiel immer dann stärker hervor, wenn ich nahe daran bin, ein Stück von meinem Ego loszulassen. Und davor hat mein Ego Angst, und deshalb schlägt es um sich.

Nehmen Sie diese Sache in Angriff, oder Sie werden nie ein Leben, die Freuden eines Lebens ohne Selbstmitleid erfahren.

Sehen Sie die Lüge als das, was sie ist. Zu glauben, Selbstmitleid hätte irgendeinen Sinn, hieße glauben, Lügen besäßen einen Wert, denn Selbstmitleid ist eine Lüge. Außerdem mögen die Menschen Sie nicht besonders, noch wollen sie Ihnen nahe sein, wenn Sie solche Spiele treiben. Man duldet Sie, nimmt Sie in Kauf und gibt Ihnen sogar, was Sie wollen, nur um Sie loszuwerden, doch wahre Liebe und die Freude in einer Beziehung werden dadurch zerstört. Fühlen Sie sich zur Zeit ein wenig als Märtyrer, gehen Sie in dieses Gefühl hinein und lassen Sie sich die Auswirkungen Ihres Verhaltens bewußt werden. Bringen Sie Ihre Beziehungen zu anderen in Ordnung – die Menschen verzeihen Ihnen, wenn Sie Ihr Spiel aufgeben. Es ist vielleicht eine schreckliche Erfahrung, ohne Ihren Begleiter, das Selbstmitleid, zu leben, doch Sie können nur dann ein neues Leben führen, wenn Sie jeden Augenblick für sich leben. Jetzt ist ein neuer Anfang. Vielleicht neigen Sie dazu, zunächst sich selbst und irgendwann später die anderen zu beschuldigen; das ist jedoch nicht die Antwort. Dadurch wird das Spiel nur fortgesetzt. Lassen Sie los, und entscheiden Sie sich dafür, in diesem Augenblick die Verantwortung für Liebe und Glück zu übernehmen, dann verschwindet allmählich das Selbstmitleid.

Vergessen Sie, was Sie gelernt haben. Wir lernten von unseren Eltern, und die wiederum von ihren Eltern, daß das Leben voller Angst ist und es nicht schadet, sich selbst zu bemitleiden. Es wurde großer Wert gelegt auf den »Kampf ums Überleben« (das Dasein ist *kein* Kampf) und die menschlichen Anstrengungen (die eine Täuschung sind). Deshalb haben wir die sicheren Verlierer und die Opfer gehätschelt und belohnt und die bombardiert, denen es leicht fiel, keine Mühe machte oder gelang, die Spitze zu erreichen. Wir haben den unterbezahlten und überforderten Menschen zum Heiligen erklärt und den, der das Leben genießt und dem die Dinge leicht zufallen, als Sünder bezeichnet. Bis vor nicht allzu langer Zeit haben wir sogar die Frauen in punkto Sexualität zu schweigenden Dulderinnen gemacht. Und die, die eine gewisse Portion des sogenannten gesunden Selbstmitleids vermissen ließen, wurden sogar als egoistische und unrealistische Schwindler bezeichnet.

Nehmen Sie Gottes Geschenk an. Das »Gott zu opfern« war Richtlinie für Millionen von Menschen. Was für ein Unsinn. Gott braucht wirklich nichts von Ihnen, noch weniger Ihr Unglück, Ihr Elend, Ihren Jammer. Gott ist Gott, weil Gott schon alles besitzt. Gott braucht Ihre Liebe nicht; aber für Sie ist es wichtig, Gottes Liebe anzunehmen. Viele täuschen sich selbst, wenn sie meinen, sie befänden sich auf dem spirituellen Trip, wenn sie den langen, einsamen Weg der Entsagung beschreiten, ob sie sich nun materielle Dinge, Vergnügen oder sonstige Dinge versagen. Wie unhöflich, Gottes Gaben abzulehnen! Sie kosten nichts. Sie sind frei; Sie müssen sie nur annehmen.

Was sonst noch zu tun bleibt

Was bleibt noch zu tun, wenn Sie Gefühle des Selbstmitleids hegen? Die meisten von denen, die im Selbstmitleid schwelgen, tun das, weil es ihnen schlicht und ergreifend Spaß macht. Mit ihrem Gefühl der Schwäche manipulieren und erschrecken sie ihre Mitmenschen. So verhält man sich nur, wenn man noch keinen besseren Weg gefunden hat, andere zu manipulieren. Und warum manipulieren wir? Um für uns selbst zu sorgen, um das zu bekommen, was wir uns wünschen – nämlich Liebe. Doch wir haben sie bereits. Das ist alles, was wir wissen müssen, um vorwärts zu gehen.

Sie können nicht den Himmel auf Erden gewinnen oder totale Transformation erfahren – und im Selbstmitleid schwelgen. Diese Dinge widersprechen sich. Das Gute, das zu Ihnen kommt, zerfällt, weil sie die falsche Sicherheit des »armen Wesens« genießen. Sie *sind* ein Glückskind, und Sie wurden unter einem glücklichen Stern geboren. Erkennen Sie, wann Sie Selbstmitleid einsetzen. Achten Sie darauf, wo es vorhanden ist und sogar, woher es kommt. Werden Sie sich darüber klar, was dieses Selbstmitleid Sie kostet – und wählen Sie dann das Leben.

Sie müssen das Risiko auf sich nehmen und Liebe und Verantwortung anstreben. Wir wollen uns selbst reinigen, als nähmen wir eine Dusche, und uns von der Notwendigkeit befreien, Selbstmitleid in irgendeinem Bereich unseres Lebens einzusetzen. Die Wahrheit ist: Wir sind schon jetzt fähig und liebevoll. Das, was Sie sich wünschen, gehört Ihnen in diesem Augenblick! Seien Sie sich dessen bewußt, und *leben Sie aus diesem Bewußtsein heraus*. Die Entscheidung liegt immer bei Ihnen.

Übungen

1. Nennen Sie zehn Vorteile, wenn Sie Ihr Selbstmitleid aufgeben.
2. Beobachten Sie, wie Sie Selbstmitleid einsetzen, um sich selbst und andere zu beherrschen. Sprechen Sie mit anderen darüber, wo Sie

sich selbst bemitleiden, damit sie Ihnen helfen können, Ihr Selbstmitleid aufzugeben, so daß Sie Ihr Leben mehr selbst in die Hand nehmen.

3. Wenn Sie beobachten, daß Sie in die Rolle »Ich armes Ding« verfallen, dann überspielen Sie es, übertreiben Sie es. Anstatt dem Spiel zu widerstehen oder dagegen anzugehen, seien Sie mutig, und übertreiben Sie zehn Minuten lang dieses Spiel.
4. Was sagt Ihnen das Spiel »Ich armes Ding« darüber, was Sie sich selbst versagen? In welcher Weise sind Sie nicht gut zu sich selbst und geben sich nicht, was Sie brauchen oder wünschen? Geben Sie sich, was immer dies auch sein mag!
5. Wenn Sie sich selbst bemitleiden, fragen Sie sich wo Sie sich bisher nicht durchgesetzt haben. Nennen Sie einige Beispiele. Übernehmen Sie die Verantwortung dafür, daß Sie bekommen, was Sie sich wünschen.
6. Beobachten Sie, wie Sie sich mit Menschen fühlen, die die Platte »Ich armes Ding« auflegen. Machen Sie sich klar, daß die anderen das gleiche empfinden, wenn Sie diese Rolle spielen. Geben Sie diese Rolle auf.

Bejahungen

Schreiben Sie die Gedanken auf, die in Ihnen auftauchen, während Sie diese Bejahungen schreiben, bis diese Bejahungen sich für Sie ehrlich anhören.

Ich, __________, befreie mich selbst von allem Selbstmitleid und lebe voll aus dem Lebendigsein.

Ich vergebe mir selbst, weil ich Selbstmitleid gebraucht habe, um für mich selbst zu sorgen.

Ich kümmere mich um mich selbst mit Leichtigkeit und Freude.

Gottes Weisheit und Intelligenz leiten mich durch meine Gefühle und meine Intuition.

Ich lasse jetzt vom Gefühl der Hilflosigkeit ab als einem Mittel, um Verantwortung abzulehnen und unfähig zu bleiben.

Ich übergebe mich jetzt dem Glück, der Liebe und dem Leben in meiner eigenen Gegenwart und der Gegenwart anderer.

4. Kapitel

Lösen Sie Ihre inneren Konflikte: Vertrauen Sie sich selbst

Ein Konflikt tritt dann auf, wenn Sie mit sich selbst uneins sind. Sind Sie ganz und vollkommen Sie selbst, gibt es keinen Konflikt, sondern nur spirituellen, geistigen und körperlichen Gleichklang. Dieser Gleichklang bewirkt, daß Sie sich fast augenblicklich entfalten. Schöpfung geschieht aus Absicht. Ein Problem tritt bei zwei sich widersprechenden Wünschen auf, denn dadurch werden Verwirrung und widersprüchliche Empfindungen hervorgerufen. Sind Ihre Absichten, Gedanken, Gefühle, Worte und Handlungen auf ein Ziel gerichtet, dann wirken sie wie ein Laserstrahl. Grundsätzlich sind dann Ihre geistige und physische Welt mit Ihrer spirituellen Welt im Einklang, und Sie leben auf einer Ebene, die Sie über jeden Widerstand erhebt. Es versteht sich natürlich von selbst, daß Ihre Motive lauter sind. Sie leben also nach den Idealen und Gesetzen, die der Liebe, Integrität und den Gesetzen Gottes dienen.

Das Leben arbeitet für uns, und es fordert von uns, daß wir uns mit ihm in Einklang bringen. Emerson, der amerikanische Philosoph, sagt, daß wir unser »aufgeblasenes Nichts« aus dem Weg räumen müssen. Wir sollten den inneren Kampf aufgeben und aufhören, gegen uns selbst zu kämpfen. Poto, der Comic-strip-Charakter, den Walt Kelly geschaffen hat, formuliert es so: »Wir sind dem Feind begegnet, und das sind wir.«

Alle Sportler, besonders die Tennis- und Golfspieler, sind sich bewußt, daß diejenigen gewinnen, die sich selbst am wenigsten ablehnen.

Die Vorstellung, das Leben funktioniere mühelos, mag unrealistisch und schwer zu akzeptieren sein, aber es ist so. Wir selbst sind es, die Kampf, Konflikt und Furcht hineinbringen und die negativen Überzeugungen schaffen. Es erfordert Anstrengung und Engagement, mit sich selbst wieder in Übereinstimmung zu kommen. Es ist wie bei einem Auto, das wunderbar läuft und dann Stück für Stück auseinanderfällt. Sie haben den fälligen Ölwechsel nicht gemacht. (Sie haben's vergessen, hatten kein Geld, waren zu beschäftigt usw.) Ein paarmal haben Sie beim Ein- und Ausparken den Bordstein mitgenommen. Jemand hat Ihren Wagen mit seiner Autotür beschädigt, und Ihr Wagen hat Schrammen und Dellen abbekommen. Sie leben in einem feuchten Klima und haben aus irgendeinem Grund keine Garage, deswegen rostet Ihr Wagen. Verbinden Sie all diese Dinge mit ein oder zwei Unfällen, der Lack wird alt und blättert ab, und die verschiedenen Teile des Motors werden schadhaft, weil niemand sie wartet. Schließlich ist das, was früher einmal ein »Auto« war, nur noch ein »Blechhaufen«, nicht mehr schön und nicht mehr zuverlässig. Sie können natürlich auf den Wagen wütend sein, oder aber sich mit dem auseinandersetzen, der für diesen Zustand verantwortlich ist – nämlich Sie.

Unsere Sünde ist die Unwissenheit – unsere Rettung liegt im Wahrnehmen und in unserem Engagement. Die Menschen glauben tatsächlich, das Leben schlage und mißhandele sie und sei darauf angelegt, Ihnen zu verweigern, was sie brauchen oder sich wünschen. Doch das Gegenteil ist wahr. Das Leben liebt und unterstützt Sie, voll und ganz. Sie müssen nur sich selbst so sehr lieben und unterstützen, wie es das Leben tut. Sie sind ein wertvoller menschlicher Schatz. Das ganze Leben singt Ihnen Lob und ist da, um Sie zu segnen und Ihnen zu dienen. *Niemand kann Ihnen etwas geben, wenn Sie nicht bereit sind, es anzunehmen.* Sie müssen aufhören, irgendwie gegen sich zu arbeiten, und sich in allem erfolgreich sein und wachsen lassen. Lassen Sie das zu, und die anderen Menschen werden inspiriert und Sie in der gleichen Weise behandeln können. Wir müssen wissen, daß Selbstgeißelung sinnlos ist. Es gibt andere Möglichkeiten, sich selbst zu motivieren und mit anderen liebevoll umzugehen.

Konflikte entstehen dann, wenn Sie sich etwas wünschen und glauben, daß es für Sie nicht angebracht ist, sich diesen Wunsch zu erfüllen, daß es unmöglich ist. Ein Konflikt deutet auf die Angst vor Verlust. Man hat uns nicht beigebracht, daß wir haben können, was wir uns wünschen – ohne Verlust. Der Verlust existiert nicht. Verlust ist etwas, was wir erfunden haben. Es sieht zwar so aus, als wären Menschen, Dinge, Gelegenheiten usw. aus Ihrem Leben verschwunden. Doch das stimmt nicht. Einen Verlust erleiden Sie nur, wenn Sie zustimmen, daß Sie einen Verlust erlitten haben. Und ein Verlust ist doch etwas, was wir normalerweise als ein unglückliches Ereignis bezeichnen würden. Doch ist jeder Verlust ein nichterkannter Gewinn. In meinem Leben hat alles, was mir abhanden kam oder was ich loswurde, mir etwas Größeres gegeben.

Der Konflikt, der entsteht, wenn Sie mit sich selbst uneins sind, wird durch den Irrtum und die Angst hervorgerufen, Sie könnten etwas für Sie Wichtiges verlieren, wenn Sie das Gewünschte bekommen. Es hilft, die Ursache dieses Konfliktes herauszufinden, sie zu akzeptieren, und dann das »Ich-kann-Nicht« des Problems loszulassen.

Die inneren Konflikte beginnen schon früh in unserem Leben, wahrscheinlich bei der Geburt – oder sogar noch früher. Der erste Konflikt mag sein: »Ich möchte leben, aber es ist schwer.« Geboren zu werden ist nicht die angenehmste Erfahrung unseres Lebens. Zu diesem kritischen Zeitpunkt werden widersprüchliche Botschaften ausgesandt und empfangen. Sehen Sie an, wie viele Ihrer Bekannten nicht glücklich waren über die Geburt ihrer Kinder. Die zweideutige Botschaft ist: »Wir möchten dich und wir möchten dich auch nicht.« Oder: »Noch ein Kind, und alles ist so teuer! Wir können uns dieses Kind nicht leisten!« Vielleicht bringt eine Frau, die von ihrem Mann oder ihrem Freund nicht genügend geliebt wird, ein Baby auf die Welt. Dann richtet sie all ihren Hunger nach Liebe auf das Kind, wobei die Botschaft heißt: »Lebe dein eigenes Leben, aber ich brauche dich und deine Liebe ganz dringend und möchte, daß du bei mir bist.«

Widersprüchliche Mitteilungen schaffen widersprüchliche Zielrichtungen. Sie glauben, so oder so zu verlieren. Sie müssen erkennen, daß Ihre Verantwortung in der Erkenntnis liegt, *daß Sie anderen Menschen nicht schadet, wenn Sie ein reiches Leben leben.* Auf diese Weise verliert niemand.

Die wahrscheinlich größte Herausforderung ist, zu entdecken, wie man sich selbst vollkommen treu bleiben und gleichzeitig liebevoll und vorsorglich mit anderen und deren Wünschen und Bedürfnissen umgehen kann. Es gibt einen Weg, und Sie müssen arbeiten, um dorthin zu gelangen, wenn Sie den Weg nicht schon eingeschlagen haben.

Einer meiner Hauptkonflikte hat mit den Entscheidungen zu tun, was ich »tun soll«. Ja, richtig, ich habe sowohl von *Entscheidungen* gesprochen als auch von *sollen*, beides sind energiefressende Worte – sie vermitteln den Versuch, Verantwortung zu übernehmen, doch beide Worte sind eigentlich »unverantwortlich«. So fühle ich mich, wenn ich mich in einer Situation befinde, in der ich eine Entscheidung treffen muß, überlege, was ich tun »soll«. Ich möchte nicht außerhalb stehen; ich möchte vielmehr mittendrin stecken und Spaß haben, anstatt zu tun, was nach meinem Gefühl meinen Zielen und den allgemeinen Zielsetzungen und Plänen dieses Tages richtig wäre. Ich möchte spielen und eine schöne Zeit mit meinem Mann verbringen. Dieses Buch zu schreiben bedeutet zum Beispiel viel Spaß, wenn ich erst einmal schreibe, aber es heißt auch, daß ich zu einer Reihe von anderen Tätigkeiten »nein« sagen muß.

Wenn ich Angst, Furcht und Verwirrung in mir aufsteigen fühle, treffe ich häufig überhaupt keine Wahl, sondern bleibe neutral – was jeden in meinem Umkreis verwirrt. Die anderen wissen alle, was sie tun wollen. Ich habe meine Liste, was ich zu tun habe, um die gesteckten Ziele zu erreichen, und dann gibt es noch mein Herz mit seinen eigenen Wünschen: bei meinem Mann, den Kindern und den Freunden zu sein und Spaß zu haben. Mein unverantwortliches Verhalten ließ das Gefühl des Bedauerns für mich selbst aufkommen und den Wunsch, die Verantwortung der Entscheidung anderen aufzubürden. Wenn ich dann meine Arbeit nicht schaffe, gebe ich den anderen die Schuld, weil sie mich nicht unterstützten. In Wahrheit möchte ich also beides tun und schiebe meine Arbeit vor mir her. Ich neige außerdem zu der Befürchtung, ich könne ausgesperrt werden oder man könnte mir das Gefühl vermitteln, nicht erwünscht oder verlassen zu sein. So nutze ich diese Gelegenheit für Selbstmitleid, will den anderen die Schuld geben und sie bestrafen. Ich mache sie nervös, verursache eine Störung, und das Ergebnis ist natürlich, daß ich mich tatsächlich abgelehnt, unerwünscht und verlassen fühle. Was wir tun, um das (befürchtete) Ergebnis zu verhindern, dient in Wirklichkeit dazu, unsere »Furcht« nicht Realität werden zu lassen. Es ist der Konflikt zwischen »Ich möchte ja gerne, aber ich kann nicht« und der Wahrheit, daß wir tun können, was wir möchten, wenn wir die Verantwortung dafür übernehmen und die Überzeugungen und Verhaltensmuster aufgeben, die uns dabei sabotieren.

Wie Konflikte beginnen

Hier nennen wir einige Möglichkeiten, wie Konflikte ursprünglich beginnen und Wurzeln schlagen. Beobachten Sie diesen Vorgang, dann können Sie Ihre Konflikte ausgraben und hinauswerfen. Je mehr ich mich von Konflikten befreie, um so glücklicher, freier und lebendiger fühle ich mich – und außerdem bekomme ich in allen Bereichen meines Lebens, was ich mir wünsche. Ein zusätzlicher Segen besteht darin, daß auch die anderen um mich herum glücklicher sind und unsere Beziehungen sicherer, liebevoller und froher werden.

Die Kindheit

Die erste Gelegenheit für zweideutige Botschaften, die Konflikte hervorrufen, ist unser Eintritt in diese Welt. Der Geist ist stets lebendig und erwachsen, reif, so wie wir immer fühlen und intuitiv wissen, was los ist, unabhängig vom Alter oder den Umständen. Es gibt immer den Teil in uns, der weiß und sich bewußt ist, daß er weiß, so wie es auch einen Teil in uns gibt, der entweder nicht weiß oder vorgibt, nichts zu wissen. Ich nehme eher an, daß wir in Wirklichkeit »vorgeben, nicht zu wissen«.

Botschaften der Eltern:

Sie nehmen die Konflikte und doppelten Botschaften auf, mit denen Ihre Eltern, Brüder und Schwestern leben. Als Säugling sind wir für das, was wir lernen, abhängig, offen und aufnahmefähig wie ein

Schwamm, ungeschützt vor all dem Müll an Lügen und Ungenauigkeiten, den wir aufsaugen. Unsere Fähigkeit zu bewußter Auswahl ist zu dieser Zeit noch nicht entwickelt, deshalb leugnen wir unser Wissen und vertrauen den anderen und den erhaltenen Informationen, ohne sie groß zu überprüfen.

Die größte Lernperiode unseres Lebens ist die Zeit von unserer Empfängnis bis zum Alter von fünf Jahren. Wir sind so angelegt, daß wir in dieser Zeit sehr schnell programmiert werden.

Überlebenstraining:

Der Wunsch nach Überleben ist zwar unsere wichtigste Motivation, doch die Liebe unser innigster Wunsch. Das Überleben auf der körperlichen Ebene hat zu dieser Zeit normalerweise Vorrang, und wenn wir uns nicht dessen bewußt werden und ihm den Platz einräumen, der ihm zusteht, dann wird unser ganzes Leben davon bestimmt. Und doch kann der Wunsch, Recht zu haben, Sie dazu veranlassen, Ihr körperliches Überleben wie auch Freude und Liebe zu opfern. Ihr Ego möchte lieber recht haben und tot sein als unrecht haben und leben. Doch wir sollten uns mehr der Liebe und dem Leben als dem Recht- oder Unrechthaben verpflichtet fühlen.

Zweideutige Aussagen bewirken, daß wir mit uns selbst uneins sind. Wollen wir uns davon befreien, müssen wir uns dieser konfliktträchtigen Überzeugungen und Verhaltensweisen bewußt werden und sie zugunsten von Grundsätzen und Verhaltensweisen aufgeben, die uns und die gewünschte Lebensqualität fördern.

Identitätswechsel

Die zweite Möglichkeit der Programmierung und Konditionierung innerer Konflikte ist gegeben, wenn wir die Identität eines anderen annehmen wollen. Wir nehmen tatsächlich Wesenszüge eines anderen Menschen an, um dessen Liebe zu erringen. In diesem Fall verwechseln wir Liebe und Anerkennung damit, die Verantwortung für das Leben eines anderen zu übernehmen oder ihm die Verantwortung für uns zu überlassen. Der Helfer und der, dem geholfen wird, sind lediglich zwei Seiten derselben Medaille, und jede braucht die andere. Es ist edel und befriedigend, einen anderen Menschen zu unterstützen und ihm zu helfen, ein fähigerer Mensch zu werden, aber es ist für beide Seiten schließlich destruktiv, anzunehmen, daß einer der beiden mehr oder weniger machtvoll ist als der andere.

Minderwertigkeitsangst:

Man ist bereits verwirrt, wenn man die Identität eines anderen annimmt. Es gibt vier Identitäten. Die erste sind Sie. Ihre Reaktionen sind Ihre eigenen, Ihre Gedanken sind Ihre eigenen, Ihr Leben verläuft so, wie Sie es zu leben wünschen. Sind Sie ganz Sie selbst, so können Sie vorsichtig die Meinung, Wertvorstellungen, Standards und Überzeugungen anderer annehmen, obwohl Sie ganz Sie selbst bleiben. Entdecken Sie in einem anderen Menschen etwas Wertvolles, sollten Sie überprüfen, ob das auch für Sie Wert besitzt, und falls ja, dann erweitern Sie sich selbst, um diese Eigenschaft zu integrieren. Falls nicht – dann lassen Sie es.

Menschen können nur sie selbst sein, wenn sie alles aus dem Weg räumen, was ihrem Wesen nicht entspricht. Die Furcht liegt darin, daß Sie glauben, nicht genug zu sein, *doch Sie sind genug*. »Wenn du glaubst, dir selbst nicht genug zu sein, dann bist du schon ein wenig zuviel«, ist eine Aussage von einem meiner Freunde, Bobby Birdsall. Glauben wir, nicht genug zu sein, und wünschen, uns selbst Substanz hinzuzufügen, dann sind wir komplexer und verwirrter anstatt einfach und sicher. Sie selbst und nur Sie selbst zu sein, macht die Freude des Lebens aus. In Wirklichkeit leben Sie eigentlich nur dann, wenn Sie Sie selbst sind. Haben Sie je bemerkt, wie viele Stimmen von Menschen aus Ihrem Leben Sie in Ihrem Kopf reden hören? Und wer tut Ihnen das an? Sie selbst sind es! Tatsache ist, Sie haben sich dazu entschlossen. Die Heilung beginnt dann, wenn Sie diesen Zustand erkennen und die Verantwortung für sich selbst, Ihre Handlungen und die Ergebnisse in Ihrem Leben übernehmen.

Der Wunsch nach Verdoppelung:

Der zweite Identitätskonflikt entsteht, wenn Sie die Identität eines anderen zusätzlich übernehmen und die zwei Identitäten sich mischen. Sie haben schon gehört: »Wie die Mutter, so die Tochter.« »Wie der Vater, so der Sohn«, »Der Apfel fällt nicht weit vom Stamm.« Menschen, die zusammenleben, werden sich sehr ähnlich. Selbst Hunde nehmen das Wesen von Herrchen oder Frauchen an (oder umgekehrt). Man sagt, daß Nachahmung die aufrichtigste Art der Bewunderung sei, aber das trifft nicht auf Persönlichkeits- oder Identitätsübertragung zu. Es gibt ein Lebensgesetz, das besagt, daß man sich selbst verdoppelt, oder vielmehr, daß das Leben Sie verdoppelt. Wir fühlen uns gezwungen, uns selbst und unsere inneren Bilder in der äußeren Welt neu zu erschaffen. Und das tun wir dann auch. Doch auch das Gegenteil ist wahr und in unserem Wunsch erkennbar, diejenigen zu duplizieren, die wir lieben oder von denen wir uns Liebe und Anerkennung wünschen. Manchmal ist der Energiesog eines Menschen so stark, daß Sie in sein Energiefeld hineingezogen werden können und die eigene Identität aufgeben, wenn Sie nicht genau wissen, wer Sie sind und Gott als Ihre Quelle erkannt haben. Doch dies kann nur geschehen, wenn Sie von einem anderen etwas haben wollen. *Ein Mensch, der keine Wünsche an den anderen hat, kann auch nicht manipuliert werden.* Sind Sie umgeben von Menschen, die Sie brauchen und etwas von Ihnen wollen, dann nur, weil Sie das Spiel der anderen und nicht Ihr eigenes spielen. Lassen Sie Ihr Ende der Stange los, und diese Leute finden dann niemanden mehr am anderen Ende. So einfach ist das.

Wenn Sie die Identität eines anderen Menschen annehmen, geraten Sie in einen Konflikt, Sie selbst zu sein und zu tun, was Sie sich wünschen, und zugleich die andere Person zu sein und zu tun, was die ihrer Meinung nach tun würde. Sie versuchen nicht nur, deren Leben zu leben, sondern nehmen auch Krankheiten und Beschwerden des anderen auf sich, ganz abgesehen davon, daß Sie Träume wahrmachen wollen, die nicht Ihre eigenen sind.

Diesen Konflikt empfand ich erstmals, als ich wegen meiner ersten Ehe zu einem Eheberater ging und mich in einem Dreieck gefangen sah. Auf der einen Seite gab es meine Mutter und ihr Verhalten in einer

Mann-Frau-Beziehung, auf der anderen Seite war da meine Großmutter und die Art, wie Sie mit der Beziehung zwischen Mann und Frau umgegangen war. Die dritte Seite nahm ich selbst ein. Ich fühlte, was ich brauchte, doch ich vertraute mir selbst nicht und hatte auch keine Ahnung, wie meine Ehe und meine Beziehungen funktionieren könnten. Meine Vorbilder funktionierten nicht – und ich selbst hatte auch keinen Erfolg. Ich mußte das Risiko auf mich nehmen, meinem inneren Selbst zu folgen, was eine neue und erschreckende Erfahrung war. Es hat Jahre gedauert, bis ich mich vom Einfluß dieser zwei sehr starken und wichtigen Persönlichkeiten in meinem Leben freimachen konnte. Jetzt kann ich sie lieben, ohne ihr Leben zu leben. Ich kann tun, was ich will, und bin für die Folgen meines eigenen Handelns verantwortlich. Es ist mein Leben, und es bleibt meiner eigenen Entscheidung überlassen, wie ich dieses Leben führe.

Es war eine großartige Offenbarung für mich, als ich eines Tages entdeckte, daß ich keinen Erwachsenen als Aufpasser brauchte. Erstaunlich daran war, daß ich zu diesem Zeitpunkt vierzig Jahre alt war. Ich muß mich immer noch gelegentlich selbst daran erinnern, daß ich jetzt auch zu diesen Erwachsenen gehöre, daß ich einer der reifen, verantwortungsbewußten Menschen dieser Erde bin. *Was sein soll, hängt von mir ab.* »Die anderen« gibt es nicht, und ich brauche weder einen Aufpasser noch jemanden, der meine Entscheidungen für mich trifft. Meine eigenen Entscheidungen treffen heißt verantwortlich sein für deren Folgen und alles, was damit zu tun hat.

- ☐ *Überprüfen Sie, ob und wo Sie die Persönlichkeit, Krankheit, die Lebensart, Überzeugungen, Wertmaßstäbe und Identität eines anderen Menschen angenommen haben, besonders die Ihres Vaters und Ihrer Mutter.*
- ☐ *Entscheiden Sie sich jetzt bewußt gegen Ihr früheres Verhalten, indem Sie Ihre Liebe dadurch zeigten, daß Sie sich wie ein Zwilling verhielten. Sie sind wie niemand sonst auf der Welt, und doch sind Sie auf einer gewissen Ebene genauso wie alle anderen Menschen.*
- ☐ *Überprüfen Sie, ob Sie tatsächlich das tun und haben wollen, was Sie sich wirklich wünschen, und vergewissern Sie sich, daß Ihre Wahl Ihre eigene ist und nicht die eines anderen Menschen.*

Es ist so leicht, die Dinge damit zu entschuldigen, daß »es in unserer Familie nun einmal so ist«. Ein berühmter Mensch hat einmal gesagt: »Die Familie ist die Trainingsstätte des Wahnsinns.« Die Familie ist unser größtes Geschenk, doch wenn sie Angst oder Mangel an Liebe hervorbringt, dann ist sie unser größter Feind. Sie können niemanden dafür verantwortlich machen. Niemand hat ein Handbuch für die Regeln des Lebens mitbekommen (abgesehen von der Bibel, doch die meisten Menschen besitzen nicht einmal eine Ahnung, was es damit eigentlich auf sich hat).

Falls und wenn Sie einen inneren Konflikt spüren, dann achten Sie darauf, wer darin eine Rolle spielt und Sie davon abhalten will, zu bekommen, was Sie sich wünschen. Wen fürchten Sie zu enttäuschen? Wem räumen Sie das Recht ein, Ihre Entscheidungen zu treffen?

Nachahmung von Idolen:

Sie könnten auch die Identität eines Menschen annehmen wollen, den Sie beneiden um die Aufmerksamkeit, die Sie sich wünschen. Wollten Sie zum Beispiel die Liebe Ihres Vaters gewinnen und Mutter bekam sie, dann versuchten Sie wie Ihre Mutter zu werden. Das kann sich dann bis in Ihr Verhalten Männern gegenüber zeigen, indem Sie Ihr eigenes Wesen unterdrücken und sein wollen wie Ihre Mutter. Von diesem Spiel gibt es einige Abwandlungen. Manche Frauen versuchen vielleicht, wie Ihr Vater zu werden und Männer wie ihre Mütter. Wir können aber ebenso die Identität von bekannten Persönlichkeiten, Freunden, Vorbildern und sonst Menschen annehmen, die wir besonders verehren oder denen wir die Aufmerksamkeit neiden, die sie erhalten.

Bewunderung funktioniert normalerweise nicht, weil auch Zorn in eine solche Liebesbeziehung mit hineinspielt. Die Identität suchende Person wird versuchen, auf irgendeine Weise das Objekt ihrer Bewunderung zu zerstören. Wenn man das Erwünschte nicht auf die eine Art bekommen kann, dann versucht man es auf einem anderen Weg. Sind Sie innerlich überzeugt davon, daß niemand Sie liebt, dann wird Ihnen niemals Liebe und Zuneigung zuteil. Sie müssen sich in sich selbst verlieben, indem Sie sich akzeptieren. Dieses Annehmen beginnt in dem Augenblick, wo Sie aufhören, sich selbst etwas vorzumachen und zu projizieren.

Der große Schlüssel dieses Verfahrens liegt darin, unter all dem Schutt anderer Persönlichkeiten allmählich herauszufinden und zu entdecken, wer Sie selbst sind. Sie können verhindern, daß Ihre Prophezeiung eintrifft, indem Sie erkennen, daß Sie selbst es sind, der dies bewirkt, und damit aufhören. Innere Konflikte treten dann auf, wenn Verwirrung über unsere Identität herrscht und ein Mangel an innerer Integrität und Vertrauen vorhanden ist. Um wiederhergestellt zu werden, müssen Sie erkennen, welches Spiel Sie treiben, und mit festem Willen Ihre Intution und Ihre Gefühle entwickeln. Niemand hat uns etwas angetan, es sei denn, wir selbst bei unserer Suche nach Liebe, Anerkennung und Aufmerksamkeit.

»Ein unbewußtes Leben ist es nicht wert, gelebt zu werden« ist so ein Lieblingszitat von mir. Nichts geschieht einfach so. Alles wird erzeugt von einem Erzeuger – Ihnen. Alles wird von einer Ursache verursacht – Ihnen. Alles wird von einem Wählenden gewählt – Ihnen. Und es gibt eine höhere Macht – die endgültige Ursache. Sie ist dem Wind ähnlich, niemand kann SIE sehen, doch jedermann ihre Gegenwart und Macht spüren. Sie sind der Steuermann Ihres Lebenschiffes, und Sie können Experte darin werden, wie man das Boot vor den Wind hält, um zu segeln, wohin Sie wünschen. Dies geschieht, indem Sie dem Wind die Kontrolle über das Boot überlassen. Sie selbst müssen dabei zur richtigen Zeit an der richtigen Stelle sein. Kennen Sie die Macht des Windes nicht, so wird Ihr Boot Schiffbruch erleiden, woran dann aber nicht der Wind schuld hat, *sondern Ihr Mangel an Gewahrsein*. Sie müssen ein Gespür haben für den Fluß der Strömung, das Verhalten der See und die Windrichtung. Jeder kann es zur Meisterschaft bringen, wenn er mit Begeisterung, Einsatz und Ausdauer daran arbeitet. Wer navigiert, muß wissen, wo er sich befindet und wohin er segeln will. Gottes Wille und Ihr Wille haben ein Leben vorgesehen, in dem Sie Ihre Träume verwirklichen und Liebe, Reichtum, Gesundheit, Beglückung und Verherrlichung erfahren können.

Das Leben verursucht keinesfalls, daß Sie an den Klippen auflaufen. Innere Konflikte bringen Sie mit sich selbst in Uneinigkeit, so als befänden Sie sich mitten in einer gegenläufigen Strömung. Der Weg heraus führt nur über eine der beiden Strömungen – und zwar über die, die am stärksten an Ihnen zieht.

Um den Konflikt aufzulösen, mag es für eine Weile erforderlich sein, erst einmal überwiegend an sich selbst zu denken, bis Sie zu sich gefunden haben. Gemeint ist damit das, was manche als Rebellion und Egozentrik bezeichnen. Doch irgendwo müssen Sie schließlich anfangen. Sie müssen einen Standpunkt einnehmen, im Besitz Ihrer selbst sein und wissen, wer Sie sind.

Übereinstimmen mit anderen:

Eine vierte Identität, die zerstörerisch wirken kann, wird von anderen hervorgerufen, die Ihnen sagen, Sie seien genau wie jemand anderes – wie zum Beispiel bei Zwillingen, denen man sagt, sie wären gleich. Vielleicht vergleicht man Sie mit Tante May, und Tante May ist eine einsame, isolierte Frau. Weil nun jeder von Ihrer Ähnlichkeit mit Tante May spricht, nehmen Sie deren Identität, deren Einstellungen, deren Lebensrhythmus und sehr häufig sogar deren Aussehen an.

Wir sind der Raum, in dem das Leben sich vollzieht, und Leben bedeutet, sich selbst im Leben erfahren. Ursprünglich sind Sie leer. Sie sind Wahrnehmung. Sie sind ein Wesen der Liebe, das Ideen, Werte, Überzeugungen, Haltungen, Dinge und Ziele ins äußere Leben projiziert. Sie sind das Nichts, aus dem sich die Dinge im Äußeren manifestieren. Daher können Sie leicht jede Identität annehmen, für die Sie sich entscheiden. Die Menschen werden, was sie projizieren. *Je mehr Sie die Identität des Unechts, das nicht Sie sind, annehmen, oder übernehmen, desto verwirrter, starrer sind Sie und um so mehr hängen Sie fest.* Sie sind gefangen in einem System, gefangen in einem Lebensstil, gefangen in einem Muster des Lebens, das Sie von Ihrem wahren Selbst abschneidet. Ihr wahres Ich ist sicher, lebendig, kreativ, flexibel, liebevoll, glücklich, froh, fähig, intelligent. Ihr wirkliches Wesen kann jeden Augenblick Ihres Lebens wählen, und tut es auch. Ihr wahres Ich ist im Einklang mit der Strömung, dem Wind und den Bewegungen, die das Leben ausmachen. Das Leben fließt, so wie auch Sie fließen sollten. Das Leben wandelt ständig seine Form. Dabei bietet es eine unendliche Vielfalt von Möglichkeiten, die erfahren werden wollen und die Ihnen zur Verfügung stehen.

Der Einfluß der Religion

Der dritte Weg unserer Programmierung für innere Konflikte besteht in der Religion.

Religion ist bekannt dafür, daß sie den Menschen beibringt, Armut, Schmerz, Opfer und die anderen mehr zu lieben als sich selbst, und sich selbst Dinge zu versagen, würde von Gott später belohnt. Mir ist nicht klar, wann das begonnen hat, doch mir scheint, daß wir Gottes Liebe und Gesetze so sicherlich ganz und gar mißverstehen. Es sei gefährlich, spirituelle »Wahrheiten« zu Überzeugungen zu machen und dann mit diesen Überzeugungen andere zu beherrschen oder zu bestrafen.

Ich persönlich sehe das ganz anders. Je mehr ich meine eigene Spiritualität zum Vorschein bringe, um so mehr entdecke ich gerade das Gegenteil. Ich erfahre mehr Liebe, Wohlstand, Gesundheit und Glückseligkeit. Ich habe mehr von dem, was ich mir wünsche, und fühle ein größeres Verlangen, das richtige Leben zu führen – hier auf diesem Planeten und als der Mensch, zu dem ich geschaffen wurde. Und ich kann genau so leben, wie ich es mir wünsche. Gott ist die Quelle meines Seins und liebt mich.

Die Falle der Schuld:

Wenn Sie nun glauben, es sei spirituell falsch oder käme einem Egotrip gleich, wenn Sie sich etwas wünschen, dann haben Sie ein großes Problem. Der Schuldkonflikt in den Religionen ist wirklich tragisch. Kinder werden so programmiert, daß Sie glauben, die Liebe Gottes oder Jesu verlieren zu können und dann auf ewig in der Hölle bleiben zu müssen. Kinder, die glauben, belohnt zu werden, wenn sie sich etwas versagen, werden von Menschen beherrscht, die selbst nicht wissen, daß sie für ihr eigenes Leben verantwortlich sind und haben können, was sie sich wünschen.

In Wahrheit können wir, erst wenn wir selbst völlig akzeptiert und geliebt werden, unsere eigenen Bedürfnisse vergessen und unsere Mitmenschen aufrichtig lieben. Ohne diese Erfahrung ist das unmöglich. Das Leben funktioniert, wenn wir die Lebensgesetze anwenden, und die werden in der Bibel gelehrt. Es ist nicht so, daß Gott Sie liebt und Sie belohnt, wenn Sie die Gesetze befolgen, und daß er Sie verstößt und bestraft, wenn Sie das versäumen. »Trachtet zuerst nach dem Reich Gottes, und alles andere wird euch hinzugegeben werden« (Lukas 12,31) heißt, wir sollen Gott lieben und seine Liebe und Gnade mehr als alles andere suchen, dann wird uns alles andere hinzugeschenkt.

Bei diesem Konflikt geht es um die Fragen: Ist es richtig, zu haben, was ich mir wünsche, körperliche Freuden zu genießen, reich zu sein, mich am Leben zu erfreuen, die Menschen zu lieben, das Leben zu führen, das ich mir wünsche, ohne Schuldgefühle zu leben, Freude zu empfinden und mich leicht zu fühlen? Sie können hinzufügen, was Sie sich sonst noch besonders wünschen – und natürlich ist all das völlig richtig. Sie hätten diese Wünsche nicht, wenn nicht Gott Ihnen neben der Fähigkeit des Wünschens auch die Möglichkeit zu deren Erfüllung gegeben hätte.

Womit Schuld zu tun hat:

Das Problem der Wunscherfüllung liegt darin, daß Menschen, ohne die Gesetze des Lebens zu kennen, ihre Seele verkaufen, um das Gewünschte zu bekommen. Sie nehmen es anderen weg, begehen kriminelle Handlungen, stehlen, morden, tun anderen Gewalt an, plündern – und noch mehr. Was man austeilt, bekommt man auch zurück – immer. Ihre Absichten müssen rein sein. Bringen Sie Irrtümer und Fehler wieder in Ordnung, lieben Sie und helfen Sie anderen, ihre Wünsche zu erfüllen, vergeben Sie, falls notwendig, sich selbst und anderen, geben Sie Gott die Ehre, und bleiben Sie immer ein Vorreiter des entscheidungsfreudigen und verantwortlichen Lebens.

Sich widersprechende Motivationen halten Sie gefangen. Sie können sich weder vorwärts noch rückwärts bewegen. Versuchen Sie es doch, geht Ihnen bald die Luft aus. Sie müssen Sie selbst sein und Ihre Träume leben! Das Leben ist da, um es zu leben, Ihr Selbst zum

Ausdruck zu bringen und alles zu lieben und zu sein, wozu Gott Sie geschaffen hat. Das gelingt Ihnen aber nicht, wenn Sie verschlossen sind und sich selbst überall im Wege stehn. Es erfordert schon Mut, sich in das Unbekannte hineinzuwagen und zu riskieren, das zu verlieren, was Sie am meisten zu verlieren fürchten. Sie haben aber keine Wahl. Es ist immer das Leben oder der Tod. *Das Leben nicht auszuleben ist wie Selbstmord auf Raten.* Das Leben fordert von Ihnen, daß Sie leben, und das bedeutet, Sie selbst zu sein, mit allem, was Sie sind und haben.

Die Angst vor dem Versagen kann hervorgerufen werden durch frühere Mißerfolge oder eingebildete Verluste – und so bleiben Sie mit sich selbst uneins. »Ich möchte ja, aber ich könnte versagen«, ist einer dieser Aspekte, oder »Ich möchte ja, aber ich kann nicht«. Gestehen Sie sich Ihre Angst ein, erkennen Sie sie als das, was sie ist oder einmal war, lernen Sie daraus, korrigieren Sie die Fehler, und treffen Sie eine neue Entscheidung. *Gehen Sie vorwärts.*

Geben Sie Konflikte für immer auf

Die Herausforderung besteht darin, sich für mehr und mehr Liebe zu öffnen, während Sie die Wälle abbauen und die Rüstung ablegen, die Sie bisher zu Ihrem Schutz getragen haben. Es gibt keinen Grund, sich zu schützen, denn es gibt keinen Grund für einen Angriff. Sie können natürlich noch mehr Rüstung anlegen, Sie können sich noch weiter von anderen entfernen, und Sie können sich noch mehr vor Ihren Gefühlen und tiefesten Bedürfnissen und Wünschen verschließen. Unser tiefstes inneres Verlangen ist das nach Liebe und Anerkennung. Einige Menschen treffen die Entscheidung, sich selbst auszuschließen und sich selbst zu schützen, indem sie jede Intimität vermeiden – und damit Konflikte. Sie können aber alles haben – Intimität, Zärtlichkeit, Fürsorge und Liebe – und das sein, tun und haben, was Sie sich wünschen. Warum? Weil Sie sagen, daß Sie es können. Alles gehört Ihnen – Sie müssen es nur verlangen. Dazu ist lediglich Ihre Bereitschaft erforderlich.

Um frei von Konflikten zu sein, müssen wir die Ideale, die Ethik und die Prinzipien entdecken, nach denen wir unser Leben zu führen haben. Ohne eine klare Definition Ihrer Ideale und Prinzipien fehlt Ihnen eine richtige Basis. Man nimmt dann die Ideale oder, was noch schlimmer ist, die Wertvorstellungen und Standards anderer Menschen an, die nicht einmal etwas mit hohen Idealen zu tun haben, sondern vielmehr mit Furcht, Mangel und Begrenzung. Die Erkenntnis Ihrer Ideale und Prinzipien gibt Ihnen einen Platz, von dem Sie ausgehen und zu dem Sie zurückkehren können. Wahrscheinlich werden Sie im Anfang nicht immer Ihren Idealen entsprechend leben. Diese Ideale sind jedoch als Hilfe gedacht, um so zu leben, wie Sie zu leben sich entschieden haben, und nicht, damit Sie sich als Versager fühlen, wenn Sie von Ihren Idealen abgewichen sind. Vielleicht ändern Sie auch Ihre Ideale und Prinzipien, wenn Sie immer bewußter werden, was Sie wirklich beflügelt und Ihnen die Kraft gibt, Ihren Vorstellungen entsprechend zu leben.

Die Erkenntnis Ihrer Ideale hilft Ihnen dabei, Schuldgefühle fallenzulassen, denn Sie sind fähig, Ihre Fehler zu korrigieren, anstatt das Spiel der Verantwortungsunfähigkeit zu spielen und Gefühle von Schuld, Selbstmitleid und Zorn zu beherbergen. Vergewissern Sie sich, wenn Sie die für Sie richtigen Ideale und Prinzipien finden und sich dafür entscheiden, daß Sie nicht aus Rechthaberei, unmöglichen Konventionen oder dem Glauben an all das »sollte« und »müßte eigentlich« heraus wählten.

Für den Fall, daß Sie Ihr Ideal noch nicht gefunden haben, nenne ich Ihnen nachstehend einige Beispiele, die Sie vielleicht anstreben möchten:

- ☐ Ein lebendes Beispiel des Christusbewußtseins der Liebe sein.
- ☐ Ein Meister der Manifestation sein.
- ☐ Mich verpflichtet fühlen, Gott und seinem Himmel auf Erden zu dienen.
- ☐ Der spirituellen, geistigen und körperlichen Veränderung des menschlichen Lebens und der Qualität ihres Erdenlebens verpflichtet sein.

☐ Im Hier und Jetzt leben und Gottes Freuden als natürlich erfahren und anzusehen.
☐ Mir selbst und meinen Erfahrungen treu sein.
☐ Meinem spirituellen Wachstum verpflichtet sein und mich auf höheren Ebenen der Wahrnehmung bewegen.
☐ Meinen Mann lieben und ihn darin unterstützen, seiner Vorstellung entsprechend zu leben und unsere Ehe zu einer Inspiration für andere zu machen.

Ihre Grundsätze bestimmen, wie Sie Ihre Ideale erreichen werden. Auch dafür nachstehend einige Beispiele:
☐ Meine finanziellen Dinge mit Verantwortung und Integrität handhaben.
☐ Die Wahrheit sagen, sobald ich sie erkenne.
☐ Angerichteten Schaden wiedergutmachen, meinen Idealen treu bleiben.
☐ Wählen, aber nicht festlegen.
☐ Die Liebe wählen, nicht die Furcht.
☐ Gottes Gesetze praktizieren, wie sie von Jesu gelehrt wurden.
☐ Für die Wahrheit offen sein, wo immer sie mir begegnet.
☐ Mir selbst treu bleiben.
☐ Unabhängig von Sympathie und frei von Mitleid oder Schuldgefühlen mitfühlen.
☐ Mit ganzem Herzen mich einer Sache verpflichtet fühlen.
☐ Das seinlassen, was nicht funktioniert.
☐ Mich hervorragend um meinen Körper kümmern.

Dies sind ein paar Vorschläge und ein Ausgangspunkt. Wann immer Sie den inneren Konflikt verspüren, weil Sie mit sich selbst nicht zufrieden sind, gestehen Sie sich die Wahrheit über diesen Konflikt ein – und entscheiden Sie sich für das Leben.

Übungen

1. Verfolgen Sie den Dialog zwischen Ihrem Herzen und Ihrem Kopf, schreiben Sie das Gespräch der beiden nieder. Folgen Sie Ihrem Herzen und nutzen Sie Ihren Kopf, um das zu erreichen, was Ihr Herz sich wünscht.
2. Ergänzen Sie den folgenden Satz und verfahren Sie mit jedem Konflikt so:
   Ich wünsche mir __________, aber ________________________.Öffnen Sie sich für das Gewünschte.
3. Überdenken Sie einen bestimmten Konflikt, den Sie augenblicklich haben. Wenn Sie etwas unternehmen könnten, wie würde das aussehen? Was hindert Sie daran, das zu tun?
4. Wem gegenüber verhalten Sie sich loyal, wenn Sie sich selbst das Leben versagen, das Sie sich wünschen? Wen fürchten Sie zu verlieren oder von wem fürchten Sie vernachlässigt zu werden?
5. Nennen Sie zehn Arten, wie Sie sich mit Hilfe innerer Konflikte selbst zurückhalten.
   a. Wie beeinflussen Sie andere durch Ihre Zurückhaltung?
   b. Was kostet es Sie, mit sich selbst Krieg zu führen?
6. Verpflichten Sie sich dazu, entsprechend Ihrer Wahl zu leben. Was wünscht Ihr Herz für Sie?

Bejahungen

Es ist völlig richtig, daß ich, __________, mich für das entscheide, was wichtig für mich ist.

Ich befreie mich selbst von der Notwendigkeit, mir Wünsche zu versagen, um Anerkennung zu gewinnen.

Ich, __________, lasse allen Kampf in mir jetzt los und ergreife Partei für mich.

Ich, __________, kann mir selbst vertrauen, daß ich das tue, was für mich selbst und andere das Beste ist, indem ich meinem Herzen folge.

Meine innere Weisheit führt mich jetzt.

5. Kapitel

Seien Sie aufrichtig, Ihrem Leben und Ihrer Gesundheit zuliebe

Die Wahrheit zu sagen wird Sie von allem befreien, was Sie krank macht, aber es ist nicht immer leicht. Die Wahrheit ist nicht immer willkommen, jedoch wenn sie eine persönliche Verantwortung ausdrückt, bringt sie stets mehr Liebe, Energie, Gesundheit und Macht hervor. Die Wahrheit auszusprechen hat außerdem den Vorteil, das Gewünschte schneller und leichter hervorbringen zu können. Die Wahrheit verschweigen bringt Krankheit, Hilflosigkeit und Furcht. Es erfordert jedoch Übung, die Wahrheit so zu formulieren, daß jeder davon Betroffene auch profitiert. Es heißt, immer der eigenen Erfahrung treu zu sein und gleichzeitig offen und empfänglich für die Ideen und Erfahrungen der anderen zu bleiben.

Wir alle haben die Erfahrung gemacht, daß wir jemandem die Wahrheit sagten, und das Ergebnis war ein Tränenausbruch, oder uns wurde Liebe entzogen. Da wir dies in unseren frühen Jahren so oft erlebten, scheint Lügen für »elegante« Menschen sicherer zu sein. Das Problem ist jedoch, daß mit dem Lügen auch das Leben stirbt. Lügen bewirken in Wirklichkeit das Gegenteil von dem, was damit erreicht werden soll.

Vielleicht denken Sie, mich betrifft das nicht, ich lüge nicht. Ich sage immer die Wahrheit! Wenn ich vom Lügen spreche, meine ich jedoch, daß wir

unsere Wahrheit verdrehen,
Informationen vorenthalten,
Verantwortung leugnen,
bestreiten, etwas erschaffen zu haben, das wir erschaffen haben,
Ja sagen, wenn wir Nein meinen,

nicht sagen, wie wir uns fühlen,
nicht ehrlich uns selbst gegenüber sind,
sagen, wir wüßten nicht, was wir uns wünschen,
sagen, daß uns etwas nichts ausmacht.

Um in dieser armen Welt des Nicht-Habens mehr zu haben, müssen wir uns selbst besser kennenlernen und dann dem, was wir entdecken und erfahren, auch treu bleiben. Die Wahrheit zu sagen, ganz gleich, wie schwierig das auch sein mag, war und ist DIE wichtigste Hilfe, um Liebe, Gesundheit und Freude im Leben zu erreichen.

Wenn Sie versuchen, Ergebnisse durch eine Lüge zu erzielen, dann kämpfen Sie. Ein Konflikt in Ihnen selbst bringt natürlich einen Konflikt in Ihrem Leben hervor. Das *wahre*, aufrichtige Gebet bewirkt Wunder, denn im Bewußtsein transzendieren Sie das, was als Schwierigkeit erscheint, und sprechen die Wahrheit. Selbstausdruck, unbelastet von irgendwelchen unterdrückten Dingen, läßt den Menschen aufblühen.

Uns selbst treu bleiben ist unsere erste Pflicht. Wären alle Menschen sich selbst treu und wirklich aufrichtig, wir hätten schon den Himmel auf Erden. Die Menschen hegen den Gedanken: »Es ist egoistisch, sich selbst treu zu sein«, und »Man tut den anderen weh, wenn man das tut, was man tun möchte«. Diese Gedanken entspringen dem tiefen Glauben, der Mensch sei grundsätzlich schlecht und deshalb müßten wir uns und die anderen beherrschen und das Böse unterdrücken.

Der Mensch ist gut. Nur sein Denken, er sei böse, ruft das Böse hervor. Mit diesem Grundgedanken – der Mensch sei schlecht – sind drei weitere Vorstellungen verbunden:

- Das, was man schätzt, ist Mangelware.
- Es ist nicht richtig, zu sein, zu tun oder zu haben, was man sich wünscht.
- Man kann nicht haben, was man sich wünscht.

Das Leben, wie die meisten Menschen es kennen und leben, beruht auf Lügen. Doch Lügen rufen Ablehnung, Negation und weitere Lügen hervor. Die Ironie besteht darin, daß die Motivation hinter der Lüge der Wunsch nach Liebe, Frieden und Selbstausdruck ist. Das zu haben, was man sich wünscht, ist ein natürliches Nebenprodukt des

Sich-selbst-treu-Bleibens, der Aufrichtigkeit und des selbstgewählten Lebens. Häufig ist es gerade das, wovor wir Angst haben, was wir brauchen.

Wie man Hemmungen vor der Wahrheit überwindet

Und was hindert uns nun daran, stets und ungeniert die Wahrheit zu sagen? Die Furcht vor Ablehnung, Verlust, Verlassenwerden, mit der wir uns selbst und unsere Macht leugnen.

In Wahrheit können Sie jedoch nur dann abgelehnt werden, wenn Sie zuvor sich selbst ablehnen, Sie können nichts verlieren, nicht verlassen oder abgelehnt werden, es sei denn, Sie lehnten sich selbst ab, gäben auf oder wünschten anderen einen Verlust. Die Furcht vor einem Angriff beruht auf Ihrem Wunsch, einen anderen anzugreifen. Ein wahrhaft unschuldiger Mensch kann nicht verletzt werden. Wir fürchten nur das, was wir projizieren. Wir fürchten uns davor, die Wahrheit zu sagen, nur weil wir Angst haben, die Wahrheit zu hören. Ihre Besorgnis, einem anderen weh zu tun, ist in Wahrheit die Angst vor eigener Verletzung.

Einige gehen mit dem Schwert durchs Leben und fügen so anderen Schmerz zu und müssen fast zwangsläufig auch selbst verletzt werden. Ihre Offensive ist ihre Defensive, wie auch die Abwehr anderer ihr Angriff ist.

Es ist besser, Spiele zu unterlassen, bei denen es um Angriff geht. Im Leben bekommen wir das zurück, was wir austeilen. Teilen wir also das aus, was wir zurückerhalten möchten, und wenn es für uns natürlich ist, geliebt zu werden und Liebe zu verschenken, dann wird auch nur noch Liebe zu uns zurückfließen.

Ein Wort der Warnung! Ihre Absicht, sich selbst treu zu bleiben und vollkommen zum Ausdruck zu bringen, muß dem Wunsch entspringen, sich selbst und andere zu lieben und Mitgefühl zu empfinden. Erwächst der Wunsch nach einem eigenen Leben jedoch aus Zorn (ich bin sicher, das wird anfangs so sein), dann werden die anderen den Ärger als gegen sich gerichtet empfinden, und sich schützen wollen, wehren ab, fühlen sich schuldig und werden ihrerseits zornig. Damit Sie Ihre Macht schnell zurückgewinnen, müssen Sie vielleicht viel reden, schreien, auf Kissen schlagen und weinen. Verletzte Menschen müssen wütend werden, und wütende Menschen müssen ihren Zorn zum Ausdruck bringen und dann zugunsten persönlicher Verantwortung aufgeben.

Für mich ist das Leben eine ständige Erfahrung meines Selbstausdrucks. Gesunde Menschen fühlen sich emotional nicht eingeengt. Sie fühlen, was Sie fühlen, denken, was sie denken, tun, was sie tun, und entwickeln sich ständig in höhere Ebenen des Gewahrseins, der Kreativität und der Liebe hinauf. Dreht sich Ihr Leben darum, Menschen in Ihr Leben hineinzuziehen und darin festzuhalten, dann begrenzen Sie sich selbst. Ihr Leben muß fließen, offen und beweglich sein. Sie können seit 51 Jahren eine Beziehung haben, die heute lebendiger und vitaler ist als vor fünfzig Jahren. Und dies ist in Wirklichkeit auch der Sinn einer Beziehung. Eine heilige Beziehung ist die, in der alle Beteiligten spirituell, geistig und körperlich profitieren.

Die Notwendigkeit, die Wahrheit zu sagen

Um die Wahrheit sagen zu können, müssen Sie aufhören, anderen Macht über sich zu geben. Hat ein anderer Mensch Ihre Arbeit, Ihre Finanzen oder Ihre Liebe in der Hand, dann leben Sie, um diesen Menschen in Ihrem Leben festzuhalten. Gott ist Ihre Quelle, nicht andere Menschen. Ihr Reichtum erwächst Ihnen aus der Quelle des Lebens in Ihrem Innern, ebenso wie Ihre Liebe. Sie müssen Ihr eigenes Leben in Ihrem Innern mehr lieben als Ihre Sicherheit. Sicherheit ist das Todesurteil für die Lebendigkeit. Ist Ihre Furcht vor den anderen Menschen verschwunden, dann können Sie sich anderen übergeben und sich inspirieren lassen.

Ein wesentlicher Schritt in Richtung auf das von Ihnen gewünschte Leben besteht darin, sich der Qualität Ihres Lebens verpflichtet zu fühlen. Meine Verpflichtung gilt der Liebe, der Lebendigkeit, der Beziehung zu meinem Mann und dem wahren Wesen und Wirken meines Gott-Selbst. Ich fühle mich weder einer Kirche, einer Religion, einem Dogma oder einer Doktrine verpflichtet, noch einem Glaubenssystem, irgendwelchen Richtlinien oder internen Strukturen. Ich lasse mich von meiner Intuition und meiner inneren Führung leiten und zu dem führen, was meinen Zielen dient. Die innere Struktur, die sich aus meinem Experiment des Lebens heraus entwickelt, ist die, die mich am besten fördert.

Wenn Sie den Kontakt zu sich selbst verlieren und sich überholten Glaubenssystemen und den Strukturen unserer Gesellschaft mehr verpflichtet fühlen, dann verlieren Sie wirklich. Dieser Prozeß beginnt mit Fragen wie: Hilft mir diese Beziehung bei dem, was ich vorhabe, oder nicht? Ist diese Arbeit, diese Religion, diese Form, diese Überzeugung, dieses Verhalten eine Hilfe für meine wichtigste Verpflichtung, die Liebe, mich selbst und ein lebendiges Leben?

Lassen Sie anderen Menschen die gleiche Freiheit. Werden Sie sich bewußt, daß Sie, wenn Sie selbst die Wahrheit sagen und sich selbst treu bleiben wollen, anderen Menschen die gleichen Möglichkeiten einräumen müssen. In unseren zwischenmenschlichen Beziehungen entdecke ich mich selbst und werde zu dem, was ich sein kann. Ich brauche dazu das Feedback. Die Wahrheit aussprechen bedeutet *nicht die Gefühle oder Bedürfnisse anderer Menschen ignorieren.* Rückmeldungen geben Ihnen die Möglichkeit, sich selbst so zu sehen, wie es Ihnen sonst nicht möglich wäre. So viele von denen, die sich spirituellem Wachstum und der Bewußtseinserweiterung verpflichtet haben, greifen andere mit ihrer Wahrheit an und ignorieren deren Gefühle, Bedürfnisse und Wünsche. Hinter Worte und Taten zu hören, vermittelt uns wahre Einsicht in uns selbst und andere.

Entdeckung

Ein weiterer wichtiger Schritt auf der Reise zur Wahrheit ist die Entdeckung, was der Wahrheit entspricht und was nicht. Es beginnt damit, daß man sich seine Gefühle eingesteht. Frauen sind normalerweise viel mehr mit ihren Gefühlen in Berührung als Männer. Die

Intuition ist ein weiblicher Aspekt der Gefühle, Bestimmtheit und Handeln sind dagegen eher männliche Aspekte. Ein ganzer Mensch ließ in sich selbst die Vermählung der männlichen und weiblichen Energien sich vollziehen. Aus dieser Verbindung heraus erwachsen tiefe Gefühle, Exstase, Lebendigkeit, Kreativität, Frieden, Sicherheit und Liebe ohne Erwartung.

Menschen, die auf der Suche nach sich selbst sind, verbinden sich häufig mit anderen, in denen sie Spuren von dem zu entdecken glauben, was ihnen fehlt. Eine Frau, die überzeugt ist, daß ihre männlichen Eigenschaften schlecht, aggressiv, hart und böse sind, wird einen Mann anziehen, der meint, seine weibliche Seite sei schwach, hilflos und etwas, auf dem man herumtrampeln kann. Deshalb muß er diese Frau so behandeln, wie er seine eigene weibliche Seite behandelt. Wir behandeln die anderen so wie uns selbst. Das, was Sie in sich selbst ablehnen, negieren Sie auch in anderen Menschen, und das, was Sie an sich selbst respektieren, bewundern und respektieren Sie auch in anderen. Ihre Mitmenschen spiegeln Sie und Ihre Beziehung zu sich selbst wider.

Leugnen Sie nicht Ihre Gefühle

Hier haben Sie eine einfache Übung. Fühlen Sie, was Sie fühlen. Seien Sie aufrichtig. Weinen Sie, wenn Sie traurig sind, lachen Sie, wenn Sie glücklich sind, schlafen Sie, wenn Sie müde sind. Sind Sie zornig, dann schreien Sie. Sind Sie hungrig, dann essen Sie. Sind Sie aufgeregt, seien Sie aufgeregt. Zweifeln Sie, dann geben Sie diesem Zweifel Ausdruck.

Gefühle leugnen bedeutet sich selbst in einem Gefühlszustand von Depression und Energiemangel halten. Fühlen Sie sich nicht wirklich lebendig, so graben Sie die Gefühle aus, die Sie sich bisher versagt haben – und erfahren Sie sie. Lassen Sie diese Gefühle an die Oberfläche kommen und bringen Sie sie zum Ausdruck.

Die zwei Seiten des Gefühls:

Ihr Gefühl hat immer zwei Seiten: das Gefühl selbst und die Art und Weise, wie Sie dieses Gefühl zum Ausdruck bringen. Es ist immer angebracht zu fühlen, was Sie fühlen. Es ist aber nur bedingt richtig, Ihre Gefühle so zum Ausdruck zu bringen, wie Sie es wünschen. Ihren Zorn und Ihre Angst müssen Sie so ausdrücken, daß Sie und andere sich trotzdem sicher fühlen können. Sich selbst oder andere zu verletzen ist niemals richtig. Müssen Sie Ihre Gefühle in Form von Raserei, Schreien, Um-sich-Schlagen zum Ausdruck bringen, dann brauchen Sie vielleicht die Hilfe eines Therapeuten. Eine Form des Loslassens kann so aussehen, daß Sie fünf oder zehn Minuten lang einen Wutanfall bekommen und alle Betroffenen darin übereinstimmen, daß er nichts zu bedeuten hat. Schreien Sie und schlagen Sie mit Armen und Beinen um sich, während Sie auf dem Bett liegen. Drehen Sie die Scheiben Ihres Wagens hoch und brüllen Sie, oder schreiben Sie sich alles von der Seele, was Sie fühlen, bis zum Schluß nur noch ein Lachen übrigbleibt.

Sagen Sie, was Sie möchten

Sagen Sie, was Sie sich wünschen oder wollen, aber so, daß andere dadurch nicht verletzt werden. Wenn Sie Ihre Wahrheit aussprechen, sollten Sie voransetzen: »Ich denke«, »Ich fühle«, »Meine Erfahrung ist« und dergleichen, denn Sie sind es, der die Gefühle hat, der andere sollte sich sicher und unangegriffen fühlen. Das gelingt Ihnen vielleicht anfangs nicht immer. Entschuldigen Sie sich, und beginnen Sie von neuem. Sie stimmen sich auf Ihre anderen Sinne ein.

Einer der Schlüssel, das Leben zu meistern, liegt darin, sagen zu können, was man sich wünscht. Und Sie sprechen die Wahrheit, wenn Sie dem, was Sie sich wirklich wünschen, einen Namen geben. Niemand wird Sie aufhalten oder Ihnen das Gewünschte vorenthalten, wenn Sie nur sagen, was es ist.

- ☐ Hören Sie auf damit, sich mit weniger oder mit Ersatz zufriedenzugeben. Ist Geld für Sie eine Herausforderung, dann kaufen Sie nicht

Ersatz dafür, sondern geben Sie sich länger Zeit, um es zu erwerben, oder sagen Sie sich, daß Sie in ein, zwei oder fünf Jahren das Gewünschte haben werden. Sie besitzen die gleiche Macht wie jeder andere Mensch – und Sie müssen diese Macht auch ausüben.

- ☐ Gewöhnen Sie sich daran, Ihre Meinung zum Ausdruck zu bringen, und äußern Sie vor Ihrer Familie, einer Organisation oder Gemeinde das, was Sie wünschen. Vielleicht ist das schwierig für Sie, weil Sie nicht daran gewöhnt sind; doch es ist Zeit, damit zu beginnen.
- ☐ Lernen Sie, Reden zu halten, und üben Sie sich darin, vor Menschen zu sprechen.
- ☐ Überwinden Sie Ihre Angst, und setzen Sie Ihre Wünsche und Bedürfnisse durch. Ihre Macht beruht darauf, daß Sie mit sich selbst in Kontakt sind, Rückmeldungen von anderen und von Ihrer Umgebung zulassen und sich durch Worte, Verhalten und Taten durchsetzen.
- ☐ Formulieren Sie das, was Sie andere wissen lassen wollen, zunächst schriftlich, sagen Sie es dann zunächst guten Freunden und teilen es erst später anderen Menschen mit.
- ☐ Widersprechen Sie anderen, wenn das für Sie wichtig ist, aber lassen Sie dabei anderen Menschen die Freiheit und Würde, auch ihre Meinung zum Ausdruck zu bringen.

Ich nehme gerne Papier und Bleistift, um mich selbst zu versichern, und dann spreche ich mit anderen Menschen darüber. Es fällt mir immer leichter und leichter, andere wissen zu lassen, was ich mir wünsche. Je leichter und freudiger es für mich wird, meinen Wünschen Ausdruck zu geben, um so sicherer und geborgener fühle ich mich in mir selbst und auf dieser Erde. Alles zu meistern im Vertrauen auf die Methoden Gottes ermöglicht Ihnen, sich jenseits der Formen und »Dinge« in den Bereich anderer Wirklichkeiten hineinzubewegen, und dies geschieht mit mehr Lebendigkeit und einem tiefen Gefühl der Andacht. Bis jetzt kratzen wir nur an die Oberfläche dessen, was für uns erreichbar ist.

Gedanken und Gefühle sind nicht dasselbe

Erkennen Sie den Unterschied zwischen Ihren Gedanken und Ihren Gefühlen. Wenn Sie Gedanken des Mangels, der Begrenzung, der Furcht und des Verlustes als wirklich und real akzeptieren, dann haben Sie ein echtes Problem. Um uns von den angesammelten Gedanken freizumachen, die den natürlichen Fluß des Lebens und der Liebe beeinträchtigen, setzen Leonard und ich uns hin und sagen: »Ist es richtig, daß ich mich selbst von diesen Gedanken freimache? Sie sind nicht wirklich, aber sie sind da und machen mir zu schaffen.« Dann spricht jeder von uns alle Gedanken aus, die ihn beschäftigen, und der andere hört nur zu.

Während dieser Übung ist alles erlaubt, aber unsere Regel sagt, daß niemand seine Gedanken zurückhalten oder die des anderen ihm irgendwann wieder vorhalten darf. In einer Atmosphäre der Liebe, Unterstützung und Annahme ohne Bewertung einander die Wahrheit sagen zu können, ist das größte Geschenk, das man sich oder anderen machen kann. Probleme entstehen dann, wenn man Gedanken aufschnappt und daran festhält. Die Bibel spricht davon, daß wir an der Tür unserer Gedanken Wache stehen und nichts einlassen sollen, das wir uns nicht wünschen.

Wenn Sie sich dazu entscheiden, sich so mitzuteilen, wie Leonard und ich das tun, dann setzen Sie sich zunächst mit dem Partner hin und einigen Sie sich über die Grundregeln. Der Sinn dieser Aussprache ist der, sich selbst und anderen das Aussprechen der Wahrheit zu erleichtern, sich selbst zu vertrauen und zu lieben und das zu haben, was man sich wünscht. Es gibt nichts Schöneres und Kraftspendenderes als die Möglichkeit, auch die geheimsten Gedanken offen mit anderen zu teilen und über all das zu sprechen, was Sie je getan haben in dem Wissen, daß andere Sie lieben und akzeptieren und wünschen, daß Sie gewinnen.

Klären Sie so Ihr Denken und Fühlen, dann erfahren Sie eine innere und äußere Entwicklung mit Lichtgeschwindigkeit. Wir hängen fest, wenn wir uns nicht mitteilen. Das Leben gehört den Mutigen. Kennen Sie niemanden, mit dem Sie sprechen können, dann besuchen Sie eine

Ihnen sympathische Gruppe oder eine Gruppe, die Sie in einem Ihrer Anliegen fördert (es gibt viele davon, etwa die Anonymen Alkoholiker, Anonymen Übergewichtigen), oder sprechen Sie auf einen Kassettenrecorder und löschen Sie anschließend das Band. Je eher andere Ihnen die Wahrheit sagen können, während Sie nur mit: »Gut, ich höre« oder »Ich verstehe« antworten, um so sicherer fühlen Sie sich, wenn Sie die Wahrheit sagen.

Zur richtigen Zeit den Mund zu halten, ist eine machtvolle Technik, und, anderen eine Chance zu geben, ist ein Segen für alle.

Bringen Sie die Vergangenheit in Ordnung

Wir gehen einen Schritt weiter in Richtung Wahrheit, wenn wir jetzt in der Gegenwart die Vergangenheit in Ordnung bringen. Niemand kann die Ablehnungen, den Zorn, die Verletzungen und das Bedauern, das Hintergangenwerden der Vergangenheit mit sich herumtragen und gleichzeitig jetzt ein gesunder und liebevoller Mensch sein. Energie muß sich zum Ausdruck bringen. Sich selbst, seine Gefühle, Wünsche und Bedürfnisse leugnen heißt seine Lebenskraft unterdrücken. Diese Lebenskraft läßt sich nicht unterdrücken, und selbst in dem Versuch, diese Kraft zu unterdrücken – der schließlich nur der Wunsch nach mehr Liebe im Leben ist –, müssen Sie mit sich selbst ins reine kommen.

Methoden:

Nutzen Sie jede Methode, die Ihnen hilft, sich selbst und die anderen freizugeben. Die folgenden sechs Fragen können Ihnen helfen, sich gegenseitig die Wahrheit zu sagen. Beginnen Sie, indem Sie den Namen der Person aufschreiben, dem Sie die Wahrheit sagen wollen; ganz gleich, ob dieser Mensch noch lebt oder gestorben ist.

- ☐ Was ich dir sagen möchte, ist ________ (schreiben Sie es entweder auf, sagen Sie es der betreffenden Person oder sprechen Sie es einem Freund gegenüber aus, der die betreffende Person vertritt.)
- ☐ Was ich dir lieber nicht sagen möchte, ist ____________________

☐ Was ich mich zu sagen fürchte und was ich dir vorenthalte, ist_____
☐ Was ich dir vergebe, ist_____
☐ Ich bitte dich, mir zu verzeihen, daß_____
☐ Was ich von dir anerkannt und geschätzt wissen möchte, ist_____

Diese Übung können Sie mit jedem in Frage kommenden Menschen durchführen, bis Sie sich frei fühlen.

Eine weitere Übung klärt vergangene Selbstvorwürfe und Abneigungen. Fragen Sie sich selbst:

☐ Wen lehne ich ab?
☐ Warum lehne ich ihn oder sie ab?
☐ Was bereue ich?
☐ Welchen Nutzen bringt es mir, daß ich an diesen vergangenen Erfahrungen festhalte?
☐ Was hat es mich gekostet und was kostet es mich noch, an diesen Selbstvorwürfen und Ablehnungen festzuhalten?
☐ Wenn ich dies alles loslasse, was könnte ich dann mit meinem Leben anfangen?

Hier ist eine wertvolle Kommunikationsübung, die Sie mit Ihrem Ehepartner oder in einer Gruppe paarweise ausführen können. Sagen Sie Ihrem Partner:

☐ Ich fürchte mich, dir zu sagen, daß_____
☐ Was ich an dir liebe, ist_____

Sie können auch andere Übungen machen und Fragen stellen, die Ihnen helfen, an den Kern einer Sache zu kommen und Sie selbst und andere freizusetzen. Halten Sie die Liebe auf einem hohen Niveau, und denken Sie daran, der Sinn dieser Übung ist, mehr Liebe und Lebendigkeit zu erzielen.

Wählen Sie, was Sie haben

Den letzten Schritt in Richtung Wahrheit tun wir, wenn wir uns für das entscheiden, was wir haben. Wir tun, was wir tun, und wir haben, was wir haben, weil wir uns entschieden haben, das zu glauben oder anzunehmen. Mit dem Bewußtsein, daß die Wahl schon immer bei

Ihnen lag und auch immer bei Ihnen liegt, erweitern Sie Ihre innere Lernfähigkeit und können Alternativen und Wahlmöglichkeiten erkennen.

Zwei Arten von Gedanken

Die Wahrheit ist stets verschwenderisch, liebevoll, lebendig. Sie ist grenzenlos, zeitlos und raumlos. Täuschung drückt Furcht, Mangel und Verlust aus. Jedesmal, wenn Sie den Weg der Täuschung wählen, um das Erwünschte zu erlangen, verweigern Sie sich selbst das volle Maß an Liebe, Gesundheit, Lebendigsein, Wohlstand und Frieden. Wenn Sie die Wahrheit sagen, dann denken, fühlen und sprechen Sie aus Gottes Liebe und Gottes Wohlstand und lassen zu, daß die Schöpfungen Ihres Lebens Zeugnis davon ablegen, daß die Wahrheit funktioniert. Die Wahrheit sagen bedeutet auch, sich der Gelegenheiten zu erinnern, bei denen Sie beschlossen, lieber krank, arm, einsam zu sein und nicht zu haben, was Sie sich wünschten. »Ich habe das getan« oder »Ich habe das gewählt« könnte schon ausreichen, um die Lüge los zu sein und zur Liebe und Lebendigkeit zurückzukehren.

Ihr Wort ist voller Kraft; zweifeln Sie nicht einen Augenblick daran. Wenn Sie die Vergangenheit freisetzen und sich anderen mitteilen, sagen Sie wahrscheinlich vieles, was Sie nicht länger haben wollen. Doch denken Sie daran, Sie lassen dies los, Sie setzen es frei, es ist daher gut und richtig, sich so auszudrücken. Seien Sie sich Ihrer Wahlmöglichkeiten bewußt. Machen Sie sich klar, daß Sie Mitschöpfer Gottes sind. Ihre Worte sind die Werkzeuge Ihres Selbstausdrucks. Seien Sie sich bewußt und klar darüber, wofür Sie sich in Ihrem Leben entscheiden und was Sie haben wollen.

Übungen

1. Seien Sie bereit, mit der Frage zu leben: »Was ist die Wahrheit, und wie bringe ich sie zum Ausdruck?« – Dies ist eine permanente Frage.
2. Fragen Sie sich: »Wo will ich die Wahrheit nicht sehen, oder wo fürchte ich mich, sie auszusprechen?
3. Machen Sie eine Liste mit den Bereichen Ihres Lebens, in denen Sie die Wahrheit herausfinden und sagen möchten. Schreiben Sie auf, worum es sich handelt, welche Wahrheit das ist und was Sie sagen oder mitteilen wollen.

Bejahungen

Je öfter ich die Wahrheit ausspreche, desto leichter fällt es mir.

Die anderen hören gerne meine Wahrheit, und meine Wahrheit heilt.

Ich kann mich sicher fühlen, wenn ich meine Wahrheit sage.

Es ist mir, __________, gestattet, mir selbst treu zu sein.

Ich, __________, räume auch anderen die Möglichkeit ein, Ihre Wahrheit zu sagen.

6. Kapitel

Schuldgefühle ade – Willkommen Frieden und Liebe

Sie können wirklich ohne Schuldgefühle leben und ein liebevoller, verantwortlicher und fürsorgender Mensch sein. Schuldgefühle sind gemein, häßlich, völlig sinnlos und zerstören Menschenleben. Schuldgefühle rauben Ihnen Ihre Lebensenergie und Ihre Fähigkeit, zu haben, was Sie sich wünschen.

Dieses Kapitel ist das Werkzeug, mit dem Sie Schuldgefühle aus Ihrem Leben ausradieren und gegen die Ideale und Grundsätze eintauschen, für die Sie sich entscheiden. Diese Ideale und Grundsätze sind die Grundlage Ihres Lebens und geben Ihnen die Richtlinien, die Sie wünschen und brauchen, um sich ganz zu entwickeln und Ihre inneren Schätze zum Ausdruck zu bringen.

Schuldgefühle sind ein schwacher Versuch, zu bekommen, was man sich wünscht, doch sie zerstören gerade das Wesentliche im Leben, das man schaffen will. Schuldgefühle sind ein Machwerk der Menschen: Sie sind weder edel noch wertvoll, und es ist jetzt Zeit, diesen Teufelskreis zu durchbrechen. Sie müssen diesen Kreislauf beenden, wenn Sie frei und offen leben wollen!

Ich sage nicht, daß alleine durch das Lesen dieses Kapitels die Schuldgefühle sofort verschwinden, doch hier mache ich Sie mit dem vertraut, was Sie brauchen, um dieses Ziel zu erreichen. Sie werden feststellen, daß Sie weniger und weniger von Schuldgefühlen beeinflußt werden.

Vielleicht glauben Sie, niemals Schuld zu empfinden. Und doch rufen Sie vielleicht Schuldgefühle in anderen Menschen hervor, oder Sie erkennen sie nicht einmal in sich selbst. Da gibt es Menschen, die sich selbst so vor Verletzungen schützen, daß sie immer nur den anderen die Schuld geben. Sie fürchten, selbst beschimpft zu werden, falls sie aufhören, andere zu beschimpfen, und sie fühlen sich unfähig, damit fertig zu werden. Schuldgefühle und Beschuldigungen gehen Hand in Hand; beides ist verkleidete Wut.

Da Sie mit Ihren Schuldgefühlen nicht umgehen können (sie sind ein Schwindel) und auch mit Beschuldigungen nicht (was unverantwortlich ist), lassen Sie doch beides los und gehen daran, Ihren Ärger unter die Lupe zu nehmen. Ärger kann so beängstigend und inakzeptabel sein, daß manche Menschen ihn lieber unterdrücken und mit Freundlichkeit und Liebenswürdigkeit überdecken. In diesem Buch geht es nicht darum, zu tun »als ob« oder etwas gut aussehen zu lassen. *Wer hat schon etwas von falschen Vorspiegelungen? Es ist Ihr Leben!*

Damit Sie leben können, wozu Sie geschaffen sind, müssen Sie sich Ihrem Leben so verpflichtet fühlen, daß nur noch die Wahrheit akzeptabel ist. Ihre Gesundheit, Ihr wahres Glück und Ihr innerer Frieden hängen ab von Ihrer Bereitschaft, tief in sich hineinzuschauen, selbst wenn das unbequem und leidvoll ist. Der Mangel an Wohlbefinden und der Schmerz sind nur vorübergehend, aber weiteres Leugnen und Meiden schafft nur Leiden, wobei Sie mit dem bezahlen, was Ihr Leben wirklich wertvoll macht. Ich hebe diesen Punkt hervor, weil er von so großer Bedeutung ist und ein so wichtiger Schlüssel, um Ihr tiefstes Inneres zu öffnen.

Menschen, die glauben, sie hätten ihr Ziel erreicht und nichts weiter zu entdecken, schneiden sich selbst ab von der unendlichen, stets wachsenden Lebenskraft in ihrem Innern. Das Leben kennt kein Ziel. Es gibt keinen »Endpunkt«, kein »Ich habe es geschafft«. Es ist eine Erfahrungsreise. Der Glaube an Erfolg oder Mißerfolg ist eine Gefahr, weil sie an sich keinen Wert haben: Erfolg und Mißerfolg besagen lediglich etwas in bezug auf »Ich habe gesagt, das würde ich tun, und ich habe es geschafft«, oder »Ich habe gesagt, das würde ich tun, und ich habe es nicht geschafft«. Wir alle legen soviel Wert auf das Erreichen oder Nichterreichen eines Ziels, obwohl es doch nur genau das ist und nicht mehr. *Menschen sind wertvoll und der Mühe wert, nur weil sie sind, nicht wegen der Ziele und Dinge, die sie erreicht oder nicht erreicht haben.*

Ich will damit sagen, »Seien Sie ehrlich«. Während ich dies schreibe, sehe ich vor mir Menschen, vor denen ich gepredigt habe, die sich, als sie einmal in sich hineinsehen mußten, weigerten und taten, als hätte alles, was sie sahen, mit ihnen nichts zu tun. Es geht mir darum – falls Sie Ihr Leben transformieren und Ihr unendliches Potential anzapfen wollen –, daß Sie sich selbst als die *Ursache* Ihres Lebens und Ihrer Erfahrungen erkennen.

Ein Beispiel: Sie fühlen sich in einer Sache schuldig. Anstatt nun diese »Sache« für Ihre Erfahrung verantwortlich zu machen, sollten Sie versuchen, in sich selbst die Ursache zu finden. Das Leben ist wahrlich ein Spiegel. Dies zu leugnen hieße, sich selbst das Leben zu versagen. Und wieder besteht der Preis, um all dies zu erfahren, darin, die Verantwortung zu übernehmen – und die Belohnungen übersteigen unsere größten Erwartungen.

Verantwortung ist Ihr Einstieg in ein Leben ohne Schuldgefühle. Schuld ist Wut, von der Sie meinen, Sie hätten nicht das Recht dazu noch sie auszudrücken. Irgendwie sind Sie nicht bereit, die Verantwortung für Ihre Gefühle, Empfindungen, Bedürfnisse und Wünsche zu übernehmen. Schuldgefühle sind die Antwort, wenn Sie diese Verantwortung leugnen. Und woher kommen die Schuldgefühle? Wir lernen sie von anderen. Wir beobachten unsere Mitmenschen, besonders in unserer Familie, und sehen, wie sie mit ihrem Leben umgehen. Sie sind in Wirklichkeit unsere Lehrer. Dann unternehmen wir eigene Versuche, beobachten die Reaktionen der anderen – und begeben uns auf unseren Schuldtrip.

Unser Wunsch und unser Verlangen nach Liebe sind so tief – es ist unser einziger wirklicher Wunsch, daß wir schon in jungen Jahren zu manipulieren beginnen, um sie zu bekommen. Wir nehmen Aufmerksamkeit und Bewunderung anstatt Liebe, doch was wir wirklich wollen, ist Liebe. Der Wendepunkt ist erreicht, wenn Sie erkennen, daß Sie keine Liebe brauchen, *weil Sie Liebe sind*. Dann sind Sie offen, Liebe zu geben und Liebe zu empfangen. Liebe ist Leben, und Furcht ist Tod. Schuldgefühle sind eine Manifestation der Furcht und ein Leugnen der Liebe.

Das Spiel mit den Schuldgefühlen beginnt schon früh in unserem Leben – und wir sind Meister darin. Hier folgen einige Beispiele:

Das Verdrängungsmanöver

Wir benützen Schuld, um unsere Gefühle zu ersticken. Wir lernen schon früh zu leugnen, wie wir uns fühlen, als ob ein Gefühl je falsch oder unpassend sein könnte. Anstatt zu wagen, Gefühle zu teilen und uns für Kritik oder Ablehnung zu öffnen, unterdrücken wir diese Gefühle und – was noch schlimmer ist – geben uns selbst die Schuld dafür, daß wir diese Gefühle haben. Normalerweise rächen wir uns, oder wir bestrafen die, die unserer Meinung nach unseren Selbstausdruck verhindert haben. Sie haben stets das Recht, sich so zu fühlen, wie Sie sich fühlen, und es gibt einen sauberen und nichtmanipulativen Weg, Ihre Gefühle mitzuteilen.

Das Bestrafungsmanöver

Schuldgefühle sind ein Werkzeug, mit dem wir andere bestrafen, uns rächen, unserem Ärger Luft machen und es anderen heimzahlen. Wie fühlen Sie sich in der Gegenwart von Menschen, die sich ständig schuldig fühlen? Die eine Arbeit ausführen sollten, sie nicht tun und dann Gewissensbisse haben. Wie können Sie jemandem böse sein, der solche Gewissensbisse hat und dem es so leid tut?

Opfer möchten von Ihnen als Opfer behandelt werden. Das mag sich hart anhören, doch ich spreche das hier an, damit wir uns öffnen und ein freies herrliches Leben führen. Auch die Liebe ist manchmal schwer zu verstehen, und doch ist es stets Liebe. Die Wahrheit scheint manchmal brutal, doch die *aufrichtige Wahrheit ist immer eine Erlösung* und das liebevollste Geschenk überhaupt, sagt doch die Bibel: »Und die Wahrheit wird euch frei machen.«

Das Selbstgeißelungsmanöver

Es gibt Menschen, die Schuldgefühle als Selbstbestrafung oder Selbstgeißelung einsetzen. Sich selbst zu schlagen ist in die Tat umgesetzter Selbsthaß. Sie können sich selbst ruinieren, und zwar körperlich, finanziell, gefühlsmäßig wie auch in Beziehungen, im Beruf oder womit Sie sonst noch zu tun haben oder woran Sie hängen.

Selbstbestrafung ist jahrelang als spiritueller Reinigungsvorgang angesehen worden. Im Wunsch nach Reinheit und Spiritualität werden Selbstverleugnung und Selbstbestrafung zur Sühne für alle vergangenen Sünden und Übertretungen eingesetzt. Jemand, der so verfährt, hat dann noch den Nerv, Gott für Entbehrungen verantwortlich zu machen, oder er tut alles, um auch andere davon zu überzeugen, bei dieser Läuterung durch Selbstbestrafung mitzumachen. Sich selbst zu schaden und zu bestrafen ist eine Sünde (falls Sie an Sünde glauben). *Ein liebender Gott hat niemals verdammt.* In Wahrheit wollen wir alte Rechnungen mit uns selbst begleichen, wenn wir nicht von unserer Schuld ablassen. Wir leben aber in der Liebe und der Gnade Gottes.

Etwas wiedergutmachen heißt, Dinge zu unterlassen, die nicht übereinstimmen mit unseren Idealen und Grundsätzen, uns zu lieben und zu uns selbst gut zu sein. Wer fordert, das Leben zu leugnen, zu leiden und sich für Gott aufzuopfern, hat keinen liebenden Gott. Er sollte sich einen anderen Gott finden oder doch wenigstens herausfinden, seit wann und wo er IHN so schlecht findet. In Wirklichkeit sind solche Menschen wütend, aber sie glauben, kein Recht dazu zu haben oder sie nicht ausdrücken zu dürfen. Selbsthaß tötet die Freude, Glückseligkeit und Vitalität des Lebens.

Das Kontrollmanöver

Schuldgefühle sind ein Versuch, sich selbst und andere zu beherrschen und zu manipulieren. Diese Art von Schuldgefühlen war meine Masche (wenn ich mich auch – mehr oder weniger – in allen anderen Arten von Schuldgefühlen wiederfand). Als ich erkannte, wie sehr ich Schuldgefühle benutzte, um andere zu beherrschen und zu manipulieren, wollte ich mich nun wieder *deswegen* schuldig fühlen! (Obwohl ich mich schon so schlecht genug fühlte.) Ich entschloß mich jedoch, mich verantwortlich zu zeigen, andere meine Masche offenzulegen, diese Masche loszulassen und auf einer neuen Ebene wie ein verantwortlicher Mensch zu handeln.

Wenn Sie zu dieser Kategorie gehören, machen Sie andere mit Schuldgefühlen für das verantwortlich, was nicht funktioniert. Menschen fühlen sich in Ihrer Gegenwart herabgesetzt und wissen nie, wann Sie wieder zuschlagen. Sie können nicht gewinnen, denn sie genügen niemals, und ganz gleich, was Sie tun, es ist entweder zu wenig oder verkehrt. Daß Sie wütend sind, beruht darauf, daß sie sich etwas wünschen und glauben, sie könnten es nicht bekommen. Es ist der Versuch, einen Verlust zu verhindern, doch im Endeffekt werden nur andere frustriert oder gar gelähmt, wenn Sie so mit ihnen umgehen. Selbst wenn man es nicht offen ausspricht, unterschwellig ist es zu spüren. Es kann ein Blick, ein Wort, eine Handbewegung sein oder irgendein Mittel, um dem anderen zu vermitteln, daß er oder sie schuldig ist. Es ist der Wunsch, andere zu beherrschen, ihre Liebe und Loyalität zu behalten. So hält man den Partner in einer Beziehung, die nicht mehr funktioniert. (»Wie konntest du mich verlassen?« oder »Wie kannst du mir das antun?«)

All dies ist das Ergebnis unserer mangelnden Bereitschaft, die Verantwortung für unser eigenes Wohlbefinden wie auch für unseren Erfolg oder unser Versagen zu übernehmen. Die Menschen tolerieren zwar einen solchen Menschen, glücklicher sind sie jedoch mit anderen. Der Drang, uns selbst zu bestrafen und uns schuldig zu fühlen, hält uns unwiderstehlich fest. Ein gesunder Mensch würde nicht bleiben. Findet die Heilung nicht statt, gehen die Menschen weiter. Opfern Sie sich nicht für andere auf, sonst werden Sie sich rächen wollen, doch dann werden die anderen zornig, fühlen sich schuldig und zahlen es Ihnen wieder heim. Sich selbst aus diesem Kreislauf zu befreien und hinaus in die Sonne zu treten, ist wundervoll – in einen neuen Tag und ein völlig neues Leben.

Schuld wird als Methode eingesetzt, Dinge weniger kompliziert zu machen. Es ist ein Versuch, einen Konflikt zwischen »Ich möchte« und »Ich möchte nicht« oder zwischen »Ich möchte« und »Ich kann nicht« zu lösen. Auf diese Weise brauchen Sie keine Wahl zu treffen und vereinfachen das Leben. Abgesehen von der Tatsache, daß es nicht wirklich funktioniert, wird man dadurch unbeweglich oder völlig gelähmt. Wer keine Entscheidung trifft, hat seine Wahl schon getroffen. Wenn Sie jedoch A und B haben möchten, dann sagen Sie doch »Ich will beides«, anstatt schließlich leer auszugehen, weil Sie nicht wissen, was Sie wollen.

In unserem Versuch, Verantwortung zu vermeiden, laden wir einem anderen die Verantwortung auf und beschuldigen ihn dann, wenn es nicht klappt. Wenn Ihre Überzeugungen und Wertmaßstäbe im Konflikt stehen zu dem, was Sie sich wünschen, dann setzen Sie Schuldgefühle als Mittel ein, um sich das zu versagen, was Sie tun oder haben möchten, indem Sie es als falsch ansehen. Vielleicht haben Sie Einstellungen zu Geld, die Sie passiv und in einer finanziellen Misere gefangen halten, und doch lassen Ihre Ängste nicht zu, daß Sie etwas unternehmen. Sie fühlen sich zu schuldig, um auch nur einen Schritt zu tun, und doch müssen Sie diesen Schritt machen, um Ihre Schuldgefühle aufzulösen. Sonst wird daraus eine abwärtsführende, sich selbstaktivierende Spirale, die schließlich trotz aller Schuldgefühle nur durch Risikobereitschaft durchbrochen werden kann.

Lassen Sie es mich wiederholen, *Schuldgefühle sind in Wirklichkeit Zorn und Wut, die Sie glauben, nicht fühlen zu dürfen, und noch weniger auszudrücken wagen.* In diesem Fall braucht man das Schuldgefühl, um sich »gut« zu fühlen und an begrenzenden Überzeugungen und Wertvorstellungen festzuhalten. Sie müssen wissen, daß sie ein guter Mensch *sind* und daß Sie *Ihr Gewissen als Führung einsetzen können*, als wirklichen Wertmaßstab für das, was angemessen ist oder nicht. Achten Sie darauf, sich verantwortlich zu verhalten, um Ihre inneren Konflikte zu lösen, anstatt andere Menschen in Ihr selbstzerstörerisches Spiel zu verwickeln. Es fängt immer bei uns an – und hört bei uns auf, auch wenn dies schwierig zu akzeptieren sein mag. Wenn wir damit aufhören wollen, uns selbst und anderen zu schaden, und unsere Fähigkeiten wiedergewinnen wollen, zu sein, tun und haben, was wir möchten, dann müssen wir diesen Weg wählen. *Sie können es schaffen! Jeder kann es schaffen!*

Das Unnahbarkeitsmanöver

Die letzte Art von Schuldgefühlen hindert uns daran, liebevoll, offen und vertraut miteinander zu sein. Wenn jemand uns nahezukommen sucht und die Gelegenheit für ehrliche und offene Kommunikation schaffen will, dann bringt ein solcher Mensch Schuldgefühle ans Licht. Doch es ist unmöglich, mit Schuldgefühlen eine tiefe, liebevolle, geborgene und intime Beziehung herzustellen. Betrachten wir einmal all die seichten Beziehungen dieser Welt und alle Menschen, die ein starkes Bedürfnis nach Nähe haben und doch nur Abstand und Unnahbarkeit finden. Leeres Gerede über Belanglosigkeiten ist das Kennzeichen einer schuldbeladenen Beziehung. Es gibt wenig oder keine Intensität der Gefühle, denn Schmerz, Wut und Kummer werden unterdrückt und mit einem »künstlichen Zuckerguß« überzogen.

Die Menschen sind gewohnt an Einsamkeit, Oberflächlichkeit und an die Krumen vom Tisch der Liebe und des Lebens. Sie müssen alles vom Leben verlangen, in dem Sie alles in das Leben hineinstecken. Feiglinge schaffen es genausowenig wie oberflächliche Menschen. Sie müssen willens sein, Ihren Gefühlen auf den Grund zu gehen, wieder aufzustehen und weiterzugehen. Veränderung erfordert, daß wir zurückgehen und alle Türen öffnen, die wir vorher verschlossen haben, und uns mit dem beschäftigen, was wir in den einzelnen Räumen verborgen haben. Nur keine Angst. Sie werden ganz sicher keinem bösen Menschen dort begegnen. Sie finden dort ein strahlendes, wertvolles und lebendiges menschliches Wesen.

Die Aussagen »Tu mir nicht mehr weh« oder »Ich möchte davon nichts hören« oder »Darüber möchte ich nicht sprechen« sind Hinweise auf unsere Angst vor Vertrautheit. Wir fürchten, daß jemand herausfindet, wie wir wirklich sind, und natürlich *tun sie dies prompt*. Vertrautheit erfahren wir nur, wenn wir uns verpflichten, die Wahrheit zu sagen. Übernehmen Sie die Verantwortung für Ihre Handlungen, Gedanken und Gefühle und wünschen Sie sich mehr als alles andere Vertrautheit und Liebe.

Geben Sie Schuldgefühle auf

Wollen Sie sich selbst von irgendwelchen Dingen befreien, müssen Sie offensichtlich die Entscheidung treffen, daß Sie diese Dinge nicht mehr wollen oder sie keinen Wert mehr für Sie besitzen. Schuldgefühle sind nicht harmlos, nicht unschuldig, nicht wertvoll und nicht spirituell. *Schuldgefühle sind häßlich, gefährlich und verdienen weder Sympathie noch Anerkennung*. Es gibt Menschen, die meinen, man zeige damit, wie besorgt, liebevoll, verständnisvoll und mitfühlend man ist, doch dahinter verbirgt sich etwas anderes. Wir verstehen Schuldgefühle als eine Möglichkeit, das zu bekommen, was wir brauchen, oder an dem festzuhalten, was wir uns wünschen. Doch eigentlich verlieren wir dadurch nur. Wir brauchen überhaupt nicht zu manipulieren, um geliebt zu werden, wir brauchen nur zu sein. Liebe ist keine Anstrengung.

Ich finde es erstaunlich, daß wir Schuldgefühle sowohl dann haben können, wenn wir glücklich sind und das Leben großartig verläuft, wie auch, wenn wir uns schlecht und elend fühlen. Ich sehe Schuldgefühle an als einen Weg, uns selbst und andere kraftlos zu halten. In Wirklichkeit trauen wir uns selbst nicht zu, mit all der Macht und all den Fähigkeiten, über die wir verfügen, richtig umzugehen. Wir glauben nicht, gleichzeitig Gott lieben und menschliche Beziehungen leben zu können. Durch unsere Schuldgefühle leugnen wir unsere Spiritualität und unsere Einheit mit Gott.

Um dieses Bedürfnis aufrechtzuerhalten und zu unterdrücken, wer wir sind, projizieren wir Schuldgefühle in jeden Bereich unseres Lebens. Wir tun so, als müßten wir Leidende bewundern und anerkennen. Selbst in der Werbung heißt es, daß, wenn wir wirklich gute Eltern, eine gute Ehefrau oder ein guter Mensch sein wollen, wir dieses oder jenes kaufen sollten, um unsere Liebe und Sorge für andere zu zeigen. Wir haben die Schwäche zu einer Tugend erklärt und dann versucht, die Fähigen zu beschuldigen. Dieser Konflikt schafft eine sich selbst erhaltende Krankheit. Es wird Zeit, die *Fähigen anzuerkennen* und den scheinbar Unfähigen dabei zu helfen, *die fähigen Menschen zu sein, die sie in Wirklichkeit sind.* Was wir loben, vermehrt sich. Wir müssen das Leben belohnen, wo es funktioniert, wann immer wir es in uns selbst oder anderen erkennen.

Regierungsprogramme, die auf unterster Ebene wohlmeinend sind, werden doch zu einer Art Schuld/Wut-Maschine und so zum Nährboden für noch mehr Ablehnung und Unfähigkeit. Wird man bestraft für das, was man »hat«, und belohnt für das, was man »nicht hat«, dann ist die Botschaft unklar. Schuldgefühle machen einen Menschen klein. Die Dinge verändern sich. Sie können es überall feststellen, da mehr und mehr Menschen das Licht zu sehen beginnen und dem Leben wiedergeschenkt werden. Wir brauchen engagierte, einfallsreiche und gesunde Menschen, die diesen Grundsätzen treu sind und nach ihnen leben. Die Welt wird verwandelt durch Sie und Ihr Beispiel. Hören Sie auf, mit Schuldgefühlen zu spielen, und gehen Sie auch bei anderen Menschen nicht mehr darauf ein.

Bewußtsein ist der Schlüssel. Das erste, was wir tun müssen, um die Schuldgefühle aufzugeben, ist uns bewußt werden, ob, wie und wann, gegen wen und zu welchem Zweck wir sie einsetzen. Vielleicht wollen Sie ein Notizbuch und einen Stift bei sich tragen und gleich einen Vermerk machen, wenn Sie sich bei Schuldgefühlen ertappen. Vermerken Sie, mit wem Sie zusammen sind, wodurch das Schuldgefühl hervorgerufen wurde, was Sie getan haben, was Sie zu gewinnen hofften und was Sie zu vermeiden suchten. Pfeifen Sie sich selbst aus – und sprechen Sie sogar mit dem Betreffenden darüber. Dies ist ein wirklicher Test, denn wenn Sie andere wissen lassen, was mit Ihnen los ist und welches Spiel Sie treiben, erhalten Sie Unterstützung darin, Ihre Schuldgefühle loszulassen und sich für ein verantwortliches Verhalten zu entscheiden.

Lohnt es den Preis? Der zweite Schritt besteht darin herauszufinden, was diese Schuldgefühle Sie kosten. Ich habe bei den Menschen, mit denen ich zu tun hatte, beobachtet, daß der Preis in Liebe, Vertrautheit, Gesundheit, Glück, Vergnügen bestand und darin, nicht zu sein, was sie sich wünschten. Aber, was noch wichtiger ist, es kostete sie die spirituelle Erleuchtung und das Christus-Bewußtsein, das sie so sehr erstrebten. Mit Schuldgefühlen kommen sie nicht in den Himmel, denn Schuldgefühle sind der Weg zur Hölle. Die Menschen müssen sich selbst durch einen Akt des Glaubens und Vertrauens für das Leben entscheiden. Dieser Akt verlangt von Ihnen, daß Sie Ihr Ego zugunsten bedingungsloser Liebe aufgeben.

Ich weiß, es ist beängstigend, die alten Verhaltensmuster im Umgang mit dem Leben aufzugeben, doch genau das wird von Ihnen verlangt, das und nicht weniger. Sie können nicht neu geboren werden und weiter Ihr bisheriges Leben führen. In jedem Augenblick treffen Sie die Wahl – und das wird immer so bleiben. Es gibt keine Rechtfertigung für Schuldgefühle, die Sie sich selbst oder anderen vermitteln, und ganz besonders nicht im Namen von Rechtschaffenheit oder Gott. Liebe heilt und verbindet uns wieder mit unserer vollen und natürlichen Kraft.

Stellen Sie sich den neuen Weg vor. Der dritte Schritt besteht darin, sich vorzustellen, wie Ihr Leben ohne Schuldgefühle aussehen würde. Gewöhnen Sie sich daran. Fühlen Sie, wie es ohne Schuldgefühle ist. Stellen Sie sich vor, wie Ihr Leben in den verschiedenen Bereichen aussehen würde. Lassen Sie die Schuldgefühle los, und schauen Sie sich Ihre Wut an – und verarbeiten Sie sie. Stellen Sie sich selbst diese Fragen:

- ☐ Worauf bin ich wütend?
- ☐ Was glaube ich, nicht haben, sagen oder tun zu können?
- ☐ Wie sehen die widersprüchlichen Botschaften und Signale aus, die ich mir selbst gebe?
- ☐ Was versuche ich durch Schuldgefühle zu vermeiden?
- ☐ Wen bestrafe ich, oder wen setze ich ins Unrecht mit meinem unterdrückten Zorn?
- ☐ Wem gegenüber bin ich loyal, und wen liebe ich, wenn ich meinen Zorn nicht akzeptiere?
- ☐ Wovor fürchte ich mich, falls ich die Wahrheit sage?

Sie möchten Schuldgefühle in Wut umwandeln, denn Wut ist eine Emotion, mit der Sie umgehen können. Geben Sie sich selbst die Erlaubnis, zornig zu sein, sich verletzt zu fühlen, Angst zu empfinden. Obwohl ich gesagt habe, daß niemand Sie ohne Ihre Zustimmung verletzen kann, so leugne ich doch nicht, daß Sie sich manchmal verletzt fühlen. Kommen Sie mit dem Leid, der Furcht, der Wut oder, was Sie sonst fühlen, in Kontakt. Im Augenblick des Traumas schließen wir uns selbst von allem ab, und manche Menschen verschließen sich fortwährend der Liebe und der Vertrautheit und bezahlen dafür mit allem, was sie sind und haben.

Hören Sie auf, unverantwortlich zu sein. Wenn wir nicht glücklich und ganz sind, verhalten wir uns unverantwortlich. Jeder ist in der Lage, glücklich zu sein. Nicht glücklich sein heißt leugnen, daß wir für uns selbst und die Qualität unseres Lebens verantwortlich sind. Ihr gesamtes Leben ist eine Projektion, die aus Ihnen hervorgeht. Dazu gehören alle Bereiche Ihres Lebens und Ihrer Lebenserfahrungen. So zu leben, wie es geplant war, erfordert den Mut, sich auf allen Ebenen zu stellen. Es bedeutet erwachen und wach bleiben und ständig über unsere Vergangenheit und unsere alten Verhaltensmuster hinauswachsen. Sie sind *nicht Ihr Körper* und nicht Ihr Leben, *Sie sind ein spirituelles Wesen, in dem Leben wohnt.* Und darin liegen die guten Dinge, die Erfahrungen des Lebens.

Befreien Sie sich aus der Falle. Schuldgefühle halten Sie in Ihren Gedanken gefangen, in Ihren alten angelernten Mustern des Fühlens, Denkens und Verhaltens. Die Menschen sind dann lediglich Objekte, die man manipulieren kann. Um zu überleben, setzen Sie die Menschen so objektiv ein, wie Sie ein Messer oder eine Gabel zum Essen verwenden würden – mit der Ausnahme natürlich, daß ein Messer und eine Gabel Sie weder ablehnen noch beherrschen, noch zurückschlagen wollen, sondern sich einfach dem Gebrauch durch Sie unterwerfen. Es ist schlecht, Menschen zu benutzen, und wenn wir dies nicht zu erkennen vermögen, arbeiten wir uns und andere ständig nur auf wie tote Dinge, die lediglich unseren Zwecken dienen.

Fangen Sie mit dem Experiment an. Schöpfung ist natürlich und geschieht aus Absicht, nicht aus Manipulation und emotionalem Trauma. Von Ihnen fordert das volle Teilnahme an diesem Experiment. Und so sieht das Experiment aus: *Ganz und völlig aus Gottes Liebe heraus leben, ein Meister über die Gesetze des Lebens werden und herausfinden, wie weit Sie das bringt und was daraus wird.* Als Person sind Sie ein leerer, bedeutungsloser Raum. Aber in Ihnen steckt Liebe und Gewahrsein verbunden mit der Macht der Schöpfung. Es gibt Richtlinien und Gesetze des Lebens, und fühlt sich ein Mensch der Ausübung dieser Gesetze als ein Mittel zur Erfahrung des Lebens verpflichtet, um ein Leben in Übereinstimmung und Harmonie mit Gott und Gottes spirituellem und physischem Universum zu leben, dann lebt dieser Mensch das Leben im Außergewöhnlichen oder dem, was man als Himmel auf Erden bezeichnet.

Unterbrechen Sie den Kreislauf. Das Schlechte im Leben der Menschen (was auch als normal, üblich oder aber als Hölle bezeichnet wird) wird aufrechterhalten und von Generation zu Generation weitergegeben durch Schuld, Verurteilung, Anklage, Rechtfertigung und Zorn, der entweder unterdrückt oder an anderen ausgelassen wird. Dieser tödliche Kreislauf muß unterbrochen werden, und das geschieht, indem wir uns weigern mitzumachen. Liebe heilt alles, Liebe ist die Wiederherstellung unseres Wesens und unserer Vision. Unsere Aufgabe mag schwierig scheinen, doch der Lohn ist unendlich und übertrifft unsere höchsten Erwartungen. Was wir mit Schuldgefühlen und Beschuldigungen zu erreichen suchten, ist unser natürlicher Besitz und entspringt der Liebe und der Verantwortung.

Übungen

1. Wem glauben *Sie* nicht geholfen zu haben? Schreiben Sie die Namen auf.
2. Wer, glauben Sie, hat *Ihnen* nicht geholfen? Nennen Sie die Namen.
3. Machen Sie eine Aufstellung von allem, weswegen Sie sich schuldig

fühlen (dazu gehören auch die Dinge, die niemand von Ihnen wissen sollte).

4. Schreiben Sie jetzt neben jedes Schuldgefühl das, worüber Sie wirklich ärgerlich sind, und geben Sie sich selbst die Erlaubnis, ärgerlich zu sein. Ihre Gefühle sind immer angebracht. Vergeben Sie sich selbst all diese Gefühle.
5. Beobachten Sie, wie Sie in anderen Schuldgefühle erwecken, und schreiben Sie dies auf. Sprechen Sie dann mit den Betreffenden darüber, damit sie von Ihrem Spiel informiert sind und Ihnen dabei helfen, Schuldgefühle als Hilfsmittel zur Manipulation und Beherrschung anderer aufzugeben.
6. Schreiben Sie auf, was Sie aus eigenen Schuldgefühlen oder denen anderer gewonnen haben. Stellen Sie fest, was es Sie gekostet hat.
7. Schildern Sie schriftlich, wie Ihr Leben ohne Schuldgefühle aussähe. Stellen Sie sich ein Leben ohne Schuldgefühle vor. Sehen Sie dieses Bild vor sich, und geben Sie sich die Erlaubnis, diese Erfahrung zu machen.

Bejahungen

Es ist völlig normal, wenn ich über Menschen, die ich liebe, wütend bin.

Ich kann alles haben, was ich mir wünsche, ohne Schuldgefühle.

Ich fühle mich sicher, wenn ich, __________, Schuldgefühle aufgebe, mit denen ich mich und andere beherrscht habe.

Ich kann aufhören, mich selbst zu bestrafen, weil ich alles habe, was ich mir wünsche.

Ich kann alles haben, was ich mir wünsche, selbst wenn andere sich Liebe und Leben versagen.

Ich höre auf, mich zurückzuhalten, auch wenn andere dies tun.

Ich räume den anderen das Recht ein, in meiner Gegenwart immer frei von Schuldgefühlen zu sein.

Ich, __________, helfe mir selbst und anderen, indem ich aus dem Zentrum der Liebe und des Friedens Gottes lebe.

Akzeptieren Sie das Beste

7. Kapitel

Warum soll Freude tabu sein?

Freude ist die Kehrseite des Schmerzes. Schmerz ist Widerstand gegen Liebe, mit dem wir uns selbst die köstliche Essenz des Lebens versagen. Doch man zeigt in der Öffentlichkeit keine Freude, wenn man als angesehener tüchtiger Mensch gelten möchte. In Wirklichkeit bedeutet Freude die Unterwerfung unter das Zentrum der Liebe Gottes und ein Leben aus der Glückseligkeit. Ich habe die Hoffnung, daß Sie nach dem Lesen dieses Kapitels und nach Ihren Übungen sich dafür entscheiden, Freude als Ihre Lebensaufgabe anzusehen und dadurch die Liebe in Ihrem Leben und dem Ihrer Lieben zu erneuern.

Wer nicht in der Freude lebt, lebt in Sünde und Schmerz. Die Hauptentschuldigung für Schmerz und dafür, nicht zu haben, was man sich wünscht, ist »Ich kann nichts dafür«, »Ich bin nur hierfür zuständig« und »Daran kann ich nichts ändern« oder »Ich bin nur für dies, nicht aber für jenes verantwortlich«. Mit solchen Aussagen bleiben wir machtlos. Wir haben gerade erst begonnen, die Kraft in uns anzuzapfen, und soweit ich dies von meinem Standpunkt aus sehen kann, gibt es keine Grenze. Da Sie selbst Ihre Macht blockiert haben, müssen Sie selbst auch bereit sein, dieses Hindernis wieder zu entfernen oder irgendwie entfernen zu lassen. Um diese Blockaden auflösen zu können, müssen Sie bereit sein, ohne sie zu leben und Ihr unbegrenztes Gutes zu erfahren. Sind Sie nicht begeistert von der Idee und bereit, aus der Freude, dem Glück, der Liebe, dem Selbstausdruck, der Integrität, dem Wohlstand und der Gesundheit heraus zu leben? Dann sind Sie sich selbst nicht wohlgesonnen. Sie tragen die volle Rüstung und spannen so viele Menschen wie möglich ein, um Sie zusammenzuschlagen und Ihr Spiel zu spielen.

Damit Schmerzen vorhandensein können, müssen Sie sie erschaffen, fühlen und nähren. Folgen Sie mir auf dem Weg vom Schmerz zur Freude. Sie müssen die Ursache des Schmerzes anschauen und überlegen, was es Ihnen bringt, wenn Sie die Schmerzen fallenlassen. Aus der Freude leben heißt nicht, für die Freude zu leben oder vergnügungssüchtig zu sein. Freude besteht nicht als etwas, das Sie bekommen können, sie ist natürlich und sie wird freigesetzt, wenn Sie aufhören, sie zu stören. Schmerzt Ihr Fuß, weil Sie ihn mit einem Hammer bearbeiten, so hören Sie doch auf mit Hämmern. Wir betrachten sowohl die körperliche wie auch die emotionale Seite, und durch die Lebenskraft, die uns natürlicherweise durchfließt, öffnen wir uns der Freude.

Es ist Zeit, die Schleusen zu öffnen und die Freude einströmen zu lassen. Die Frage ist, wieviel Liebe, Freude und Leben wollen Sie durch sich hindurchfließen lassen? Sie selbst sind der Schleusenwärter. Was Sie zutiefst wünschen, kann nun in dem Maße für Sie geschehen, wie es durch Sie geschieht. Sie sind das Wunder, der Himmel gehört Ihnen. Sie können nur das haben, was Sie anzunehmen bereit sind, und wenn Sie sich sperren, dann können Sie beten, weinen und es immer wieder versuchen – und es geschieht nichts, außer, daß Sie mehr von dem bekommen, was Sie sowieso nicht wollen.

Dieses Buch möchte Ihnen helfen, sich selbst wiederzufinden, damit Sie aufhören, sich von dem abzuschneiden, was Ihnen natürlicherweise gehört. Wirklichkeit und Wert der Schmerzen aufzugeben ist der Preis, den Sie für die Freude zahlen müssen, das gilt sowohl für körperliche wie auch emotionelle Freuden.

Freude ist natürlich

Betrachten wir, wie viele Tabus unsere Gesellschaft gegen die Freude aufgebaut hat. Wir haben die Freude verboten, zur Mangelware gemacht und ihr einen schlechten Namen gegeben. Die Freude braucht wirklich eine gute Werbung.

Steigen Sie aus der Hölle aus. Ich erlebe die Freude erst seit einigen

Jahren ganz neu, und jeden Tag gebe ich mir selbst die Erlaubnis, mehr Liebe und Freude zu erfahren, sowohl im Bewußtsein wie auch körperlich. Sie können den Himmel in Ihrem Körper und auf dieser Erde erfahren. Himmel und Hölle sind Königreiche des Bewußtseins, das erste ist das Himmelreich der Liebe, das zweite ist das Königreich der Furcht. *Um in den Himmel zu kommen, müssen Sie die Hölle aus Ihrem Leben entlassen.* Die Hölle besteht in unserer Vorstellung und ist eine bewußte Wahl, so wie auch der Himmel eine bewußte Wahl ist. Die meisten Menschen sind sich nicht bewußt, daß es tatsächlich *sie* waren, die ihren persönlichen Kampf, die Tragödie und die Hölle gewählt haben.

Im Himmel, im Paradies zu sein, ist das Natürlichste der Welt. Sie brauchen daher die Freude nicht zu suchen. Die Freude und das Paradies gehören Ihnen jetzt schon, auch wenn Sie sich dessen nicht bewußt sein mögen. Freude ist nicht etwas, das Sie finden, kaufen, stehlen oder verdienen können. Sie ist das natürliche Ergebnis unserer Hingabe an die Liebe. Sicherheit und Vertrauen sind erforderlich, damit wir unsere Abwehrmechanismen lange genug loslassen können, um uns selbst die Freude fühlen zu lassen. Die Freude entspringt dem Freisetzen und Aufgeben des Widerstands. Es ist unmöglich, das zu haben, was wir uns versagen, selbst wenn wir davon umgeben sind oder darauf sitzen. Wir leben in einem Meer von Liebe, des Reichtums und der Freude, und nur durch unsere Hingabe können wir sie erfahren.

Sehen Sie sich doch einmal um. Der Atem ist frei, und der Atem ist das Leben selbst. Beobachten Sie, wie Sie den Atem anhalten, wenn Sie ängstlich sind. Die meisten Menschen atmen sehr flach, erlauben sich selbst gerade so viel Luft, um am Leben zu bleiben, sie widerstehen dem vollen Reichtum des Atems. Gedeihen heißt voll am Leben teilhaben; will man überleben, existiert man nur und schafft es so eben. Sehen Sie sich um und beobachten Sie, auf welcher Ebene die Menschen leben. Ihr Leben ist immer nur das eigene Wahrnehmen dessen, was sie akzeptieren und als real und möglich ansehen. Beobachten Sie, wie flach Sie atmen, machen Sie einen tiefen und vollen Atemzug. Gewöhnen Sie sich tiefes Atmen an, und erfreuen Sie sich dieses Geschenks.

Vergnügungssüchtige Menschen suchen nach dem nächstbesten äußeren Anreiz, der ihnen erlaubt, sich besser zu fühlen. Doch

»Wohlgefühl« kann man nicht irgendwo kaufen. Es ist vielmehr ein natürlicher Aspekt Ihres Wesens und gehört daher zu Ihnen. *Hören Sie also auf, sich Unbehagen zu schaffen.* Alles, was Ihnen zu tun bleibt, ist, sich selbst die Erlaubnis zu geben, Liebe und Freude zu erfahren – und Sie werden sie erfahren.

Warum versagen die Menschen (Sie auch?) sich und anderen Freude? Was ist die Angst vor Freude und der Sinn hinter diesen Tabus.

Die Angst vor Freude

Nehmen Sie einen Bogen Papier, und schreiben Sie oben auf die Seite: Meine Barrieren, die mich hindern, körperliche, emotionale und spirituelle Freuden zu genießen, sind: ___________

Nachdem Sie dies geschrieben haben, schließen Sie Ihre Augen, und verweilen Sie einen Augenblick in der Stille. Lassen Sie zu, daß in Ihnen jede Furcht, jede Blockade oder Begrenzung, jedes Gefühl, jeder Gedanke auftaucht, der Ihnen die Erfahrung der Freude versagt. Notieren Sie mindestens fünfundzwanzig Blockaden. Identifizieren Sie diese größten Hindernisse oder Blockaden. Nutzen Sie diese Übung, um Einsicht in sich selbst zu gewinnen und die Entscheidungen und Überzeugungen herauszufinden, die Sie geschaffen und als wahr akzeptiert haben, obwohl sie es in Wirklichkeit nicht sind. Lügen blockieren das Leben, die Wahrheit macht Sie frei.

Geben Sie falsche Ansichten auf

Vergnügungssüchtige suchen außerhalb ihrer selbst und greifen nach allem, was ihnen für kurze Zeit ein Hochgefühl vermittelt, bevor die Leere, die Angst und der Schmerz wiederkehren.

Um das Leben wirklich zu genießen, ist es natürlich erforderlich, daß Sie nach Innen schauen und herausfinden, welche Barrieren Sie vor all Ihrem Guten erreicht haben. Hier folgen einige falsche Gedanken und Überzeugungen über die Freude:

☐ Sie ist falsch.
☐ Dann ist mir alles andere gleichgültig.
☐ Ich kann mir damit nicht meinen Lebensunterhalt verdienen.
☐ Die Menschen werden mich nicht mögen.
☐ Sie ist schlecht.
☐ Sie ist Teufelswerk.
☐ Ich würde die Kontrolle verlieren.
☐ Gott wird mich strafen.
☐ Was würde mein Vater sagen?
☐ Ich muß dafür etwas aufgeben.
☐ Ich werde dafür zahlen müssen.
☐ Auf Freude folgt immer Schmerz, deshalb besser nicht so viel Freude.
☐ Wenn ich mir zuviel davon erlaube, schaffe ich meine Arbeit nicht.
☐ Die Leute werden mich nicht respektieren.
☐ Das Leben wäre zu einfach.
☐ Es ist falsch, Freude mit jedem zu erfahren, dem ich begegne.
☐ Freude muß man sich für besondere Zeiten und besondere Menschen aufsparen.
☐ Ich bin zum Leiden prädestiniert.
☐ Das Leben ist doch nicht als Vergnügen gedacht.
☐ Das Leben ist ein Kampf
☐ Gutes ist nie von Dauer.
☐ Ich verdiene sie nicht.
☐ Sex ist schlecht
☐ Wenn es zu leicht ist, habe ich es mir nicht verdient.

Einige dieser Gedanken und Überzeugungen könnten die Ihren sein. Wenn Sie überlegen, daß jeder Mensch auf dieser Erde seine eigenen Gedanken über die Freude hat, können Sie erkennen, daß jeder Mensch auch aus seinem eigenen Verständnis heraus lebt. Kein Wunder, daß es Krieg, Krankheit, Kriminalität, Armut, Elend, Umweltverschmutzung und Einsamkeit gibt. All diese Dinge sind Manifestationen einer inneren Überzeugung und einer mangelnden Bereitschaft, Frieden, Liebe und Freude zu erfahren. Unsere Unkenntnis aller Möglichkeiten hält uns davon ab, die höheren Bereiche des Lebens zu erfahren. Sie sind vorhanden, doch sie stehen nur denen offen, die dazu bereit sind. Und nun zu unseren Übungen:

Nehmen Sie wieder einen Bogen Papier und einen Stift und schreiben Sie auf, wie Sie sich dabei fühlen, wenn Sie sich selbst und anderen Freude versagen. Wie ist es, sich selbst Freude und Liebe zu versagen? Fühlen Sie sich dabei wütend, schreiben Sie es auf. Empfinden Sie nichts und es ist Ihnen gleichgültig, notieren Sie auch das.

Haben Sie Angst, Freude zu empfinden, dann schreiben Sie Ihre Erfahrungen mit dieser Angst auf – wo im Körper spüren Sie diese Angst? Sehen Sie Ihre Worte auf dem Papier als eine Möglichkeit an, Ihre Erfahrungen der Furcht, der Überzeugungen und Gedanken zu formulieren, die Ihnen Gottes Freuden vorenthalten.

Falls Sie weinen möchten, weinen Sie. Fühlen Sie sich wütend, dann lassen Sie diese Wut zu. Wenn Sie lachen möchten, lachen Sie. Fühlen Sie, was Sie fühlen, und beschreiben Sie diese Erfahrung.

Rebirthing als ein Hilfsmittel

Erfahrungen unterdrücken heißt Erfahrungen leugnen, doch davon wird das Leben nicht besser. Öffnen Sie sich – und in diesem Sich-Öffnen und der Erfahrung Ihrer Gefühle befreien Sie sich selbst. Die Freude ist gefangen in den Wänden nichtgemachter Erfahrungen und unterdrückter Wünsche und Sehnsüchte. Schuldgefühle sind der Mörtel, der diese Wände zusammenhält. Der Vorgang des Loslassens wird Ihnen tatsächlich so vorkommen, als wenn Wände in Ihrem Innern zusammenfallen, und Sie werden so wehrlos und verletzlich sein wie ein neugeborenes Baby.

Während der Meditation und durch den Transformationsvorgang, den wir Rebirthing nennen, habe ich mich sowohl an viele vergangene Leben erinnert wie auch an meine Geburt in diesem Leben. Ich verließ den Schoß meiner Mutter durch den Geburtskanal und spürte sofort die Kälte, sah die hellen, blendenden Lichter und wurde von einem Doktor roh behandelt, der mir einen Klaps auf den Po gab, damit ich schrie und meinen ersten Atemzug tat. Das Leben in meiner Mutter war eine Freude – und Leid meine erste Erfahrung in dieser Welt. So traf ich aufgrund dieser Erfahrung eine Entscheidung. – »Es ist schmerzhaft, zu atmen und einen Körper zu haben.« Erst vor kurzem habe ich diesen Gedanken und diese Entscheidung umformuliert in: »Es ist leicht und eine Freude für mich, zu atmen und einen Körper zu haben.«

Die Menschen fürchten, Freude sei stets von Schmerz begleitet. darum machen sie Aussagen wie: »Die Dinge laufen so gut, ich bin gespannt, wo der Haken ist« oder »Ich bin so nervös, die Dinge laufen viel zu glatt«. Weil unsere Gedanken schöpferisch sind, schaffen wir wirklich die Voraussetzungen für Schmerz und Katastrophen, wenn wir so denken. Gedanken besitzen Macht, weil wir ihnen Macht geben. Es ist völlig gleich, ob Sie sich Ihrer Überzeugung bewußt sind oder nicht, sie manifestieren sich in jedem Bereich und jeder Erfahrung Ihres Lebens. Kein Wunder, daß wir uns zu unsicher fühlen, um uns der Freude anzuvertrauen; unsere Überlebensinstinkte lassen uns um unsere Sicherheit fürchten und bewirken Mißtrauen, um so die Erfahrung von Schmerz und Trennung zu verhindern.

Rebirthing ist eine machtvolle Atemtechnik, mit deren Hilfe Sie negative und schädigende Gedanken und Entscheidungen über sich selbst und andere loslassen können und frei werden, sich zugunsten von Liebe, Wohlstand, Gesundheit, Glück und Unschuld zu entscheiden.

Freude ist reine Süße und Unschuld. Man kann sich nicht selbst leugnen und ganz in der Freude sein. Freude ist eine ganz köstliche Energie und nimmt uns ganz in Anspruch. Ich erinnere mich an einen Tag, als ich ein Kind von vier Jahren war. Ich fühlte mich sehr wohl bei meinem Spiel, als meine Großmutter, mit der ich einen großen Teil meiner frühen Kindheit verbrachte, mich rief. Ich hörte sie zwar, doch wollte ich nicht mit Spielen aufhören, weil ich mich so wohl fühlte. Als ich viel später mein Spiel beendet und zu ihr ging, war sie wütend und schalt mich: »Du solltest dich schämen, weil du nicht gleich gekommen bist, als Nanny dich rief. Ich hätte einen Herzanfall haben und sterben können, weil du nicht gleich gekommen bist, als ich dich rief.«

In diesem Augenblick traf ich die Entscheidung, daß ich keine Freude haben dürfe, weil das Leben eines anderen Menschen davon abhängen könnte.

- ☐ *Finden Sie heraus, wie Sie sich selbst Freude versagen, sie rationieren, rechtfertigen und – wenn Sie sich der Freude hingeben – wie Sie sich deswegen schuldig fühlen, dafür bestrafen oder etwas wiedergutmachen wollen.*
- ☐ *Stellen Sie fest, wie Sie Ihre Mitmenschen wissen lassen, wie schwer Sie arbeiten und wie wenig Freude und Vergnügen Sie haben.*
- ☐ *Welche Entschuldigungen brauchen Sie, um sich dafür zu rechtfertigen, daß Sie Urlaub machen, sich entspannen oder einfach Spaß haben?*
- ☐ *Wie ragieren Sie darauf, daß andere Menschen Freude haben, besonders dann, wenn es sich um Ihren Mann, Ihre Frau, Ihren Partner, einen Mitarbeiter oder einen Freund handelt. Meist gönnt man dem anderen das nicht, was man sich selbst zugesteht.*

Früher war ich ärgerlich, wenn mein Mann sich in der Gegenwart einer anderen Frau wohl fühlte. Ich wollte, daß er sich diese Freude versagt, um mir zu beweisen, daß er mich liebt. Wir fühlen uns gegenseitig verpflichtet – und so wollen wir es auch haben. Doch jetzt finden ich es in Ordnung, wenn er die Gegenwart anderer Frauen genießt. Wir haben keine sexuellen Beziehungen zu anderen Partnern, da wir Sex sowohl als eine spirituelle wie auch eine körperliche Erfahrung der Freuden Gottes als auch etwas Heiliges zwischen uns beiden ansehen.

Es gab eine Zeit, da machte es mir zu schaffen, wenn Menschen, die ich liebte, sich ohne mich vergnügten. Ich fürchtete, dies könne bedeuten, ich sei nichts Besonderes und sie bräuchten mich nicht. Heute ermutige ich die Menschen, die ich liebe, Freude, Vergnügen und Gutes zu erfahren, ob ich dabeisein kann oder nicht, und ich gestatte auch mir selbst, mehr Liebe und Freude zu empfinden. Selbst das Säubern eines Waschbeckens kann etwas Gesegnetes haben. Ich weiß, das hört sich leicht übertrieben an, wenn Sie diese Erfahrung nicht schon selbst gemacht haben. Sie tun wirklich Ihre

Arbeit, kommunizieren mit Menschen und leben Ihr Leben aus der Freude heraus. Ich sage nicht, daß ich stets Freude erfahre, aber das geschieht heute sehr viel häufiger als früher, und wenn ich Schmerz empfinde, gelingt es mir immer schneller, ihn loszulassen. Ich bin jetzt bereit, aus der Freude heraus zu leben, und gebe mich der Süße der Liebe Gottes mehr und mehr hin. Es ist ein höchst erstaunlicher Vorgang, entgegen meinen Befürchtungen immer mehr das zu erleben, was ich mir wirklich wünsche, und zu beobachten, wie mein Leben immer besser wird. Wichtig ist: *Verschieben Sie Ihr Leben nicht!* Ich habe früher die Freude *auf eine bessere Zeit* verschoben oder, wenn ich meinte, sie zu verdienen oder sie mir erarbeitet zu haben.

Was steht der Freude im Weg?

Das Haupthindernis auf dem Weg zu Vergnügungen und Freude ist unser Wunsch nach Kontrolle. Ich habe mir früher Freude versagt, um andere zu beherrschen. Ich fürchtete mich davor besonders in Gegenwart anderer, Freude zu empfinden, weil sie mich dann nicht ernst genug genommen hätten, so als ob ich meine Aufgabe nicht ernsthaft und verantwortungsbewußt genug erledigte, um ihre Hilfe und ihren Respekt zu verdienen. *Wenn wir jedoch andere beherrschen wollen, werden wir beherrscht.* Geben wir das auf, besitzen wir den Schlüssel zu einem Leben voller Glorie. Wenn Sie behaupten, andere ließen Sie nicht tun, was Sie tun möchten, dann beherrschen Sie die anderen dadurch, daß Sie sich von ihnen beherrschen lassen.

Gott ist die unbegrenzte Quelle all unseres Guten; Ihr Gutes kommt nicht von anderen Menschen, es kommt durch Sie. Andere Menschen sind mögliche Kanäle, aber niemals die *Quelle*. Ihre Mitmenschen spiegeln nur das wider, was Sie über sich selbst denken. Akzeptieren Sie etwas für sich selbst, dann auch für die anderen. Können Sie sich selbst nicht leiden, dann tun das auch die anderen nicht. Sie müssen sich selbst annehmen und zulassen, daß die Menschen Sie lieben.

Der allerwichtigste Schritt

Versagen wir uns die Freude, so versagen wir uns, was wir uns wirklich wünschen. Wir legen Leid und Schmerz auf den Thron Gottes und beten sie an. Doch sie sind falsche Götter und Götzenbilder. Leid und Opfer sind nicht der Weg zur Rettung, sondern vielmehr Städte im Königreich der Hölle. Schmerz erschafft Schmerz und Leid bringt mehr Leid hervor, so wie Liebe mehr Liebe hervorbringt. *Sich selbst zu lieben, ohne Beweise für diese Liebe zu spüren, ist der wichtigste Schritt, den ein Mensch tun kann.* Sie lassen nur dann Gottes Liebe in Ihr Leben ein, wenn Sie sich lieben lassen. Ihre harten Urteile über sich sind selbstauferlegt. Geben Sie sie auf. Sie können sich ein ethisches, verantwortliches und anständiges Leben zutrauen, wenn Sie sich selbst lieben.

Welche Vorteile bringt Ihnen das? Was bringt es Ihnen ein, wenn Sie sich Freude versagen? Warum sollten wir uns selbst etwas Gutes vorenthalten, wenn wir nicht glaubten, etwas noch Besseres zu erhalten? Wenn Geld, Macht, Sex, Besitztümer, Anerkennung, Rache, Rechthaberei, sich selbst oder anderen zugefügtes Leid das sind, was Sie daraus gewinnen, sollten Sie die Dinge noch einmal genauer untersuchen. Was bringt Ihnen das alles, wenn zum Schluß nicht Frieden, Liebe und Glückseligkeit herauskommen? Welchen Nutzen haben Sie davon? Welchen vermeintlichen oder wirklichen Gewinn?

Diese Ursünde

Die Theorie der Erbsünde beruht auf der Geschichte von Adam und Eva, die in Gottes Ungnade fielen; weil sie Gott nicht gehorsam waren, wurden sie zur Strafe aus dem Paradies in eine Welt der Schmerzen, des Herzeleids und des Kampfes vertrieben. Solange wir nicht das Konzept aufgeben, daß wir Gott betrogen haben, werden wir nicht aufhören, uns selbst zu bestrafen. Wie könnte man Gott betrügen? Sie können nur sich selbst betrügen, und damit können Sie jeden Augenblick aufhören, wenn Sie wollen. Wir betrügen uns, wenn wir uns selbst zum Gott machen und uns auf Kosten eines anderen erhöhen. Dann ist das Ego-Selbst das Lieblingskind, die einzige wichtige Person. Wir greifen alle potentiellen Feinde an, versagen uns und anderen Liebe und wollen unsere überlegene Position beibehalten, ganz gleich, was es uns bringt. Wenn Sie sich in dieser Beschreibung wiederfinden, geben Sie es auf. Es ist ein Egotrip ohne Ende!

Die Erbsünde ist unsere erste Trennung von der Liebe und allem für uns erreichbaren Guten. Niemand verweigert Ihnen Liebe, Wohlstand, Gesundheit, Glück oder Freude als Sie selbst, *deshalb können auch nur Sie selbst sich alle diese Dinge geben und niemand sonst.* Der Schlüssel liegt im Verzeihen. Vergeben Sie sich selbst so oft wie nötig; tun Sie, was auch erforderlich ist, um sich in sich selbst zu verlieben. Sie heilen die Welt, wenn Sie Liebe für sich selbst akzeptieren und erfahren und anderen helfen, sich selbst anzunehmen und zu lieben.

DIE WAHL LIEGT BEI IHNEN

Sie müssen die Wahl treffen, wie Ihr Leben verlaufen soll. *Ihr Leben ist diese Wahl.* Ich habe meine Wahl getroffen. Es stimmt, manchmal empfinde ich Furcht, Unbehagen und Sorgen wegen dieser Entscheidung, doch jedesmal und auf jeder Ebene kehre ich zurück zur Unschuld meines wahren Selbst und meines tiefen Verlangens, die zu sein, die ich bin, und meine Vision zu lieben und zu leben. Ich vermag zwei Dinge: Ich kann lieben und einen Beitrag leisten, und beides trägt zu meiner Freude und Befriedigung bei. In der Teilnahme und im Teilhabenlassen erfahre ich meine eigene Widerherstellung.

Wahre Freude liegt in der Erfahrung von Frieden und Liebe, wo immer man sich befindet, ganz gleich, ob in einer Konferenz, in einer Bundestagssitzung, bei einem Essen mit einem sehr lieben Freund oder einem Volleyballspiel. Sie fühlen sich mit anderen verbunden, sicher, fähig, geschätzt und akzeptiert. Es gibt nichts, das Sie »haben müssen« und nichts, das Sie verlieren können. An diesem Punkt beginnt Ihr Leben, und es steht ihnen frei, alles zu sein, was Sie sein können.

Ignorieren Sie Schmerzen nicht

Die Freude zu wählen heißt auch, den Schmerz zu wählen. Sind wir nicht bereit, Schmerzen zu akzeptieren und zu erfahren, dann decken wir unsere Freude zu. Der Weg hinaus führt hindurch. Unsere Schmerzen verschwinden nicht, weil wir sie leugnen, wir sind dadurch jedoch weniger lebendig. Bringen Sie Ihr Verletztsein, Ihre Wut, Ihren Schmerz und Ihren Kummer zum Ausdruck. Toben Sie ohne bestimmten Grund Ihre Wut aus, in Ihrem Schlafzimmer, bei geschlossenen Türen. Schreien Sie in Ihr Kissen, brüllen Sie Ihre Wut hinaus, sagen Sie alles, was Sie loswerden möchten. Es hilft, wenn Sie auf sichere Art und Weise loswerden können, was Sie loswerden müssen. Vielleicht finden Sie einen guten Therapeuten, der Sie anleitet und Ihnen hilft, sich selbst wiederzufinden. Über die Jahre hat mir Körperarbeit wie Rolfing und Heller-Arbeit sehr geholfen. Es gibt auch bestimmte Kommunikationstechniken und das Rebirthing – alles sehr wertvolle Hilfsmittel, um aufgestaute und unterdrückte Schmerzen freizusetzen. Es gab eine Zeit, da war ich niedergeschmettert, wenn nur jemand skeptisch die Augenbraue hochzog. Doch heute gibt es nur noch weniges, was mir Schmerzen zufügen kann.

Es gibt sehr fähige und ausgebildete Menschen in Ihrer Gemeinde, die Ihnen bei diesem Verfahren helfen können. Nehmen Sie deren Hilfe in Anspruch. Ich suche mir stets die Unterstützung eines Experten, den ich schätze und zu dem ich Vertrauen habe, wann immer ich diese Art von Hilfe brauche. Ohne die Hilfe von anderen wäre ich nicht da, wo ich jetzt bin. Ich bin sowohl Schüler wie auch Lehrer, und mein Leben ist wichtiger als Stolz oder Ego.

Widmen Sie bestimmte Zeiten dem Vergnügen

Ein großartiger Weg, um sich an Vergnügen zu gewöhnen, ist es, sich jeden Tag ein wenig mehr Freude zu gönnen. Ich habe den Montag zu meinem Tag der Freude und des Vergnügens erklärt. Am Montag hab ich dann den Tag im Bett verbracht, mich entspannt, geschlafen, war einfach faul, habe gelesen, was ich wollte, Räucherkerzen abgebrannt, ein Schaumbad genommen und meine Lieblingsspeisen gegessen. Wie können Sie etwas vom Leben haben, wenn Sie nicht bereit sind, es sich zu gönnen? Sie können auch einem geliebten Menschen helfen, einen Tag des Vergnügens zu genießen.

Heute verbringen mein Mann Leonard und ich jeden Montag als Tag der Liebe und des Vergnügens zusammen. Wir arbeiten nicht, gehen nicht ans Telefon, lassen die Arbeit ruhen. Es ist unser Tag, an dem wir uns den tieferen Ebenen der Liebe und des Zusammenseins erfreuen, nur zu unserer Freude. Vielleicht können Sie sich zur Zeit nur eine Stunde täglich gönnen. Dann fangen Sie damit an: Lassen Sie sich Zeit zur Meditation, um inneren Frieden und Freude und Ihre Mitte zu finden. Kehren Sie ein in dieses köstliche Zentrum der Liebe in Ihrem Innern und leben Sie aus dieser Mitte heraus. Die Süße breitet sich aus. Mein Mann und ich brauchen diese Zeit, um uns in der Liebe des anderen wiederzufinden, oder wir verlieren unsere Ausgeglichenheit und unsere Orientierung.

Das Problem der meisten Menschen, die Gutes tun, ist, daß sie sich Freude und Vergnügen versagen, um anderen zu helfen. Lehren Sie durch Ihr Vorbild. Lehren Sie Liebe, indem Sie die Liebe leben – und leben Sie die Liebe, indem Sie Liebe lehren. Aufopferung bringt die Menschen um, denn sie richtet sich gegen das Leben. Doch das Leben dient der Liebe und dem Selbstausdruck. Unser tiefstes Selbst zu leugnen heißt, das Leben zu verweigern. Verneinen wir aber das Leben, bejahen wir den Tod. Aufopferung und Tod zu verneinen heißt umgekehrt, sich am Leben zu erfreuen. Es ist immer Ihre Entscheidung.

Ihr göttliches Recht

Freude ist Ihr göttliches Recht und das natürliche Ergebnis eines Lebens im Einklang mit sich selbst. Üben Sie sich darin, Augenblicke der Freude zu empfinden, und diese Augenblicke werden so zahlreich sein, daß es für Sie eines Tages selten sein wird, *nicht* aus der Freude heraus zu leben.

Genießen Sie das Leben – genießen Sie jeden Aspekt, jede Herausforderung und jede Gelegenheit. Schließlich wird es niemandem und nichts gelingen, Ihren inneren Frieden zu stören. Je tiefer Ihr innerer Friede ist, um so friedvoller ist auch Ihre äußere Welt. Wir dienen nur dem, woran wir glauben und worauf wir vertrauen. Es wird Zeit, daß wir die Lüge des Leidens »auspfeifen« und aufhören, Aufopferung als eine Tugend anzusehen. Leben Sie wirklich in der Liebe und der Freude, dann gelingt es niemandem mehr, Ihre Integrität anzutasten, Sie dazu zu bringen, zu lügen, zu stehlen oder ein anderes menschliches Wesen abzuwerten. Auf der Welle des Lebens zu schwimmen ist ein *natürliches* Vergnügen. Sie können haben, was Sie sich wünschen, wenn Sie in der Tiefe Ihres Herzens das Verlangen spüren, sich mit der Unschuld eines Kindes der Liebe und der Freude hinzugeben.

Übungen

1. Erinnern Sie sich aller wichtigen Entscheidungen über die Freude, einschießlich körperlicher und sexueller Freuden, und schreiben Sie sie auf.
2. Rufen Sie sich jede Gelegenheit ins Gedächtnis zurück, bei der Sie in massiver Weise dafür bestraft wurden, Freude und Vergnügen zu empfinden.
3. Machen Sie sich alle Überzeugungen und Gedanken bewußt, die Sie in bezug auf Ihre Freuden und Ihr Verhältnis zu Gott haben, und schreiben Sie sie auf.
4. Nennen Sie Ihre Blockaden, Ihre Ängste und persönlichen Tabus in bezug auf Freude.
   a. Welche Gefühle haben Sie hinsichtlich dieser Blockaden?
   b. Warum halten Sie an diesen Überzeugungen fest? (Wie manipulieren und beherrschen Sie andere durch diese Blockaden und Überzeugungen?)
   c. Sprechen Sie: »Ich, __________, öffne mich jetzt der körperlichen, emotionalen und mentalen Freude, indem ich meine Blockaden aufgebe.»

5. Nennen Sie zehn Dinge, die Sie fürchten, wenn Sie sich der Freude und der Liebe hingeben.
6. Nennen Sie zehn Dinge, die Ihren Mitmenschen zustoßen könnten, wenn Sie sich der Freude hingeben.
7. Nennen Sie zwanzig Möglichkeiten, mit denen Sie sich elbst Freude machen könnten. (Beispiele: Sie singen gerne; ein Schaumbad nehmen oder ähnliches)
8. Versuchen Sie, jeden Tag wenigstens zwanzig Minuten lang zu meditieren, erlauben Sie sich selbst, Spannungen loszulassen und sich dem Frieden und der Freude an Ihren Körper und Ihrem Bewußtsein hinzugeben.

Bejahungen

Ich vergebe Gott, daß er mir Freude versagt hat.

Ich vergebe __________, daß er/sie mir Gewissensbisse verursacht, weil ich mich gut fühle.

Je mehr Freude ich empfinde, umso mehr Frieden gibt es auf Erden.

Ich, __________, lebe aus der Liebe und Freude Gottes.

Ich, __________, gebe mich der sexuellen Freude mit meinem Partner __________ hin.

Ich erlaube mir selbst die Erfahrung der Freude an meinem Körper, der Gottes Geschenk an mich ist.

Ich öffne mich jetzt dem Himmel auf Erden, indem ich Gottes Freude und Leben in jeder Zelle meines wunderbaren Körpers erfahre.

8. Kapitel

Warum Wohlstand mehr ist als Reichtum

Zwischen *Wohlstand* und *Geld* haben besteht ein enormer Unterschied. Wohlstand ist ein Befinden, ein natürlicher Seinszustand, Geld dagegen ist eine Tauscheinheit oder ein Energiefluß, der als Symbol des Wohlstands verstanden werden kann, je nach Überzeugung und Einstellungen der betreffenden Person.

In diesem Kapitel geht es darum, daß Sie sich selbst als wohlhabende Menschen erfahren, das heißt, Sie bekommen das, was Sie sich wünschen, wann Sie es wünschen. Armut oder spirituelle und emotionelle Kargheit, Leere und Mangel zeigt sich darin, daß man nicht genug von dem hat, was man braucht, und nicht ohne das auskommt, was man sich wünscht. Wohlstand ist natürlich, Mangel ist falsch und eine Lüge.

Ganz gleich, wohin Sie auch in diesem Universum blicken, Sie können überall Wohlstand erkennen, denn das Leben bringt sich stets in verschwenderischer und großartiger Fülle zum Ausdruck. Wohlstand bedeutet, Sie besitzen weitreichende und unendliche Schätze zu Ihrer Versorgung und zur Erfüllung Ihrer Wünsche.

Mir gefällt die Definition von Buckminister Fuller, der über Wohlstand schreibt:

Wohlstand ist die bereits organisierte menschliche Fähigkeit und das Know-how, wie die festen, leblosen planetarischen Schätze und allwirtschaftlichen Operativen und rein himmlisch hervorströmenden natürlichen Energiezufuhren in der Weise zu nutzen sind, um das Leben einer bestimmten Anzahl von Menschen für einen vorhersagbaren Zeitraum in folgenden Bereichen zu gewährleisten:

1) Schutz; 2) Komfort; 3) Ernährung) 4) Einstellung zu der sich fortsetzenden Entwicklung bisher nicht angezapften menschlichen Potentials intellektueller und ästhetischer Fähigkeiten; 5) ständige Auflösung von Blockaden; 6) Steigerung von Umfang und Tiefe ihrer Aufnahmefähigkeit.

Seine Beschreibung entspricht nicht in allen Einzelheiten meinen Vorstellungen, weil ich das Wort *Wohlbefinden* seinem Wort *Schutz* vorziehen würde. Und doch stimme ich mit seiner Definition überein. Wohlstand ist das Vorhandensein von Schätzen und unser eigener Zugriff hierzu zum Nutzen unseres körperlichen, geistigen und spirituellen Wohlbefindens. Wohlstand ist hinreichendes Auskommen, aber auch Großartigkeit, Schönheit und Exzellenz. Wohlstand bedeutet, immer genug zu haben, aber damit ist nicht gemeint, daß man nur eben so zurechtkommt oder einen niedrigen Lebensstandard hat. Wohlstand bedeutet, Zugriff zu haben zum stets fließenden Reichtum des Lebens an Intelligenz, Liebe, Know-how, Schönheit und den auf allen Ebenen vorhandenen Schätzen, sowohl physisch wie auch spirituell.

Natürlich ist Wohlstand unendlich. Er ist zu unserem Gebrauch vorhanden. Sie brauchen nur die Entscheidung zu treffen, ihn zu nutzen. Sie können den natürlichen Wohlstand in Ihrem Innern niemals ausschöpfen, außer wenn Sie ihn gar nicht erst in Anspruch nehmen. Die einzige Möglichkeit der Vergeudung ist, etwas nicht zu nutzen. Sie vergeuden Liebe, wenn Sie nicht lieben, keinesfalls aber, weil Sie zu viel lieben. Sie verplempern Ihre Intelligenz, wenn Sie sie nicht einsetzen; Sie verschwenden selbst Geld, wenn Sie nichts damit anfangen. *Das Leben selbst wird vergeudet durch mangelnden Gebrauch.* Und was Sie nicht nutzen, das haben Sie nicht. Um es zu haben, müssen Sie es einsetzen. Es ist ein Spiel falscher Sicherheit, Wertsachen zu horten und für eine bessere Zeit aufzusparen.

Die Menschen sterben und haben die guten Dinge ihres Lebens nur wenige Male gebraucht, wenn überhaupt. Irgend jemand hat sie gelehrt, das Beste bis zum Schluß aufzuheben. Warum sollen wir Freude, Vergnügen und Glück und den Spaß am Leben für morgen aufheben? *Morgen ist niemals*, und falls es doch kommen sollte, dann haben Sie so viel von sich selbst zurückgehalten und Ihr Leben so wenig gelebt, daß

Sie sich vermutlich ausgelaugt und schwach fühlen, wenn Sie sich schließlich zum Leben entscheiden. Es ist traurig zu beobachten, wie Menschen versuchen, das Glück eines ganzen Lebens in einen Tag hineinzupacken. Das Leben will jeden Augenblick einer ganzen Ewigkeit erfahren und gelebt werden! Gott geht nicht zur Neige!

Der Glaube an Mangel

Was Sie als wertvoll bezeichnen, versehen Sie gleichzeitig mit dem Etikett »Mangelware«. Doch Mangel ist eine Lüge, keinesfalls die Wahrheit, und damit diese Lüge leben kann, muß sie genährt werden. Wohlstand ist die Wahrheit und wartet stets darauf, von Ihnen angenommen zu werden. Es ist die innere Erkenntnis, die Ihnen ein tieferes Gefühl der Sicherheit, des Friedens und des Vertrauens vermittelt. Sehen Sie Ihre Sicherheit in Geld, äußeren Beziehungen, materiellen Werten, dann leben Sie auf tieferen Ebenen in der Furcht, und das zeigt sich als Angst, Streß, Unglück, Habgier, Eifersucht und ähnlichen Symptomen.

Ihre Sicherheit liegt einmal auf einer hohen Ebene in Ihnen selbst und zum anderen auf einer tieferen Ebene einer höheren Macht. Das Leben ist eine sichere Sache für den, der das weiß. Wer das nicht weiß, lebt in Unsicherheit und empfindet das Leben als Gefahr.

In einer unsicheren, häßlichen, ärmlichen Welt zu leben, ist nicht das, was ich unter Leben verstehe. So vegetiert man lediglich auf der untersten Ebene. Das Leben ist ein großartiges Abenteuer, ein wundervolles und herrliches Ereignis. Der Gedanke, daß es nicht genug von etwas gibt oder das, was Sie sich wünschen, knapp ist, beruht auf Armut. Armut erzeugt Kriminalität, Hunger, Einsamkeit, Krankheit, Krieg und so ziemlich alles, was wir nicht wünschen. Ein verarmter Mensch kann Ruhm und Reichtum besitzen; es ist nicht nur der Zustand derer, die wir als Arme und Unterprivilegierte etikettieren. Der Zustand der Armut besteht auf einer tiefen Ebene und zeigt sich im Menschen in der Weise, wie er diese Armut akzeptiert. Der Glaube an »Mangel« und »nicht genug« kann sowohl in denen leben, die in verschwenderischem Reichtum leben und erfolgreich sind, als auch in den offensichtlichen Armen. Der Glaube an Mangel ist der unterschwellige Grund dafür, daß die Menschen dieser Erde in einen Kampf gefangen sind, in dem die, die »haben«, und die, die »nicht haben«, in heftigem Gegeneinander und wilder Angst voreinander leben.

Woher kommt der Glaube an Mangel?

Wo und wann glaubt ein Mensch das erste Mal an Mangel? Diese Frage ist schwer zu beantworten, weil wir zwar sagen können, wann wir uns einer Sache zum ersten Mal bewußt wurden, doch wer weiß schon, wann etwas wirklich zum ersten Mal verursacht wurde? Das Leben ist eine Sammlung beiläufiger Ereignisse, und doch gibt es eine letzte Ursache, und das sind Sie. Zu irgendeinem Zeitpunkt haben Sie also die Wahl getroffen, das, was Sie als wertvoll ansahen, auch als selten anzusehen, so als gäbe es nicht genug von dem, was Sie sich wünschten. Wenn Sie etwas als »schlecht« bezeichnen, selbst wenn es wunderbar ist, dann machen Sie es zur Mangelware und geben sich, falls überhaupt, nicht genug davon.

In meiner spirituellen und emotionalen Arbeit habe ich mich an Entscheidungen erinnert und sie wieder durchlebt, die ich in vergangenen Leben, zur Zeit meiner Geburt und kurz danach getroffen habe. Diese Entscheidungen haben mein Leben beeinflußt, *bis ich sie entdeckte und fallenließ.*

Ich traf diese Entscheidungen, obwohl ich mir oft nicht einmal dessen bewußt war. Als Kinder sind wir verletzlich, offen, aufnahmefähig und zum Lernen bereit. Für einen Säugling ist Überleben neben Liebe und Aufmerksamkeit offensichtlich das allerwichtigste Bedürfnis. Alle Kommunikationen sind telepatischer Natur. Selbst wenn ein Mensch eine Sprache nicht kennt oder der Sprache unfähig ist, hat er Empfindungen und Gefühle und sieht, hört, riecht, fühlt und schmeckt. Wozu dienen denn Worte, wenn nicht, um eine Erfahrung zu beschreiben und das zu teilen, was eigentlich mit Worten gar nicht zu beschreiben ist? Die Worte folgen später, um diese Erkenntnisse, Empfindungen, Gefühle, Bedürfnisse und Wünsche mit anderen zu teilen.

Die Entscheidungen, die wir treffen, beruhen nicht immer auf der Wahrheit oder darauf, was wirklich gewesen ist. Säuglinge sind besonders intuitiv, denn sie haben sich noch nicht durch die Wände und Barrieren geschützt, die die Erwachsenen um sich errichten.

Viele dieser frühen Entscheidungen haben mit Wohlstand, Armut, Mangel und Unzulänglichkeit zu tun. Die Kinder fangen die Einstellungen der Menschen um sich herum auf – und besonders die ihrer Eltern. Auf diese Weise werden Überzeugungen von Generation zu Generation weitergereicht. Die Bibel sagt: »Die Sünden der Eltern sind sichtbar an ihren Kindern.« Da ist also der fruchtbare Boden eines kindlichen Gemütes; ein williger, offener neuer Mensch möchte geliebt werden und braucht Fürsorge. Aus diesem Gefühl der Hilflosigkeit heraus erfolgen Entscheidungen und Bewertungen in schneller Folge. Werden sie nicht korrigiert, behalten wir diese Überzeugungen und Entscheidungen auf immer bei; sie motivieren uns und schaffen durch uns unsere Wirklichkeit.

Überprüfen Sie Ihre Einstellungen:

Um die Sicherheit von Wohlstand in allen Bereichen Ihres Lebens zu erfahren, müssen Sie Ihre eigenen Muster, Überzeugungen, Gesetze, Gedanken und Vorstellungen über Wohlstand und Armut herausfinden und dann alles fallenlassen, was weder Ihnen noch anderen nützt oder Ihnen sonst weiterhilft, Ihr Leben auf höchster Ebene zu leben.

Hier einige Beispiele von Überzeugungen über Wohlstand. Überprüfen Sie, ob Ihre dabei sind:

☐ Es gibt nicht genug davon.
☐ Ich bin nicht gut genug dafür.
☐ Wenn ich das habe, fehlt es jemand anderem.
☐ Wenn ich zuviel davon habe, ist das schlecht.
☐ Haben andere mehr, dann habe ich weniger.
☐ Wenn ich zu viel habe, mögen mich die anderen nicht.

- ☐ Es reicht einfach nicht für alle.
- ☐ Es gibt weder genug Nahrung noch Zeit oder Geld.
- ☐ Es gibt nicht genug Liebe.
- ☐ Ich könnte verlieren, was ich habe.
- ☐ Reichtum ist schlecht.
- ☐ Ich brauche Menschen, die mir helfen.
- ☐ Ich schaffe es nicht.
- ☐ Ich bin hilflos.
- ☐ Die anderen sind hilflos.
- ☐ Ich bekomme nie, was ich mir wirklich wünsche.
- ☐ Die Leute mögen mich nicht, wenn ich das habe, was ich mir wünsche.
- ☐ Ich muß kämpfen für das, was ich haben will.
- ☐ Ich muß michzurückhalten.
- ☐ Ich muß mir der anderen wegen etwas versagen.
- ☐ Ich kann diese Liebe verlieren.
- ☐ Männer verlassen mich.
- ☐ Frauen verlassen mich.
- ☐ Ich bin es nicht wert zu leben.
- ☐ Mir kann man nicht vertrauen.
- ☐ Andere schnappen mir den Mann weg, den ich liebe.
- ☐ Die Frau, die ich liebe, verliere ich an andere Männer.
- ☐ Das Leben ist ein Kampf.
- ☐ Das Leben ist schwer.

Überzeugungen wie diese beeinflussen jeden Bereich Ihres Lebens, denn sie wirken wie das Fundament, auf dem Sie Ihr Leben aufbauen. Diese Überzeugungen halten Sie in Verhaltensmustern in bezug auf Beziehungen, Finanzen, Lebensstil und Selbstbild gefangen. Sie entsprechen nicht der Wahrheit. Das Leben ist eine sichere Sache, selbst wenn es in diesem Augenblick nicht so aussieht. Je mehr dieser falschen Konzepte Sie aus dem Weg räumen, um so besser kann das Leben durch Sie fließen.

Ich machte die überraschende Erkenntnis, daß ich nur die Überzeugungen und Gedanken an Armut und Mangel loszulassen brauchte – und ich würde auf natürliche Weise wohlhabend sein. In Wirklichkeit gibt es mehr als genug, und Sie haben all das Gute verdient, das es gibt, denn nichts ist zu gut für Sie – so großartig sind Sie!

Diese Gedanken werden in Ihr Bewußtsein eingegraben und immer wieder bestätigt, wenn Situationen, Beziehungen und Verhältnisse in Ihrem Leben Ihnen beweisen, daß Ihre Überzeugungen und Annahmen richtig sind. Jeder Mensch muß seine eigenen Zyklen oder Muster durchbrechen. Der erste Schritt führt stets über die Beobachtung. Sie müssen also erkennen, was da abläuft. Außer den Entscheidungen, die Sie selbst treffen, fangen Sie zusätzlich die Meinungen und Wertvorstellungen der Menschen auf, mit denen Sie leben.

Wenn Sie jemanden lieben oder sich dessen Liebe wünschen, dann neigen Sie dazu, seine Persönlichkeitsmerkmale, geistigen Einstellungen, Lebensmuster und selbst die körperliche Erscheinung und Krankheiten zu übernehmen. Sie werden so wie Ihre Mutter oder Ihr Vater. Sie werden selbst das übernehmen, was Sie ablehnen oder scheinbar gar nicht wollen. Der Wunsch nach Liebe und Anerkennung und danach, recht zu haben, verursacht alle möglichen Probleme. Das wichtigste ist jedoch: Sie können nicht Sie selbst sein, und vielleicht erkennen Sie sich selbst nicht einmal. Die Geschichte wiederholt sich, und wir sehen Familienschicksale sich duplizieren von Generation zu Generation zu Generation.

Vielleicht sind Sie wirklich die Ausnahme, und doch ermutige ich Sie dazu, sich noch einmal genau zu betrachten, weil Sie vielleicht nur glauben, das genaue Gegenteil Ihrer Familie oder Ihrer Eltern zu leben. Das Gegenteil von etwas tun heißt in Wirklichkeit wieder das gleiche tun. Sie handeln jetzt aus Furcht vor diesen tief eingegrabenen Überzeugungen, und sind schließlich doch genauso wie die Menschen, von denen Sie sich unterscheiden wollten. Das erfordert Anstrengung. Doch Sie können auch ohne Anstrengungen leben und Ergebnisse erzielen. Dazu brauchen Sie sich nur von Überzeugungen freizumachen, die das Ergebnis falscher Bewertungen oder Entscheidungen sind.

- ☐ Die Wahrheit hat immer mit mehr Leben zu tun.
- ☐ In Gottes Universum gibt es keinen Mangel.

- ☐ Der Glaube an Mangel verursacht nur, daß wir Geld und andere Waren für die Zukunft horten, verstecken und uns so die hohe Qualität und den Lebensstandard in der Gegenwart versagen.
- ☐ Jeder Mensch braucht das Bewußtsein des Wohlstands, um Wohlstand hervorzubringen.

Ich erinnere mich daran, daß ich sechzig Seidenblusen besaß. Davon mochte ich eigentlich nur zehn Stück, die ich auch gerne trug. Ich setzte Wohlstand mit viel Besitz gleich. Doch dann entdeckte ich, daß Wohlstand bedeutet, *genau das zu haben, was man sich wünscht, aber keinesfalls, viel zu haben.* Es ist so, als besäße man eine Menge Freunde und Freundinnen und doch keine einzige verbindliche, intime, liebevolle und bereichernde Beziehung zu einem einzigen.

Ich besaß früher ein Büro voll mit Kleinigkeiten und Souvenirs. Es sah aus wie der Weihnachtsbasar in der Kirche (ich glaube sogar, die Sachen stammten alle von dort), durcheinander und vollgestopft, denn damals gaben mir all die Sachen das Gefühl des *Habens*. Doch eines Tags habe ich alles ausgeräumt und verschenkt. Obwohl diese Kleinigkeiten in gewisser Weise wertvoll waren, so trugen sie doch nicht zur Qualität des Lebens bei, das ich jetzt führe. Um das zu haben, was Sie sich wünschen, müssen Sie *die Dinge aussortieren und wegwerfen, die nicht länger Ihren Vorstellungen entsprechen.*

Ich mußte mich trennen von der Überzeugung und Lebensart meiner Eltern, Verwandten und Geschwister – und das heißt nicht, daß deren Leben nicht für sie richtig war. Doch ihre Perspektive traf für mich nicht zu. Sie müssen nein sagen zu dem, was Sie nicht wollen, und ja sagen zu dem, was Sie wollen.

Fast alle in meiner Familie waren übergewichtig. Auf natürliche Weise schlank zu sein und doch nicht auf das verzichten zu müssen, was ich gerne esse, erforderte, daß ich nicht mehr mein Gewicht einsetzte, um mich zu schützen und meiner Familie nahe zu sein. Ich wollte nicht ausgeschlossen werden und brauchte doch auch meinen eigenen Lebensraum. Die Frauen in unserer Familie sagten öfters Sachen wie: »Ich hasse diese Frau; sie ist so hübsch und schlank.« Ich wollte von den Menschen, die ich liebte, nicht gehaßt werden, weil ich schlank war, und gleichzeitig war ich wütend auf sie, weil sie mich davon abhielten, so zu sein, wie ich sein wollte. Eigentlich bringt Sie niemand in diese Situation – und dennoch – herauszukommen erfordert, daß Sie selbst die Verantwortung übernehmen und sich und Ihr Leben eindeutig und klar zurückfordern.

Wie denken Sie über Wohlstand?

Es gibt einen Reichtum an Liebe und einen Reichtum des Lebens für die, die den Mut besitzen zu wählen. Ihre Überzeugung vom Mangel ist ersichtlich aus Ihren Ansichten über Wohlstand, Geld und darüber, zu haben, was Sie sich wünschen.

Es gibt zwei Seiten des Wohlstands: Wohlstand für Sie selbst und Wohlstand für andere. Sie können nichts wirklich besitzen, was Sie nicht auch anderen gönnen. Damit meine ich nicht, Sie könnten kein Geld haben, wenn Sie es nicht auch anderen zugestehen. Ich bin der Meinung, solange das für Sie noch ein Thema ist, können Sie es nicht wirklich haben. Das Geld hat Sie, und Sie sind ihm ausgeliefert. Ihr Leben dreht sich dann um die Dinge, die Sie fürchten – Armut, Verlust, Verlassenwerden, Ablehnung –, anstatt um Leben und Freude am Spiel des Lebens. Wohlstand ist eine Einstellung, mit der Sie beim Spiel des Lebens hundertprozentig dabei sind – wobei Sie in jedem Augenblick spüren, daß Sie in Gottes Freude leben. Damit dies möglich ist, müssen Sie das Gefühl loswerden, »nicht dabei zu sein«.

Sehen Sie sich Ihre möglichen Überzeugungen und Einstellungen zum Thema Wohlstand an. Um wirklich wohlhabend zu sein, müssen Sie den Ursprung der Armut erkennen. Armut besteht nur, wo wir Wohlstand leugnen. Wohlstand ist natürlich und tritt dann ein, wenn wir Armut als eine Realität in unserem Denken aufgeben. Wir müssen sie ansehen und aktiv damit arbeiten, um sie loszulassen. Armut ist eine geistige Krankheit, die tatsächlich das Leben und die Erfahrung des Lebens zerstört.

Die »Heiligkeit« der Armut

Armut und Aufopferung wurden im Grunde genommen von der Kirche oder der Religion geheiligt. Was gedacht war als Lektion über die Wahrheit, daß man nicht an Geld oder materiellen Dingen hängen soll, wurde zum Dogma und zur Doktrin über das Böse an Geld, Macht und Besitz erhoben. Es ist richtig, daß verloren ist, wer die Freude des Lebens für die falsche Sicherheit und die Macht der materiellen Welt hingibt. Das ist der Punkt, um den sich alles dreht. Ist Gott Ihre Quelle, ist es die Welt, oder sind Sie es selbst? Woher kommt Ihr Gutes – und wo ist Ihr Herz?

Einem falschen Gott anzuhängen heißt, dem Geld, dem Ruhm, der Rechtschaffenheit, Dingen und weltlicher Macht, zu dienen anstatt vor allem der Liebe. Alle Dinge entspringen dem Geist, und Sie sind es, der diesen Energiestrom in Ihr Leben lenkt. *Wenn Sie das nicht wissen, leben Sie in Angst.* Sie haben zwei Ängste: Nicht genug geliebt zu werden und nicht genug zu haben.

»Heilig« oder »heiliger als du?« Es gibt noch etwas, für das Sie Ihre Befürchtungen aufgeben würden – nämlich den Wunsch, recht zu haben. Manchmal machen wir uns arm, nur um etwas zu beweisen. In dem Wunsch nach Liebe verlangen Sie von den Menschen, daß sie Sie lieben, unter allen Umständen und obwohl Sie keine Gegenliebe empfinden. Sie werden allem, was Sie sich je wünschten, den Rücken kehren, nur um recht zu haben. Das Ergebnis: Es kostet Sie alles und läßt Sie alleine zurück. Das Ego wirkt immer auf Trennung hin, selbst Trennung von Gott, von Liebe, Wohlstand, Glück, Gesundheit, Selbstausdruck und Glückseligkeit. Um ganz in der Liebe zu leben, müssen Sie tatsächlich die Wahl treffen, Ihre Selbstgerechtigkeit aufzugeben.

Einer der wichtigsten Schlüssel zum Wohlstand ist die Vergebung, von der wir später noch sprechen. Selbstgerechtigkeit, Abneigung, Urteile und Meinungen stehen ihr jedoch im Wege. Mit diesen Hindernissen müssen Sie wirklich kämpfen, um das zu erreichen, was Sie sich wünschen, und haben Sie es, müssen Sie wieder kämpfen, damit Ihr Kartenhaus nicht zusammenfällt. Hiob sagt in der Bibel: »Was ich befürchtet habe, ist über mich gekommen.« Furcht ist unecht, vorgetäuscht, unwahr, irrig, und Sie geben ihr Energie. Furcht kann Ihnen auch sagen, was Sie tun sollten, doch Sie können dann die Angst in Intuition umwandeln und Intuition zu Ihrem Führer machen, anstatt sich selbst in Furcht und Angst gefangenzuhalten. Ganz gleich, wie die Furcht aussieht, wer Sie ängstigt, sind Sie selbst. Wenn das Ihre Absicht ist, also gut. Aber jeder von uns kann die Furcht verschwinden lassen, wenn wir uns dazu entscheiden. Der Weg aus der Furcht ist der Weg durch die Furcht.

Zwölf Schritte zum Wohlstand

Finden Sie in aller Ruhe Ihre Überzeugung über Wohlstand, Reichtum, Luxus, Geld und alles, was damit zu tun hat, heraus. Am Ende dieses Kapitels stehen Übungen, die Sie anleiten, Ihre Überzeugungen über Armut, reiche Leute, Geldausgeben, Gott und Reichtum, Ihren Besitz, und andere materielle Dinge aufzuschreiben.

Wohlstand ist ein Bewußtseinszustand, der das anzieht, was ihm entspricht. Geld zieht Geld an, Liebe zieht Liebe an, wie auch Geiz Geiz anzieht. Die Reichen werden noch reicher und die Armen werden noch ärmer – das entspricht dem Gesetz der Anziehung.

Nachdem Sie Ihre eigenen Meinungen und Überzeugungen zum Thema Reichtum und Haben, was Sie sich wünschen, festgehalten und die Übungen durchgeführt haben, sollten Sie genauso die Ansichten, Meinungen und Einstellungen Ihrer Eltern und Freunde über Reichtum aufschreiben und über Haben, was man sich wünscht. Notieren

Sie schließlich auch Ihre religiösen Überzeugungen. Sehen Sie irgendeinen Nutzen oder eine Rechtfertigung darin, begrenzt und arm zu sein? Falls ja, holen Sie diese Überzeugungen jetzt hervor.

Nehmen Sie sich ausreichend Zeit, um Ihre Befürchtungen aufzuzählen, die Sie haben könnten, wenn Sie alles besäßen, was Sie sich wünschen, und führen Sie auch auf, wen oder was Sie zu verlieren fürchten. Sind Sie erfolgreich gewesen, sind vielleicht die Menschen wenig liebevoll; vielleicht fürchten Sie, ein liebloser Mensch zu sein, wenn Sie alles haben, was Sie sich wünschen.

Nun verrate ich Ihnen einige Schritte und Techniken, die Ihnen helfen, für jeden Bereich Ihres Lebens ein Kanal des Wohlstands zu sein. Wohlhabend sein heißt erkennen, daß die Antworten und die Lösungen in Ihnen liegen. Wohlhabend sein heißt wissen, daß Sie aus einer unerschöpflichen Quelle der Versorgung schöpfen, unabhängig davon, was Sie benötigen oder brauchen. Es ist immer noch mehr in Ihrem Innern, von dem Sie nehmen können. Sie sind ein Genie, und in Ihnen fließt jetzt ein Strom von Energie, der darauf wartet, daß sie sich seiner bedienen und zeigen, daß man ihn verwenden kann.

Erster Schritt: Der Wohlstand gehört Ihnen – das war schon immer so und wird auch immer so sein. Akzeptieren Sie diese Wahrheit.

Zweiter Schritt: Befreien Sie sich von den Hindernissen zum Wohlstand.

Dritter Schritt: Seien Sie bereit, wohlhabend, reich, zufrieden zu sein und sich voll zum Ausdruck zu bringen. Seien Sie bereit, zu haben, was Sie sich wünschen. Geben Sie den Glauben auf, daß Armut, Aufopferung und Leiden edel und spirituell seien. Liebe ist überreichlich vorhanden.

Vierter Schritt: Fordern Sie die Lebenskraft und ihre Energieversorgung heraus, indem Sie all Ihre Talente, Fähigkeiten, Fertigkeiten, Ziele, Träume, Ihren Lebensstil und Ihre spirituelle Großartigkeit einsetzen. Setzen Sie sich Ziele, die größer sind als Sie selbst, so daß Sie sich größerer Intelligenz und Liebeskraft in Ihrem Innern bedienen müssen. Nehmen Sie Risiken auf sich, treten Sie hervor und akzeptieren Sie mehr vom Leben für sich selbst. Gehen Sie Schritt für Schritt voran und anerkennen Sie dabei stets sich selbst und Gott. Sagen Sie, was Sie sich wünschen, und wissen Sie, daß es Ihnen schon gehört. Setzen Sie sich selbst hierbei ein.

Fünfter Schritt: Lassen Sie ab von Ihrer Abneigung gegen reiche Leute und gegen die Leute, die das besitzen, was Sie sich wünschen. Lassen Sie ab von Neid, Eifersucht oder Abneigung gegen die Menschen, die Sie sich selbst in den Weg gestellt haben, und segnen Sie sie für diese Lektion und die Gelegenheit zur Heilung. Vergeben Sie Ihrer Familie, Ihrem Partner, sich selbst, allen früheren Chefs, der Regierung, Ihren Brüdern und Schwestern und jedem, gegen den Sie Ärger verspüren. Vergeben Sie sich selbst, wenn Sie glauben, jemanden verletzt, aufgehalten oder ihm sonstwie geschadet zu haben. Vergeben Sie sich, daß Sie nicht genug und gleichzeitig zuviel sind. Vergeben Sie sich, daß Sie alles haben möchten und glücklich sind da, wo Sie jetzt sind. Sie können gar nicht haben, was Sie anderen nicht gönnen. Verbringen Sie Zeit damit, andere zu lieben und zu segnen für das Gute, das sie haben. Wünschen Sie für sich das gleiche und sagen dann: »Hallo, Ich, das gilt dir!« Wenn Sie beobachten, daß Sie mächtige, reiche und großartige Menschen verneinen, dann stellen Sie dieses Verhalten ein.

Sechster Schritt: Geben Sie alle Vorstellungen, Aussagen, Gedanken, Worte und Verhaltensweisen über Armut auf. Seien Sie ganz der, der Sie sind. Geben Sie alle Etikettierungen wie »unterprivilegiert«, »unglücklich«, »arm«, »hilflos« auf, an die Sie sonst vielleicht in bezug auf Mangel, Begrenzung, Armseligkeit und Opfer denken. Sprechen Sie gut vom Leben, von Gelegenheiten, Menschen. Ertappen Sie sich dabei, Negatives über das Leben zu äußern, sagen Sie: »Stornieren« und ändern Sie Ihre Worte in positive. Erkennen Sie die Macht Ihres gesprochenen Wortes. Die Dinge sind so, weil Sie sagen, daß sie so sind, denn sie besitzen Macht und Leben. Das mag Ihnen unrealistisch vorkommen, doch Sie müssen irgendwann damit beginnen. Tun Sie es jetzt! Bejahen Sie Wohlstand, Reichtum, Chancen und Erfolg.

Siebenter Schritt: Öffnen Sie sich der höchstmöglichen Lebensqualität, die Sie kennen. Fühlen Sie sich wohl mit all der Großartigkeit, Exzellenz, Schönheit, Reichtum und Integrität. Verbringen Sie Zeit mit Menschen, die Ihnen liegen, die übereinstimmen mit Ihrer Art, zu leben und zu wünschen. Umgeben Sie sich mit Menschen und einer Umgebung, die Sie inspirieren und ermutigen. Führen Sie ein Leben von höchstmöglicher Qualität. Wenn das bis jetzt nicht der Fall war, entscheiden Sie sich dafür – und die Möglichkeiten eröffnen sich Ihnen. Seien Sie gut zu sich selbst und anderen – erfreuen Sie sich an schöner Musik, gutem Essen, Restaurants, Kleidung, Kunst und Menschen.

Achter Schritt: Räumen Sie alles, Ihre Schänke, die Garage, das Büro, den Schreibtisch, das Auto, aus. Trennen Sie sich von allem, was Sie nicht wirklich länger wollen, und verschenken Sie es. Setzen Sie Ihre Besitztümer in Umlauf. Handeln Sie und schaffen Sie ein Vakuum, das das Leben erneut füllen kann. Wenn Sie schon so viel haben, was Sie nicht brauchen, ist doch kein Platz mehr für das, was Sie sich wünschen. Das Leben ist ein ständiger Prozeß des Loslassens und sich Erhebens auf die nächste Ebene der Liebe und Großartigkeit.

Neunter Schritt: Tun Sie alles, was Sie tun, so gut Sie können. Großartigkeit bringt Wohlstand hervor; Wohlstand schafft jedoch nicht immer Großartigkeit. Tun Sie, was Sie tun, weil Sie es gerne tun und entsprechend eigenem bestmöglichen Können. Ein wohlhabender Mensch ist jemand, der andere bereichert. Die Menschen wundern sich, warum sie keinen Job bekommen oder behalten. Ein Grund liegt darin, daß sie sich nicht der Qualität verschrieben haben. Anderen zu dienen – damit ist aber gemeint, das Leben eines anderen Menschen durch die eigene Arbeit zu bereichern – macht auch Sie reich.

Beenden Sie Ihre Arbeit richtig und mit Begeisterung. Qualität ist immer gefragt; Mittelmäßigkeit unternimmt große Anstrengungen, um überhaupt bemerkt zu werden. Qualität steigt immer nach oben. Doch Qualität fordert auch alles von Ihnen. Fordern Sie sich selbst heraus, warten Sie nicht, bis andere es tun. Tun Sie mehr, als wofür Sie bezahlt werden, und erledigen Sie Ihre Arbeit so gut Sie nur können. Die Befriedigung ist schon Ihr Lohn, und Sie werden stets gefragt sein. Wohlstand ist ihr natürlicher Schatz.

Zehnter Schritt: Seien Sie jeden Augenblick zufrieden. Akzeptieren Sie stets, daß, wo und was Sie sind, genügt. Ausreichen heißt genug sein, heißt wohlhabend sein. Fühlen Sie sich dem »Ich bin jetzt zufrieden« verpflichtet. Angst vor dem Zufriedensein ist die Angst, nicht mehr zu bekommen, wenn Sie jetzt genug haben. Doch in Wahrheit wird das, was wir anerkennen, größer. Je mehr Sie sich selbst anerkennen, um so mehr haben Sie. Bisher haben wir uns selbst durch die Gefühle und den Glauben motiviert, daß wir nicht genug haben. Damit verzögern wir unsere Zufriedenheit und führen ein Leben in der Angst, Mangel zu leiden.

Die größte aller Lektionen ist: Seien Sie in diesem Augenblick mit sich selbst zufrieden, mit dem, wo Sie sind, mit anderen Menschen, mit dem, was Sie haben, und mit dem Leben selbst. Gleichzeitig können Sie sich Ziele und Aufgaben setzen. Zufrieden sein und das bejahen, was Sie sind und haben, ist ein Segen. Sie können sich der Liebe Gottes anvertrauen und in diesem Augenblick in diese Liebe eintauchen. Das ist es. Freuen Sie sich! Dieser Moment ist so gut, wie er sein kann, und er ist voller Erfüllung. Machen Sie die Erfahrung!

Elfter Schritt: Setzen Sie all Ihre Ideen, Ihre Energie, Ihre Zeit, Ihre Talente, Ihr Geld und Ihre Liebe für das Leben ein. Das Gesetz des Umlaufes beruht auf dem Ausgleich zwischen dem Ein- und Ausströmen. Um etwas zu bekommen, müssen Sie etwas geben. Menschen, die ein erfülltes Leben führen wollen, aber nichts zum Leben beitragen wollen, werden nie haben, was sie sich so sehr wünschen. Wenn Sie etwas zurückhalten oder sich an etwas klammern, verstärken Sie lediglich Ihre Ängste. Alles, was Sie beizutragen haben, sind Sie selbst, und dazu gehören auch die Formen Ihres Selbstausdrucks. Sie können nur gefüllt werden, wenn Sie sich ständig in Ihre Arbeit, Ihre Beziehungen, Ihre Aktivitäten und in das Leben selbst hineingeben. Je mehr Sie beitragen, um so mehr gibt es beizutragen.

Arme Menschen glauben, sie seien nicht in der Lage, einen Beitrag zu leisten, deshalb lassen Sie nichts *aus* sich fließen, und folglich ist das, was einfließt, sehr gering. Ganz gleich, wo Sie sich jetzt befinden oder wie festgefahren Sie sich in Ihrer Armut fühlen, Sie müssen diesen Zufluß des Wohlstands einleiten. Stehen Sie in einer Wärmestube um Suppe an, können Sie sich anbieten, beim Austeilen zu helfen. Nur die Fähigen haben etwas beizutragen, weil nur die Fähigen wissen, daß sie wohlhabend sind. Jeder kann fähig sein, doch wir müssen diese Fähigkeit herausfordern und tun, was nötig ist. Der Mensch glaubt wirklich, daß er mehr besitzt, wenn er festhält, was er hat, und dann sein Leben zubringt, indem andere ihm geben, was er sich wünscht und braucht. Sie bekommen nicht immer von dort zurück, wohin Sie gegeben haben, doch als natürliches Ergebnis Ihres Beitrages wird man auch Ihnen geben.

Geben Sie nicht mit dem Ziel, etwas zu bekommen. Das funktioniert nicht. Stellen Sie sich selbst und Ihre Schätze zur Verfügung, wo es für Sie eine Herausforderung ist, und beobachten Sie die Ergebnisse. Fähige Menschen haben immer, was sie brauchen. Wenn Sie wohlhabend sein wollen, müssen Sie ein Spender bleiben. Eine großartige Möglichkeit, einen Beitrag zu leisten, besteht darin, daß man dieses Wissen mit anderen teilt und sie darin unterstützt, auch all das zu bekommen, was sie sich wünschen. Diese Vorgehensweise allein wird Sie gesunden lassen. Helfen Sie anderen, sich selbst zu helfen. Setzen Sie dieses Wissen in Umlauf.

Zwölfter Schritt: Geben Sie der höheren Macht die Ehre. Wie immer Ihre religiöse Einstellung sein mag, anerkennen Sie Gott als die Quelle Ihres Wohlstandes. Er ist es, dem alles gehört und der alles durch Sie fließen läßt. Preisen Sie den Herrn. Preisen Sie den Heiligen Geist nicht aus Aberglauben, sondern um zu spüren, woher die Macht kommt. Seien Sie in ständigem Kontakt und im Gespräch mit dieser Liebeskraft. Die, die glauben, »es zu bringen«, brennen aus, trocknen aus und wundern sich: »War das alles?« Wie Jesus sagte: »Ich aus mir selbst bin nichts, doch der Vater in mir, er tut die Werke.«

Wunder sind das natürliche Ergebnis unserer Hingabe an Gott und unserer Dankbarkeit, daß er es ist, der die Dinge tut. Sie sind der freiwillige Kanal und der gesegnete Empfänger. Sie glauben mir nicht? Versuchen Sie es! Sie werden kaum alle Segnungen begreifen können, die Ihnen zufließen. Ihre Kreativität, Ihre Liebe, Ihr Glück, Ihre Gesundheit, Ihr Wohlstand, Ihre Fähigkeiten und Ihr Erfolg – sie alle entströmen dieser Quelle. Öffnen Sie sich, indem Sie fortwährend für Gottes Liebe und seine Segnungen in Ihrem Leben dankbar sind.

Sicher werden Sie auch noch andere Möglichkeiten herausfinden, doch die hier genannten Schritte setzen Sie jetzt schon einmal in Bewegung und führen Sie aufwärts. Jeder Mensch ist von Natur aus wohlhabend. Sie müssen jedoch Verantwortung zeigen für Ihr Leben, damit Sie all das sind, was Sie sein können. Niemand kann das für Sie tun, und niemand wird es für Sie tun. *Sie bringen Wohlstand aus sich selbst hervor, indem Sie sich dafür entscheiden.* Treffen Sie die Entscheidung, welche Qualität Ihr Leben haben soll. Fühlen Sie sich dieser Wahl verpflichtet! Leben Sie entsprechend! Der Schlüssel dazu liegt in Ihrem verantwortlichen Verhalten. Sie sind ein fähiger Mensch, genauso fähig wie jeder andere. Jeder ist fähig. Ihr Geschenk an Ihre Mitmenschen besteht darin, Ihr Leben voll auszuschöpfen und anderen zu helfen, damit sie erkennen, wer sie sind und daß auch sie ein Leben im Wohlstand und als fähige und liebevolle Menschen führen können.

Übungen

1. Sehen Sie sich täglich zehn Minuten als wohlhabenden Menschen und empfinden Sie sich als wohlhabend und fähig.
2. Schreiben Sie die wichtigsten Entscheidungen auf, die Sie über Wohlstand und wohlhabende Menschen, über Spiritualität und Reichtum getroffen haben.
3. Schreiben Sie zehn Blockaden auf, die Sie daran hindern, zu sein, tun und haben, was Sie sich wünschen (und dann machen Sie mit allen Schluß).
4. Notieren Sie zwanzig Möglichkeiten, in denen Sie sich selbst dem Wohlstand öffnen können – und handeln Sie entsprechend.
5. Schreiben Sie zehn Möglichkeiten auf, wie Sie sich bisher zurückgehalten haben, anderen etwas zu geben, weil Sie glaubten, selbst nicht genug zu haben.
6. Schreiben Sie zehn Ängste auf, die Sie davon abhalten, wohlhabend zu sein, und erinnern Sie sich, wann Sie zum ersten Mal die Entscheidung trafen, daß diese Ängste wahr sind.
7. Was würden Ihre Eltern und Familienmitglieder denken oder

sagen, wenn Sie wohlhabend wären und so lebten, wie Sie es sich wünschen? Und wie wäre deren Reaktion, wenn Sie verarmt wären? Wie hat Sie das beeinflußt?

8. Welche Aussagen machen Sie durch Ihren Lebensstil?
9. Führen Sie Ihre geheimen Wünsche, Sehnsüchte und Träume auf.
10. Was bringt es Ihnen, nicht zu haben, was Sie sich wünschen? Was kostet es Sie?

Bejahungen

Ich umgebe mich selbst mit Wohlstand.

Ich, __________, bin ein wohlhabender Mensch.

Wohlstand ist das Recht eines jeden Menschen, und wenn ich ihn akzeptiere, erlaube ich, __________, mir selbst, mich des Wohlstands zu erfreuen.

9. Kapitel

Geld, das sich vermehrt

Geld hat eigene Gesetze. Wenn Sie diese Gesetze kennen, können Sie das Geldspiel spielen und gewinnen. Wohlstand und Geld sind nicht das gleiche. Wohlstand ist eine *Einstellung* – ein Ort, darin zu leben. Geld ist ein Mittel zum Austausch von Dingen, ein Symbol des Wohlstands. Wohlhabend zu sein heißt, ganz und zufrieden zu sein, ganz gleich, wie die Verhältnisse Ihres Lebens aussehen oder wie die finanzielle Situation Ihres Lebens sein mag. Wohlstand ist Sein, Geld dagegen eine Sache mit einer bestimmten Form und einem festgelegten Wert. Geld ist aber auch eine Illusion. Geld macht Sie nicht glücklich, bringt Ihnen keine Liebe, heilt nicht Ihre Unsicherheit, kauft keine Menschen und macht Sie nicht besser. Geld ist lediglich Geld.

Falsche Ansichten über Geld

Beginnen wir damit, die falschen Informationen und Überzeugungen über Geld auszuräumen. Vor der Suche nach Lösungen sollten Sie Ihre Einstellung anschauen, die Sie darüber haben. Finanzieller Erfolg ist für jeden zu haben, und der erste Schritt – der größte – besteht darin, für unsere finanziellen Verhältnisse die Verantwortung zu übernehmen. Sie können nicht bewußt irgend etwas bewirken, wenn Sie vorgeben, nicht die Ursache zu sein.

»Ich bin die Ursache meiner finanziellen Verhältnisse« ist eine kraftvolle Aussage und eine, mit der Sie die Verantwortung übernehmen.

Die meisten Menschen sind überwältigt. Mit Geld ist mehr Opferbewußtsein verbunden als mit irgend etwas sonst (vielleicht Beziehungen ausgenommen). Von den Dächern ruft man es herab, welche Opfer das Geld fordert. Die Opfer des Geldes finden sich überall, sie sind nicht nur auf die Armen beschränkt. Auch die sehr Reichen können Opfer dieses Geldspiels sein. Die Opfer des Geldes kritisieren sehr viel. Sie beschuldigen die Menschen, die Geld haben, sie beschuldigen ihre Kinder, daß sie ihnen lästig sind, sie beschuldigen ihren Partner, daß er zuviel Geld ausgibt oder nicht genug verdient; sie beschuldigen die Regierung, ihren Arbeitgeber und selbst ihr Tierkreiszeichen.

Es ist Zeit, mit dem Selbstbetrug aufzuhören. Überprüfen Sie, wo in Ihrem Leben Geld ein Problem für Sie ist, der Mangel an Geld Sie einschränkt, der Besitz von Geld ein Problem darstellt oder die Furcht vor dem Geld oder dessen Verlust ein Hindernis für Sie ist. Sind Sie ein Opfer des Geldes oder sein Erzeuger und Verwalter? Dies muß keine Welt des Nicht-Habens sein. Jeder kann haben und wissen, wie man haben kann. Sie können durch Ihr Beispiel eine Inspiration sein. Schaffen Sie Möglichkeiten, Ihr Gutes mit anderen in der Weise zu teilen, daß Sie deren Fähigkeiten und deren Wert als menschliche Wesen anerkennen.

Wir leben in einer Welt voller Menschen, die sich selbst und andere bedauern oder Abneigung gegen Ihre Mitmenschen empfinden. Zu viele Menschen glauben, das Leben sei hoffnungslos und unumgänglich. Bedauern ist eine sinnlose Geste. In Wirklichkeit ist es schlecht und begrenzend. Es liegt keine Verantwortung in Sympathie und Mitleid, Abneigung, Schuld, Kritik oder Bedauern. Mitgefühl, Aufmunterung und Unterstützung sind die Schlüssel zur wirklichen Hilfe anderer, fähige, verantwortliche, produktive und wertvolle Menschen zu sein.

Hören Sie auf, Armut zu verbreiten. Armut ist keinesfalls tugendhaft, spirituell oder unvermeidlich. In der Armut liegt keine Erlösung. Sie selbst erzeugen Armut! Geben Sie die Armut als Wahl oder als Wirklichkeit auf. Gedanken schaffen ihre eigenen Welten. Was möchten Sie sehen? Was möchten Sie sein, tun, haben? Alles ist für Sie da; alles braucht nur durch Sie erschaffen zu werden, durch Ihre Gedanken und Ihre Aussage. Lassen Sie Gottes Wohlstand durch sich in Ihre Welt strömen. Sie sind jetzt die Ursache Ihrer Finanzen, Sie waren es immer und werden es immer sein. Es hat keinen Zweck, auf irgendwen sonst zu schauen.

Sehen Sie sich all die Unterpreviligierten an, die sich aus den Ghettos herausgearbeitet haben und nun mitwirkende, wohlhabende und verantwortliche Mitbürger sind. Schauen Sie sich all die Menschen an, die als Glückskinder geboren wurden und die doch versagt haben. Die Menschen mögen dies vielleicht nicht hören und noch viel weniger akzeptieren, weil es keine beliebte Ansicht über Verhalten ist, doch nicht die Umstände und Verhältnisse Ihres Lebens machen Sie zu dem, was Sie sind, sondern Sie selbst. Die Umstände und Bedingungen Ihres Lebens bedeuten nichts; sie sind lediglich unpersönliche Spiegelbilder Ihres Bewußtseins zur jeweiligen Zeit. Wer Sie sind, und die Qualität Ihres Lebens werden bestimmt durch Ihre Bereitschaft, die Ursache Ihres eigenen Glücks und der eigenen Zufriedenheit zu sein und jeden Moment in diesem Augenblick zu lieben. Die Dinge verändern sich – das haben sie schon immer getan und werden es immer tun.

Um etwas zu haben, müssen Sie es verursachen, und um wirklich etwas zu besitzen, müssen Sie es weggeben. In Wahrheit besitzen wir nur das, was wir nutzen und mit anderen teilen; sonst ist es so, als besäßen wir es nicht. Besitzen heißt nutzen und verteilen. Und das gleiche gilt für Geld.

Vier Schritte zu finanzieller Verantwortung

Um die Verantwortung für den Zustand Ihrer Finanzen und des Geldes in Ihrem Leben zu übernehmen, sollten Sie die folgenden Schritte befolgen:

Schritt 1. Schreiben Sie Ihre Überzeugungen, Gedanken und Befürchtungen über Geld auf. Schreiben Sie auf, was an Geld gut oder schlecht ist. Überprüfen Sie, wie Sie bei dem, was Sie mit Geld tun, über Geld sprechen.

Vielleicht stellen Sie fest, daß Sie nicht bereit sind, mit anderen über Ihre Finanzen zu reden. Ich habe herausgefunden, daß die Menschen eher über Sex und ihre intimsten Erfahrungen zu sprechen bereit sind als über Ihre finanziellen Verhältnisse.

Schritt 2. Um die ideale finanzielle Situation in Ihrem Leben zu schaffen, müssen Sie beginnen, sich über Ihren tatsächlichen finanziellen Zustand ein Bild zu machen. Sehen Sie den Tatsachen ins Auge: Wie sieht Ihre Finanzlage aus? Machen Sie eine Aufstellung Ihrer gesamten Aktiva – Bargeld, Investments, Grundbesitz, Auto – und all Ihrer Passiva (Schulden), so kommen Sie zu einem genauen Bild Ihrer wirklichen Finanzlage. Vielleicht sind Sie überrascht, weil Sie mehr Aktiva besitzen, als Ihnen bewußt war. Es mag Ihnen unangenehm sein, dies zu akzeptieren. Setzen Sie Ihre Willenskraft ein, sich darüber zu erheben. Ich atme stets tief durch, wenn ich Angst habe oder wenn mir etwas unangenehm ist. Es hilft. Sie entschleiern eine Sache, wenn Sie sie annehmen, ansehen und dann handhaben.

Schritt 3. Übernehmen Sie die Verantwortung für das, was Sie angerichtet haben. Es löst sich nicht auf, nur weil Sie nicht hinschauen. Das, was unvollständig oder in Unordnung ist, hält Sie davon ab, zu erreichen, was Sie sich wünschen, und ein reiches Leben zu führen. Die Energie, die Ihnen jetzt zur Verfügung steht, wird für die Vergangenheit gebraucht. Tatsächlich versagen Sie sich selbst mehr Leben, wenn Sie die Vergangenheit nicht in Ordnung bringen.

Wenn bei Ihnen ein großes Durcheinander herrscht, dann räumen Sie Stück um Stück auf. Setzen Sie sich mit den Menschen und Organisationen in Verbindung, denen Sie Geld schulden oder die Ihnen Geld schulden. Haben Sie Dinge, die anderen gehören, geben Sie sie zurück. Stellen Sie sicher, daß all Ihre Energie hier in der Gegenwart ist, dann fühlen Sie sich ganz befreit. Das kann durchaus einige Zeit in Anspruch nehmen. Doch seien Sie geduldig mit sich selbst und fühlen, daß man Ihre Bereitschaft, sich verantwortlich zu verhalten, anerkennt.

Schritt 4. Formulieren Sie Ihre idealen finanziellen Verhältnisse schriftlich. Setzen Sie sich ein finanzielles Ziel: in einem Monat, sechs Monaten, einem Jahr, zwei Jahren und fünf Jahren. Erreichen Sie die

Ziele schneller, dann ändern Sie die Zeiten entsprechend ab. Ich möchte, daß Sie die Ursache Ihrer Finanzen sind, nicht deren Opfer. Es ist wichtig, daß Sie wissen, wie man Einkommen schafft, damit Sie das Spiel mit dem Geld spielen können.

Setzen Sie sich Ziele. Setzen Sie sich finanzielle Ziele, die gleichzeitig realistisch und unglaublich sind. Wenn Sie sich zusätzliche 50 DM pro Woche vorstellen, erhöhen Sie den Betrag auf 75 DM, dann 100 DM, dann 200 DM pro Woche usw. Wie würden Sie sich jetzt in diesem Augenblick fühlen, wenn Ihr Einkommen zehnmal so hoch wäre? Wie würden Ihre Familie und Ihre Freunde reagieren auf Ihren Wohlstand? Wie würden Sie sich um das Geld kümmern, was würden Sie damit anstellen? Die Wahrheit ist, wenn Sie glauben, mit Geld umgehen zu können, dann gestatten Sie sich auch, es zu haben; meinen Sie jedoch, Sie könnten oder wollten es nicht, dann versagen Sie es sich.

Waren Sie bisher »Vatis kleines Mädchen« und stehen plötzlich auf eigenen Füßen und verdienen mehr als Vati, dann geschieht etwas in dieser Beziehung. Haben Sie und Ihre Freunde lange herumgesessen und darüber gesprochen, wie schwer die Zeiten sind, und eines Tages ändern Sie Ihr Verhalten, werden positiv, übernehmen die Verantwortung und werden wohlhabend, so wird das wohl ein Schock für Ihre Freunde.

Der einmalige große Gewinn ist nicht die Antwort. Wir leben in einer Welt des Nicht-Habens, geformt von Menschen, die nicht bereit sind, die Verantwortung für Ihr Leben und insbesondere für ihre Finanzen zu übernehmen. Sie sind ein »Haben«-Mensch, und das erfordert, daß Sie auf einer anderen Ebene oder in einer anderen Welt leben. Sie leben aus der Liebe, dem Wohlstand und aus unbegrenzten Möglichkeiten heraus. Setzen Sie sich finanzielle Ziele, bei denen Sie gewinnen, weil Sie Stufe um Stufe aufsteigen. Sind Sie unersättlich oder ein Träumer, dann mag Ihnen das zu langsam erscheinen. Doch nur die Ausdauernden haben Erfolg. Spieler und Alkoholiker wünschen sich den einmaligen großen Gewinn. Ich lebte auch in einer Welt vager Hoffnungen, bis ich mich entschied, konsequent und beharrlich zu sein und Schritt um Schritt voranzukommen. Jetzt erreiche ich meine Ziele – und die Schritte, die ich mache, werden jedesmal größer.

Sehen Sie Ihre Ziele in der Gegenwart. Lesen Sie sich jeden Tag einmal die Aufstellung Ihrer Ziele vor, und stellen Sie sich vor, diese Ziele wären bereits erreicht. Sagen Sie sich zu jedem Ziel so etwas wie: »Ich, Terry, habe $ 20000 auf meinem Sparbuch«, oder »Ich, Terry, habe die $ 5000, die ich für meine Reise brauche«, oder »Ich besitze mein Haus in einer schönen Umgebung mit liebevollen Nachbarn«, usw. Vielleicht sagen Sie: »Ich habe eine großartige Tätigkeit mit positiven, fröhlichen Menschen, mit der ich $ 500 pro Woche verdiene und die Möglichkeit habe, zehnmal so viel zu erreichen.« Ihre Ziele sollen realistisch und dennoch so hoch sein, daß Sie sich danach strecken müssen. Die Wahrheit ist, Sie können das haben, was Sie sagen, daß Sie haben können.

Ein Wort der Warnung an diejenigen, die vielleicht entmutigt werden, weil die gewünschten Ergebnisse nicht so schnell sichtbar sind. Seien Sie beharrlich. Wenn Sie lange genug sagen, was Sie sich wünschen, dann muß es auch zu Ihnen kommen. Es ist so, als lebten Sie mit einer verstopften Wasserleitung und wundern sich, warum das Wasser nur tröpfelt. *Sie* müssen die Verstopfung beseitigen, und dann kann das Wasser frei und reichlich fließen.

Wie gehen Sie mit Ihren jetzigen Mitteln um?

Setzen wir uns mit den finanziellen Mitteln auseinander, über die Sie jetzt verfügen, und stellen wir ein System auf, das die letztendliche Quelle all Ihrer Einkünfte anerkennt. Bedenken Sie, Geld ist ein Energiestrom; es ist ein System der Anerkennung und der Ermächtigung.

Geben Sie der höheren Macht

Geben Sie zehn Prozent von allem für Gottes Werk. Gott ist die Quelle des Lebens. Ihr Leben kommt von dieser höheren Macht. Ohne diese Macht gäbe es weder Sie noch eine Frage nach Geld oder

Ihren Wünschen. Ihr Leben kommt von Gott und ist Gott. Sie können diese Macht nennen, wie Sie wollen, doch Sie haben sich nicht selbst gemacht. Ohne diese Schöpfungskraft können Sie überhaupt nichts schaffen.

Die Abgabe des Zehnten von Ihrem gesamten Einkommen funktioniert. Geben Sie den Zehnten an die Organisation oder Gruppe, bei der Sie spirituelle Unterstützung erfahren. Dadurch wandeln Sie Ihre Furcht, nicht genug zu haben, und verbinden sich mit dem System des Wohlstands. Ich will das nicht weiter vertiefen. Machen Sie Ihre eigenen Erfahrungen mit der Abgabe des Zehnten. Ich habe immer ausreichende Versorgung erfahren, nachdem ich damit begann, zehn Prozent meines Einkommens für Gottes Werk zu geben, selbst bevor ich meine Rechnungen bezahle. Ich spende auch über diese zehn Prozent hinaus an einzelne Personen oder Gruppen, die meiner Meinung nach einen wesentlichen Beitrag leisten. Ich gebe weder aus Sympathie, Schuldgefühlen oder Mitleid. Ich trage einfach da bei, wo jemand gute Werke tut.

Hier ist das Geheimnis des Spendens: das Geld, das Sie spenden, tut, was Sie wollen, weil Sie es wollen.

☐ Geben Sie Spenden nicht als Beweis oder Geste, sondern aus Ihrem Herzen heraus.
☐ Geben Sie, weil Sie damit zum Ausdruck bringen, wer Sie sind und worum es in Ihrem Leben geht.
☐ Geben Sie ohne Verpflichtungen.
☐ Geben Sie, weil Sie dadurch gewinnen.

Der Geist kennt nur Geben, nicht Nehmen. Für Menschen, die wissen, wer sie sind, ist die Vorstellung von Aufopferung ein Witz: Nur die Fähigen vermögen einen Beitrag zu leisten – und Sie sind fähig. Ihr Beitrag spricht von Ihrer Fähigkeit. Die Kraft des Zehnten und des Spendens liegt im Phänomen des Gebens. Was Sie verschenken, kommt vervielfacht zu Ihnen zurück. Sie werden wohlhabend durch das, was Sie geben.

Überall im Leben herrscht das Gesetz des Umlaufs. Sie können es in der Natur erkennen, und wenn Sie darauf achten, entdecken Sie es auch im Leben. Einströmen und Ausströmen sind die gebenden und empfangenden Aspekte der Zirkulation. Wir leben in einer Welt, die sagt: »Gib mir.« Doch das funktioniert nicht – und hat es niemals getan. Zufluß und Abfluß bedingen einander. Sie müssen dort beginnen, wo Sie jetzt gerade sind, und das auf ewig fortsetzen. Haben Sie diese Erfahrung noch nicht gemacht, dann werden Sie entdecken, daß das eigentliche Geschenk im Geben liegt. Sie haben schon immer geben wollen. *Gehen Sie in Ihrem Leben so weit wie möglich zurück und finden Sie heraus, wann Sie Entscheidungen getroffen haben, nicht mehr zu geben, nicht mehr mit anderen zu teilen oder zum Leben anderer beizutragen.* Vielleicht waren Sie der Meinung, Ihr Geschenk sei nicht gut genug oder die anderen hätten bessere Geschenke oder niemand würde Ihren Beitrag anerkennen. Vielleicht hat man sie einmal ausgelacht und Ihr Geschenk abgelehnt. Oder glaubten Sie, Sie besäßen nicht genug, weil so wenig da war und irgendwann nichts mehr da sein würde? Viele Menschen fürchten, unvernünftig und unverantwortlich mit ihrem Geld und ihrem Besitz umzugehen. Geben und spenden nur um des Gebens und des Spendens willen ist nicht populär. Machen Sie ein Experiment. Geben Sie regelmäßig den Zehnten, und tragen Sie zu Gottes Werk und zum Wohl jener Menschen bei, die einen Unterschied bewirken, und beobachten Sie, welche Ergebnisse das bringt.

Bezahlen Sie sich selbst

Nachdem Sie den Zehnten gegeben haben, sollten Sie weitere zehn Prozent für *sich selbst* zur Seite legen, und zwar für Investitionen, Urlaub, Geschenke für sich selbst und sonstige Dinge. Schätzen Sie sich selbst, und zahlen Sie sich selbst einen Betrag. Vielleicht eröffnen Sie verschiedene Sparbücher bei Ihrer Bank, eines für den Urlaub, eines für die Ausbildung Ihrer Kinder, eines für Investitionen, eines für ein Heim, eines für Geschenke. Wenn Sie Geld für gewisse Dinge bestimmen, dann schaffen Sie dafür die Möglichkeiten. Legen Sie fest, wofür das Geld sein soll. Geld, das nicht für besondere Dinge bestimmt ist, wird schließlich für Notfälle gebraucht oder es geht verloren oder es wird in begrenzender Weise gebraucht. Sie müssen schon Platz machen für etwas, damit es erscheinen kann. Um dieses Buch zu schreiben, habe ich mir die Zeit genommen, und deshalb schreibe ich. Wollte ich sagen: »Ich schreibe, wenn ich die Zeit habe« – ich könnte es gleich vergessen – denn diese Zeit würde nie kommen.

Das Universum zwingt uns, auf diese oder jene Weise unseren Beitrag zu leisten. Unbewußt sein heißt das Leben verschwenden; bewußt und wach sein heißt das Leben in vollem Umfang leben und das haben, was Sie sich wünschen.

Rechnungen

Nachdem Sie den Zehnten gegeben und sich selbst bezahlt haben, begleichen Sie Ihre Rechnungen. Sind es viele Rechnungen, dann gehen Sie folgendermaßen vor:

- ☐ Machen Sie einen Plan, wann und in welcher Höhe Sie die einzelnen Rechnungen begleichen können.
- ☐ Finden Sie heraus, wie Sie Ihr Einkommen vergrößern können.
- ☐ Sorgen Sie dafür, daß Ihr Einkommen größer bleibt als Ihre Ausgaben.

Hüten Sie sich, über Ihre Verhältnisse zu leben. Das alleine kann Sie schon belasten. Sie können haben, was Sie sich wünschen, wenn Sie in einer Welt der Wunder *und* der praktischen Durchführung leben. Stellen Sie sich vor, wie Ihre Träume wahr werden, *während Sie Ihre Konten ausgeglichen halten und freudig Ihre Rechnungen begleichen.*

Ich schreibe »Danke« unter die Unterschrift auf meine Schecks als Erinnerung daran, daß Geld eine Anerkennung ist. Man ist nicht sein Geld. Geld ist da, um einem zu dienen. Um meinen unbegrenzten Wohlstand und meinen Reichtum anzuerkennen, wenn ich Geld in Umlauf setze, sage ich zum Beispiel: »Dieses Geld dient dem zum Segen, der es erhält und reicht mir zum Segen und steigert meinen Wohlstand.« Sprechen Sie von Geld auf die folgende Weise: »Geld kommt auf leichten Wegen auf mich zu«, oder »Geld strömt mir reichlich zu, und ich erfreue mich daran«, oder »Ich bin ein Geldmagnet und ziehe Reichtum und Wohlstand an.« Denken Sie sich Formulierungen aus, die das aussagen, was Sie sein, haben und tun wollen. Dinge sind formgewordene Gedanken. Ich sage niemals, daß ich mir etwas nicht leisten kann. Ich sage vielmehr, daß ich es haben kann, wenn ich es wirklich will. Vieles von dem, was Sie zu wollen glauben, wünschen Sie sich nicht wirklich. Es ist lediglich eine Entschuldigung, um sich arm und unfähig zu fühlen. Und wenn Sie etwas wirklich haben wollen, beschaffen Sie es sich. Hören Sie auf mit Ihren Wünschen, Hoffnungen, Ihrem Quengeln und mit Ihrem Gejammer.

Laden Sie wohlhabende Leute zum Essen ein. Seien Sie der, der dazu in der Lage ist. Reverend Ike, der Wohlstandspfarrer und ein guter Freund, sagt: »Den Armen hilft man am besten, wenn man nicht zu ihnen gehört.« Wenn sie nur wüßten, daß die Welt von ihnen selbst geschaffen wird, sie würden anfangen, daran zu arbeiten, daß sie funktioniert. Dieses Buch hilft Ihnen nicht weiter, wenn Sie lediglich darüber argumentieren oder in Frage stellen, was ich sage. Folgen Sie diesen Ratschlägen bis aufs I-Tüpfelchen, und dann können wir weiter reden. Es funktioniert. Ich weiß es, weil es bei mir funktioniert hat. Die Wahrheit ist, *Ich* arbeite. Ich verbreite das Leben, das mir aus Gottes Liebe und Seinem Wohlstand zufließen soll.

Durchbrechen Sie Ihre Armutsmuster, und übergeben Sie sich der Liebe und dem Wohlstand, die Ihrem wahren Wesen entsprechen. Sie werden viele Wachstumsstadien durchlaufen – und jedes davon beinhaltet ein besonderes Geschenk für Sie. Das Geheimnis liegt darin, in Bewegung zu bleiben. Bleiben Sie jetzt nicht stehen. Das Beste kommt erst noch.

Geben Sie, anstatt zu wollen

Hier ist ein System, das Ihnen helfen will, sich Ihrer Talente, Dienste und Fähigkeiten bewußt zu werden, mit denen Sie zum Wohl anderer beitragen können. Jemand hat einmal gesagt: »Derjenige ist reich, der andere bereichert.« Für mich ist dies immer wahr gewesen.

Das Leben gibt mir das, was ich dem Leben gebe. Was ich dem Leben vorenthalte, wird mir vom Leben vorenthalten. Überprüfen Sie, was Ihnen fehlt, und Sie werden feststellen, daß dies genau das ist, was Sie bisher nicht gegeben haben. Das, was Sie zu geben nicht bereit sind, ist auch das, was Sie eigentlich nicht annehmen wollen. Sie sehen also, dies ist ein Kreislauf, und Sie durchbrechen diesen Kreislauf, indem Sie andere durch Ihr Geben teilhaben lassen.

Je mehr Menschen Sie bereichern und unterstützten oder helfen, um so mehr werden Sie bestätigt und bereichert. Die Menschen zahlen für das, was sie als wünschenswert und wertvoll ansehen. Geld dient als Tauschmittel dafür. Bieten Sie einen Dienst, eine Ware oder Produkte an, die wirklich zur Qualität des Lebens eines Menschen beitragen und diesen Menschen in die Lage versetzen, all das zu sein, was er zu sein wünscht, und seinen Vorstellungen entsprechend zu leben, dann ist Geld kein Problem mehr für Sie. *Geld ist für diejenigen eine Frage, die mehr daran interessiert sind, Geld zu bekommen, als zum Wohl anderer Menschen beizutragen.* Ihr Mangel an Geld zeigt genau das an.

Sie können übrigens Drogen verkaufen, stehlen, lügen, betrügen oder sonstige unrechte Dinge tun, um an Geld zu kommen, doch Sie zahlen dafür mit dem Preis Ihres Lebens. Ich spreche also natürlich davon, sich ethisch und nach höchsten Grundsätzen zu verhalten, wenn Sie mit dem Strom fließen. Es wird Ihnen nicht viel nützen, nur Geld zu bekommen.

Das Leben ist einfach, wenn Sie den Gesetzen der Liebe folgen. Es versorgt Sie reichlich und in verschwenderischer Fülle mit allem. Bleiben Sie sich selbst und Ihren Grundsätzen treu und integer – und Sie werden wachsen. Auf andere Weise zu leben, ist noch tausendmal schlimmer, als gar nichts zu tun.

Bieten Sie Qualität!

Um herauszufinden, welchen wertvollen Dienst oder welches wertvolle Produkt Sie zu geben haben, sollten Sie zunächst aufschreiben, was Sie augenblicklich in Ihrer Arbeit leisten. Damit meine ich die Arbeit, das Produkt, oder die Dienstleistung, für die Sie zur Zeit von einem anderen Menschen Geld oder sonst etwas von Wert erhalten. Den Wert legt der Klient oder der Kunde fest.

Lassen wir Geschenke, Unterhaltszahlungen, gesetzliche Beratungen, Versicherungen, Wohlfahrt und Darlehen außer Betracht. Sie sollen herausfinden, welche wertvollen Dienstleistungen oder Produkte Sie anderen anzubieten haben.

Ihre wertvollen Dienstleistungen und Produkte können Bücher, Klempnerleistungen, Hausreinigung, Seminare, Juwelen, medizinische Fürsorge, Holzlöffel, Gemälde, Handarbeit, Gartenarbeit – oder sonst irgend etwas sein.

Nachdem Sie Ihre Liste der wertvollen Dienstleistungen und Produkte notiert haben, schreiben Sie neben jede davon, wie Sie ihre Qualität, Beliebtheit und ihren Wert erhöhen können. Es gibt immer Bedarf nach hervorragenden Leistungen oder Waren. Sie werden spirituell, geistig und emotional bereichert, wenn Sie sich der Qualität und dem Dienst am Kunden verpflichten. Ihre Dienstleistungen und Produkte sagen etwas über Sie aus.

Wenn Sie unsicher sind...

Wenn Sie nicht sicher sind, welche wertvollen Dienste Sie anzubieten haben oder Ihre augenblickliche Arbeit nicht mögen, dann machen Sie ein Verzeichnis aller Arbeiten, für die Sie je Geld erhalten haben. Schreiben Sie auch auf, welche Fähigkeiten, Arbeiten oder Fertigkeiten Sie gerne leisten würden. Empfinden Sie dies als Spaß, und seien Sie schöpferisch, denken Sie sich aus, was Ihnen gefallen würde. In anderen Worten, was würden Sie gerne an wertvollen Diensten oder Produkten anbieten?

Passen Sie auf! Finden Sie heraus, was gewünscht und gebraucht wird, und liefern Sie das. Geben Sie Ihre Überlegungen auf, ob Sie damit Erfolg haben oder nicht. Sehen Sie sich um, was gewünscht und gebraucht wird. Lenken Sie Ihre Aufmerksamkeit von sich selbst ab; erheben Sie sich über die Überlegungen, ob Sie anerkannt werden oder nicht – und erledigen Sie das, was ansteht. Jemand, auf den man sich verlassen kann, daß er in jedem Fall und unter allen Umständen eine Arbeit erledigt, besitzt die wertvollsten Aktiva der Welt. Verbinden Sie Liebe mit der Fähigkeit, eine Arbeit zu beenden – großartig, was für ein Paar! Ich war früher mehr mit dem Anschein beschäftigt, ich bekäme die Arbeit fertig, als damit, die Arbeit wirklich zu beenden. Darüber nachzudenken, etwas zu tun, und es wirklich anzupacken, sind zwei völlig verschiedene Dinge – das erste begrenzt uns, das zweite öffnet uns Türen.

Mit Beharrlichkeit und intelligenter Arbeit kommen Sie an die Spitze. Dort gibt es kein Gedrängel, denn nur wenige Menschen sind bereit, sich so einzusetzen. Doch diese Spitze ist nur eine Redensart. Es ist kein Ziel und bedeutet nichts. Gemeint ist damit lediglich die Qualität und das Engagement Ihrer Dienstleistung oder Ihres Produktes. Erheben Sie sich von einem Bewußtsein des Habenwollens zu einem Bewußtsein des Gebens.

Erfolg zieht Erfolg nach sich

Es ist wichtig, daß Sie für die Ergebnisse, die Sie erzielen, bezahlt werden oder eine Vergütung erhalten. Sie werden nicht dafür bezahlt, daß Sie ein netter Mensch sind oder weil Sie irgendwo auftauchen und ein akzeptables Mitglied der Gesellschaft darstellen. Sie werden bezahlt, weil Sie Ergebnisse erzielen, eine Dienstleistung oder ein Produkt liefern. Alles andere ist zwar großartig, aber dafür gibt man Ihnen kein Geld. Was liefern Sie also?

Wollen Sie Ihr Einkommen verdoppeln oder verdreifachen, dann müssen Sie aus Ihrem normalen Alltagstrott ausbrechen. Meistens denken die Menschen nicht für *sich selbst*; sie denken die Gedanken eines Menschen, der bestimmte Überzeugungen und Vorstellungen hat. Lassen Sie nicht frühere Ideen und Überzeugungen, was für Sie wichtig sei, Ihr Leben bestimmen. Was Sie sich gedanklich wünschen, sollten Sie über Ihre eigene kleine Welt hinaus projezieren und im weiteren Umkreis sehen, hören und denken lassen als bisher. Fühlen Sie sich steckengeblieben, so leben Sie, indem Sie die Zukunft schaffen, nicht aber auf die Vergangenheit *reagieren.* Seien Sie jemand, der Wunder hervorbringt, anstatt einer von jenen, die in der Herde getrieben und von Ihrem Unwissen beherrscht werden. Sie haben die Verantwortung – und Gott die Kontrolle. Niemand behindert Sie – außer Sie selbst.

Wachsen Sie über sich hinaus. Wie können Sie gleichzeitig an zwei oder mehr Orten sein? Erweitern Sie Ihren Einfluß! Finden Sie Möglichkeiten, wie Sie Ihre Dienstleistungen und Produkte durch andere anbieten können, die Erfüllung und Bereicherung erfahren, weil sie mit Ihnen arbeiten. Ich kann dieses eine Haus täglich reinigen und damit soundso viele Dollar verdienen. Ich kann aber auch andere einstellen, die ich angeleitet habe, meinem Niveau zu entsprechen, und dann kann mehr von mir draußen wirken. Sie haben jetzt eine Organisation und eine Möglichkeit für die Mitglieder des Teams, sich gegenseitig als auch die Kunden zu bereichern.

Erkennen Sie die beiden Welten. Geld hat mich gelehrt, daß man Freude daran haben und es schätzen muß als das, was es ist, wie auch das, was es nicht leistet, und es dann zum eigenen wie auch zum Nutzen anderer einsetzen muß. Sie müssen das Leben lieben und sich selbst erlauben, all das zu sein, was Sie sein können. Es gibt zwei Welten: Eine Welt mit Geld und eine Welt ohne Geld. Die Welt ohne Geld ist die des Erschaffens, der Vorstellung, das Reich des Geistes, der Liebe, der Zufriedenheit und des Friedens. Mit Geld können Sie all diese Dinge nicht kaufen, doch in der Welt des Geldes können Sie über Geld verfügen und sich an dem erfreuen, was Sie mit dem Geld anfangen können.

Spielen Sie das Spiel der Manifestation. Während Sie sich selbst und Ihre Beziehung zu Geld beobachten, sollten Sie bereit sein, Ihre gegenwärtige Situation schwinden zu sehen und die bestehenden

Überzeugungen und eigenen Gesetze, nach denen Sie lebten, aufzulösen. Seien Sie bereit, derjenige zu sein, der Ihre Finanzen und Ihr Leben *verursacht*. Sie brauchen sich keine Sorgen zu machen oder in Panik zu geraten; alles bewegt sich einer höheren Entwicklungsstufe entgegen. Seien Sie wohlhabend. Seien Sie der, der sein Leben gestaltet. Spielen Sie das Spiel der Manifestation.

Nichts ist trauriger als ein fähiger Mensch, der Berge versetzen, Kranke heilen und seinen kühnsten Träumen entsprechend leben könnte – und es nicht weiß. So gut wie jeder ist dazu fähig, und selbst die, die es noch nicht sind, verdienen unseren Respekt, unsere Achtung und unsere Liebe, denn auch sie haben einen Beitrag zu leisten und eine Gabe zu verschenken. Die Fähigen jedoch können die Welt durch ihr eigenes Beispiel verwandeln, indem sie andere belehren, inspirieren und in die Lage versetzen, sich ihrer eigenen Kräfte bewußt zu werden und Bürger erster Klasse zu sein. Gottes Liebe und Macht stehen jedem zur Verfügung, der sagt: »Bediene dich meiner, ich bin bereit.«

Wie Sie dahin kommen, wo Sie sein möchten

Um dahin zu kommen, wohin Sie wollen, müssen Sie dort zunächst einfach ankommen. Der erste Schritt besteht also in Ihrer Ankunft. Lassen Sie mich das erläutern. Die grundlegende Handlung im Zustand des Seins ist Duplizierung. Gott erschuf Sich aus Sich Selbst. Schöpfung ist ein natürlicher, spontaner und automatischer Vorgang, das Ergebnis dieser grundlegenden Duplizierung. Ihr Leben ist eine Duplizierung, eine Vervielfältigung Ihres Selbst, Ihres Bewußtseins. Das größte Hindernis besteht für die meisten Menschen darin, daß sie diesen Grundgedanken leugnen.

Entweder kopieren Sie Ihr Ego, Ihre Ängste oder Alpträume – oder Sie duplizieren Liebe, Wohlstand und das Fest des Lebens. In Wahrheit sind nicht Sie es, der tut, sondern es wird durch Sie getan. Sie werden der fruchtbare Boden, in den die Samen gepflanzt werden und zu einer Ernte heranwachsen. Die Ernte ist bereits im Samen enthalten, der Same in sich selbst ist vollkommen, vollständig, und damit er zu dem werden kann, was er ist, muß er seinen Prozeß durchlaufen. Das Ausstreuen des Samens ist die erforderliche Handlung, durch die die Frucht des Feldes zur Ernte kommen kann. Doch vor dem Pflanzen oder Aussäen steht die Schöpfung, die Anerkennung der Tatsache: »Ich habe eine Ernte einzuholen und mich daran zu erfreuen.« Sie können weder den Samen machen noch die Pflanzen wachsen lassen – es geschieht vielmehr, weil es eben auf diese Weise funktioniert. Ob Sie nun Unkraut wachsen lassen oder Blumen und Pflanzen, die Ihnen Freude bereiten, Sie sind der Sämann, die Erde, der Same, die Ernte und der Verbraucher.

Um dahin zu kommen, wohin Sie wollen, müssen Sie zunächst herausfinden, wie Sie funktionieren und sich dann über den Vorgang des Vervielfältigens und Erschaffens klar werden.

Es ist unmöglich, daß Sie *nicht* da sind, wo Sie sein wollten. In anderen Worten, Sie befinden sich jetzt da, wo Sie *sein wollten*. Vielleicht sagen Sie: »Das ist lächerlich« oder »Wieso hat das, wo ich jetzt bin, mit mir zu tun?« Bitte halten Sie weiter den Sinn offen und schauen Sie in sich hinein. In sich selbst werden Sie all das entdecken, was Sie brauchen, um dahin zu kommen, wohin Sie gelangen wollen.

Es ist nicht »irgendwo außerhalb«

Die Menschen beginnen meistens irgendwo »außerhalb«. Sie suchen außerhalb von sich selbst nach ihren Antworten – und dann nach Lösungen oder Methoden, um Dinge zu verändern. Auf dieser Bewußtseinsebene prägen die Menschen ihr Glaubenssystem über das Leben. Dies ist das »Wie«-Syndrom. Mit der Frage: »Wie komme ich dahin?« fangen Sie an der falschen Stelle an. Wie-Fragen lassen den Glauben erkennen, daß es einen speziellen Weg gäbe, Dinge zu tun, einen schon vorbestimmten Pfad, den Sie gehen, und bestimmte Dinge, die Sie tun müssen, um »dahin« zu kommen. Auf dieser Ebene finden wir Aussagen und Gedanken wie diese:

- Warum bekommt er das?

☐ Sie hat das bekommen, dabei ist sie nicht einmal halb so gut wie ich.
☐ Ich schaffe das nie, weil ich nicht die richtigen Leute kenne.
☐ Ich habe nicht genug Geld, um das zu tun.
☐ Ich wünsche mir Liebe, deshalb muß ich Erfolge im Beruf abschreiben.
☐ Das ist ganz und gar unmöglich, mir fehlt die entsprechende Ausbildung.
☐ Was immer ich auch anstelle, ich schaffe es nicht.

Dies sind nur einige wenige Gedanken und Überzeugungen, die jene Menschen plagen, die glauben, die Antwort läge in einem System und nicht in ihnen. Wir müssen uns selbst anschauen und die Art, wie wir unser Leben gestalten. Betrachten Sie Ihre Einstellungen, Annahmen, Überzeugungen und Gedanken darüber, wie Sie und andere sein, haben und tun können, was sie möchten. In Wahrheit wollen Sie das, was Sie wollen, und – Sie können es nicht aufhalten – es entspringt aus Ihnen. Es funktioniert nicht zu glauben, Sie müßten etwas anderes *tun* als das aussprechen, was Sie haben wollen, daran festhalten und das Umfeld schaffen, es bereits zu besitzen.

Der Glaube der Menschen an Mangel und Begrenzung wird zum Grund ihres Seins oder zum Boden, in den sie ihren Samen legen. Ist der Boden ausgelaugt, dann bringt er nur schwache Pflanzen hervor – wenn überhaupt. Sie können tagaus, tagein, jahraus, jahrein säen, doch Sie werden nur Frustration, Entmutigung und Mißerfolg ernten. Bei jedem neuen Aussäen sind Sie voller Hoffnung, und jedesmal, wenn nichts wächst, werden Sie erneut frustriert, und so setzt sich der Kreislauf fort. Nach einer Weile hören die Menschen auf, sich große Ziele zu setzen. Sie begraben ihre Träume und geben sich mit dem zufrieden, was auf sie zukommt. Wenn Ihr Bewußtsein oder das Erdreich Ihres Selbst Ihnen sagt, daß es keine Möglichkeit gibt oder daß Sie am Ende doch verlieren werden, wie sehr Sie sich auch anstrengen, dann behindern Sie sich selbst und geben der Furcht vor dem möglichen Verlust nach. Sie bauen die Tür, die sich schließt und Sie daran hindert, voranzukommen.

Erinnern wir uns:

☐ Das Leben ist ein Leben der Fülle.

☐ Sie können immer all das haben, was Sie sich wünschen.
☐ Es gibt immer eine Lösung.
☐ In Wahrheit wird das Leben immer besser.

Es gibt keinen Mangel an Lösungen; es gibt keinen Mangel an »gewußt wie« und keinen Mangel an Chancen. Wir müssen uns selbst erlauben, einen völlig neuen Gesichtspunkt des Seins und unserer Wahrnehmung des Lebens anzunehmen.

Die vier Säulen der Wahrheit

Erlauben Sie sich selbst, folgende Wahrheiten als Grundlage Ihres Seins zu akzeptieren:

WAHRHEIT NR. 1

Überfluß und Wohlstand sind natürlich. Auf höchster Ebene gibt es überreichliche Versorgung und ein erstklassiges Leben für jeden Menschen. Was immer Sie sich wünschen oder brauchen, es gehört Ihnen bereits; es steht Ihnen zur Verfügung. Sie brauchen es nur zu beanspruchen. Es gehört Ihnen, weil Sie sagen, daß es Ihnen gehört.

WAHRHEIT NR. 2

Es gibt immer einen Weg und eine Lösung, zum Besten eines jeden Menschen. Niemand ist davon ausgeschlossen, jeder ist einbezogen. Jeder Samen enthält alles, was erforderlich ist, um sich selbst zu erfüllen, sogar zu vervielfältigen und automatisch mehr von sich selbst hervorzubringen. Auch jeder Ihrer Gedanken und Träume enthält alles, um sich zu manifestieren. Doch Sie müssen sich selbst aus dem Weg gehen und bereit sein, die Dinge für sich arbeiten zu lassen.

WAHRHEIT NR. 3

Das einzig unvermeidliche im Leben ist Liebe. Sie können Gottes Plan für Sie selbst nicht aufhalten, sondern ihm nur Widerstand leisten und damit in Ihrem Leben verzögern. Unvermeidlich ist, daß Sie Ihre Vision leben, lieben und geliebt werden und sich in Gottes Liebe und seinem Wohlstand sicher und geborgen fühlen. Ihr Tod oder Ihr Untergang sind nicht geplant, sie bestehen nur in Ihrer Einbildung.

WAHRHEIT NR. 4

Sie besitzen alle erforderlichen Fähigkeiten. Sie sind der Kanal oder das Vehikel göttlicher Macht, aus dem alles erscheint. Was immer Sie sich wünschen oder brauchen, strömt aus Ihnen hervor. Sie verfügen über die Fähigkeit, das ins Leben zu rufen, was Sie sagen. Sie sind der Brunnen unendlicher Versorgung und Kreativität, der durch eine innere Quelle gespeist wird. Der Sinn des Lebens liegt im Leben selbst, und leben heißt sich als lebendiges, heiles, liebendes Wesen in Einheit mit Gott erfahren. In Wirklichkeit ist die Erfahrung Ihrer Selbst immer gültig und wertvoll, ganz gleich, wie diese Erfahrung auch aussehen mag. Sich einer Erfahrung wegen einer neuen Erfahrung verschließen hieße nicht ganz lebendig sein. Erst im vollen Ausdruck der Erfahrung des ganzen Lebens wird das Leben zur Glückseligkeit.

Die Aspekte des Wegs zum Glück

Eigentlich geht das Spiel darum, da hinzukommen, wo man hin möchte. Das Leben selbst ist kein Spiel. Wenn Sie weder die Regeln des Lebens kennen noch wissen, wie Sie dahin kommen, wohin Sie wollen, macht das Leben keinen richtigen Spaß und *kann* zum Alptraum werden. Je mehr Sie die spielerischen Fähigkeiten des Spielens und Gewinnens entwickeln, um so mehr wird das Leben zu einer Erfahrung von Liebe und Freude.

Sie sind der Erzeuger

Der erste Schritt in Richtung Ihres Ziels liegt in der Erkenntnis und der konkreten Erfahrung, daß Sie selbst derjenige sind, der sein Ziel zur Wirklichkeit werden läßt. Sie können nur das haben, wofür Sie Platz machen. Sie können nicht erwarten, etwas zu haben, das Sie ablehnen. Alles entströmt Ihrem Innern. Sie bringen es hervor.

Öffnen Sie sich der Wahrheit

Der zweite Aspekt besteht darin, sich selbst zu überprüfen und sich ganz klar darüber zu werden, was erforderlich ist, um dahin zu kommen, wohin man will. Glauben Sie wirklich, Ihr Ziel erreichen zu können? Meinen Sie, einen Preis zahlen zu müssen, um dahin zu kommen? Schauen Sie in sich hinein, bringen Sie diese Gedanken ans Tageslicht, wo Sie sie betrachten können. Öffnen Sie sich der Wahrheit, der Liebe, dem Wohlstand und der unwiderruflichen Tatsache, daß Sie sein, tun und haben können, was Sie sich wünschen. Seien sie bereit für die nicht so schnellen Lösungen – seien Sie einfach *da*, ohne die Antworten. Schreiben Sie Ihre innersten Überzeugungen, Ängste und Gedanken auf. Haben Sie dies getan, wollen wir den dritten Aspekt betrachten, wie Sie dahin kommen können, wohin Sie wollen.

Schon jetzt am Ziel sein

Der dritte Aspekt besteht darin, daß Sie einen Zusammenhang erstellen, mit dem Sie Ihre Träume, Ziele und Absichten erreichen können. Hierzu müssen Sie dort beginnen, wo Sie ankommen wollen; *beginnen Sie damit, bereits angekommen zu sein*. Zusammenhang und Umfeld sind das *Ganze*; nicht die Handlungen, die Ereignisse, Situationen, die Erfolge, Mißerfolge, das Auf und Ab, das Richtig oder Falsch auf dem Weg dorthin.

Erweitern Sie Ihr Verständnis des Lebens, und Sie erlauben dem

Leben, mit Ihnen voranzugehen. Einzelne Ereignisse sind in sich selbst unwichtig. Gewünschte, aber sich wiedersprechende Ereignisse oder Gesichtspunkte haben in Wirklichkeit wenig oder nichts damit zu tun, wie Sie dahin gelangen. Im Zusammenhang mit »Ich will in zwei Jahren das Haus besitzen, das ich liebe«, wird es einige Male auf und ab gehen; Sie werden sowohl Zweifel und Mißerfolg wie auch Sicherheit und Erfolg erfahren.

Widerstehen Sie dem Guten nicht. Ohne diesen Gesamtzusammenhang, der den Ausgang bestimmt, handeln Sie in Wirklichkeit gegen sich selbst. Ein Beispiel für diese Einstellung ist der Satz: »Je weiter ich vorangehe, um so weiter entferne ich mich.« Das führt dazu, daß ein Mensch zurückfällt, mehr Schulden macht und immer schwerer zu tragen scheint, während er scheinbar nach vorne geht. Dies ist durchaus nicht unvermeidlich. Man kann das umkehren und in Ordnung bringen, indem man bewußt einen neuen Inhalt schafft: »Je weiter ich vorankomme, um so besser ist mein Leben.« Dies ist eine vollkommene Aussage. Wenn Sie Widerstände gegen so viel Gutes in sich spüren, überprüfen Sie, welche Ansichten und Überzeugungen Sie über sich selbst und das Leben haben.

Wir wirken zusammen mit einer Kraft, die größer ist als wir selbst. Uns wurde die Gabe des Heiligen Geistes geschenkt; unser Gutes ist unvermeidlich, und es wartet darauf, daß wir es annehmen, daß wir es anfordern. Die Frage lautet nur: Sind Sie bereit, Ihren Kampf aufzugeben und gleichzeitig die Prinzipien des Lebens zu befolgen?

Sagen Sie, was Sie sich wünschen

Sehen wir uns den vierten Aspekt an, der Ihnen hilft, Ihr Ziel zu erreichen. Hier besteht offensichtlich ein Zusammenhang mit dem dritten Aspekt: Sie müssen das, was Sie sich wünschen, anfordern und es aussprechen. Wohin wollen Sie gelangen? *Ihre Worte bestimmen, welche Pläne Sie für sich selbst haben.* Der Kontext Ihres Lebens könnte lauten: »Mein Leben ist eine Manifestation des Heiligen Geistes in Aktion.« Aufgrund dieser Aussage würde die Lebenskraft alle Mittel einsetzen, dies wahr werden zu lassen.

Sagen Sie die Wahrheit über Ihre Wünsche. Das erforderliche Element ist die bildliche Vorstellung, die alles in Ihrem Leben nutzt, ganz gleich, wie es aussieht, um Ihnen zu helfen, das Gewünschte zu bekommen. Sagen Sie genau das, was Sie sich wünschen. Bringen Sie Ihre Sehnsüchte klar zum Ausdruck. *Sie* bestimmen die Ziele; *Sie* legen fest, wo Ihr Ziel liegt und was Sie erstreben. Haben Sie das Ziel festgelegt, dann müssen Sie es visualisieren – Sie müssen bereits dort sein. Auf diese Weise haben Sie Ihr Bewußtsein erweitert und das, was Sie sein, tun und haben wollen, bereits eingeschlossen. Sie könnten zum Beispiel Ihren Wunsch so formulieren: »Ich wünsche mir eine Arbeit, in der ich meine Fähigkeiten voll entfalten und zum Wohle anderer beitragen kann.« Damit dies Realität werden kann, müssen Sie diese Aussage bereits als wahr und real anerkennen. Erweitern Sie sich selbst, um größer als Ihr Ziel zu sein, und fühlen Sie, wie dieses Ziel bereits vollkommen und erreicht ist. Jetzt bleibt nur noch, aus dem Samen eine Pflanze wachsen zu lassen.

Es ist an der Zeit, die »Zeit« zu transzendieren. Zeit ist ein Element des physischen Universums, im Absoluten gibt es sie nicht. Auf der Ebene des Absoluten gibt es weder Zeit noch Wachstum. Alles geschieht jetzt, in diesem Augenblick. Je näher Sie dem Absoluten sind, um so schneller geschehen Ihre Manifestationen. Die Zeit ist eine Erfindung des Gemüts und Teil des physischen Universums. Wenn Sie sagen, was Sie sich wünschen, und sich selbst akzeptieren, transzendieren Sie die Zeit. Sie dient dazu, festzuhalten, was Sie hatten, haben und haben wollen, wie auch das, was Sie nicht hatten, nicht haben und nicht haben wollen. Sind Sie je mit dem Teil von sich in Berührung gekommen, der immer gleich bleibt, unabhängig davon, wo Sie sind, was Sie sind und wie alt Sie sind? Es ändert sich nur der körperliche Anteil. Sie haben immer noch eine Beziehung mit jedem, den Sie je kannten und mit allem, was existiert, wenngleich dies körperlich nicht mehr in Ihrem Leben sein mag.

Vertrauen Sie sich selbst. Um das zu sagen, was Sie sich wünschen, müssen Sie Ihr Vertrauen in sich selbst erneuern. Ich habe über mich herausgefunden, daß ich ganz tief in meinem Innern weiß, was ich mir wünsche; mein Leben ist ein sich fortsetzender Prozeß, in dem ich immer mehr die Wahrheit darüber sage, was es für mich ist.

Wissen Sie nicht, was Sie sich wünschen, so mag die Ursache in einem der drei folgenden Gründe liegen:

- ☐ Sie bekamen Ersatz für das, was Sie sich wirklich wünschten.
- ☐ Sie wurden unterdrückt und davor zurückgehalten, Sie selbst zu sein und zu haben, was Sie wünschten.
- ☐ Sie wurden gezwungen, Dinge gegen Ihren Willen zu tun.

Zögern Sie keine einzige Minute mehr. Üben Sie sich darin, zu sagen, was Sie sich wünschen. Finden Sie heraus, wo dies leicht und natürlich scheint. Stellen Sie fest, ob und wann Sie sich gezwungen fühlen, etwas zu tun, zu haben oder zu sein, wodurch Sie sich beeinträchtigt oder außerstande fühlen. *Warten bringt nichts, es gibt einfach diesen magischen Tag nicht, an dem Ihr wahres Ich einfach herausspringt.* Sie wissen, was Sie wollen, und Sie haben das über jeden Widerstand hinaus bekanntgegeben. Hier handelt es sich nicht darum, sich wie ein verwöhntes Kind zu verhalten und einen Wutanfall zu bekommen, wenn die Dinge nicht verlaufen wie gewünscht. Hier geht es darum, daß Sie sich selbst die Wahrheit sagen und sich über Ihr konditioniertes Gemüt hinaus öffnen. Wissen Sie, daß Sie das Gewünschte haben können, dann fällt es Ihnen auch leicht, andere in dem zu unterstützten, was sie sich wünschen. Ich kann nicht erklären, wie das funktioniert, aber für alle hören die Kompromisse auf, und jeder bekommt das, was er sich wünscht. Beruhen Ihre Wünsche und Sehnsüchte auf Furcht, dann gewinnt niemand. Beruhen Sie auf der Liebe und dem Leben, so gewinnt jeder.

Nehmen Sie Gott nicht die Entscheidung ab. Wenn Sie sagen, was Sie sich wünschen, geben Sie Ihre Erwartungen darüber auf, auf welchen Wegen Ihr Gutes zu Ihnen kommt und wie es aussehen wird. Sie könnten es so formulieren: »Meine Freunde sind liebevolle Menschen und führende Persönlichkeiten in Wirtschaft und Politik und fühlen sich dem Frieden und der Veränderung der Welt verpflichtet.« Ihre Absichtserklärung plus Offenheit und Bereitschaft bringt die Kräfte des Lebens in Einklang und verwandelt selbst zufällige Begegnungen in Wunder, die Ihre Ziele unterstützen und erfüllen. Um das zu bekommen, was Sie sagen, müssen Sie es erschaffen. Es ist die Kraft Gottes, die Sie durchströmt; es ist der Wille Gottes, der sich in Ihnen und der Herrlichkeit Ihres Lebens manifestiert. Es zu schaffen bedeutet, es zu besitzen und zuzulassen. Fragt mich jemand: »Wie soll ich das tun?« oder »Was habe ich zu tun?« oder »Hilf mir, das zu tun«, dann fühle ich mich hilflos, weil ich darauf keine Antwort kenne.

Sie können für andere nichts tun, außer sie dabei zu unterstützen, das zu sein, zu tun und zu haben, *was sie* selbst *sich schaffen*. Sie müssen erfahren, daß Sie Ihre eigene Realität verursachen. Das alles ist ein Teil des Wachstumsprozesses. Alle Schöpfung geschieht augenblicklich, wenn es auch so aussehen mag, als brauche sie Zeit. Schöpfung hat mit einem Akt des Willens zu tun, nicht mit Gewalt. Sie bringen die Schöpfung hervor, doch nicht aus sich selbst. Es ist eine höhere Macht, die Sie durchströmt. Es geht um das *Wissen*, daß die Schöpfung geschieht, weil Sie aussprechen, was Sie sich wünschen, und es hervorrufen.

Tun Sie auch, was Sie sagen. Um Vertrauen in sich selbst aufzubauen und eine Erfahrung damit zu machen, daß Ihr Wort zählt, müssen Sie zu Ihrem Wort stehen. Halten Sie die kleinen Dinge wie Verabredungen, Verpflichtungen und Abkommen ein, so sehen die großen Dinge leichter aus und sind es auch. Wenn Ihr Wort kein Gewicht hat, das, was Sie sagen, keinen Wert besitzt und sich niemand auf Sie verlassen kann, dann können Sie offensichtlich auch sich selbst nicht vertrauen.

Legen Sie Zeugnis ab von Gottes Liebe und Macht

Der fünfte Schritt auf dem Weg zu Ihrem Ziel erfordert von Ihnen Glauben und Vertrauen in Ihr eigenes Wort. Das heißt, falls erforderlich, einen Plan zu erstellen über Ihre Ziele mit einer Liste der zu erledigenden Dinge. (Denken Sie daran, der Wert des Lebens liegt nicht darin, Dinge zu erwerben, sondern darin, von Augenblick zu Augenblick Gottes Liebe zu erfahren. Es ist nicht wichtig, Errungenschaften um der Errungenschaft willen zu erreichen oder sich selbst oder einem anderen den eigenen Wert zu beweisen, sondern es geht vielmehr darum, Zeugnis abzulegen von Gottes Liebe und seiner Macht, die durch Sie wirkt, *und das wahre Wunder ist die Vollkommenheit aller Dinge*. Nichts ist Ihnen versagt, und es gibt keine noch so bedeutende Situation, die rechtfertigen könnte, sich selbst Liebe und Freude zu versagen.)

Gehen Sie Schritt um Schritt – JETZT. So viele Menschen warten auf ein großes Ereignis, ihren großen Augenblick. Welche Zeitverschwendung, welche Schande. Sie versäumen es, jeden Augenblick zu feiern, denn jeder Moment ist ein großes Ereignis. Noch einmal: Das Leben ist eine Reise, kein Ort, an dem man ankommt. Ein Haus baut man Stein um Stein. In dem Kontext des »Es ist getan« stellen Sie dann einen Plan auf, wie Sie dahin kommen, eine Art Straßenkarte. Sie können es auch einen strategischen Plan nennen mit einer Aufstellung, was darin enthalten sein, dafür überlegt und besorgt werden muß. Sie brauchen auch einen Finanzplan, wenn Gelddinge ein Teil Ihres Ziels sind. Sie brauchen einen Zeitplan und Fälligkeitsdaten für Ihre Zwischenziele. *Sagen, daß Sie etwas tun wollen, und es dann zur festgelegten Zeit oder bereits vorher in Angriff nehmen, ist ein sehr machtvolles Mittel.* Es ist so leicht, die Zeit verstreichen zu lassen und die Dinge irgendwann in der Zukunft, die niemals eintritt, erledigen zu wollen.

Entwickeln Sie hilfreiche Gewohnheiten

Ihre früheren negativen Gewohnheitsmuster wie auch alle eventuell entwickelten Gedanken der Selbstsabotage können sich in einer Atmosphäre des Erfolgs nicht halten. Um alte Verhaltensmuster aufzulösen, müssen Sie neue annehmen. Das mag zunächst schwierig sein, doch schließlich werden die neuen Muster, die Sie darin unterstützen, zu sein, zu tun und zu haben, was Sie sich wünschen, zu einer festen Angewohnheit. Wir sollten und brauchen nicht die Sklaven alter Gewohnheiten zu sein. Vielmehr wollen wir Gewohnheiten, die uns helfen, und die Qualität des gewünschten Lebens unterstützen. Dies ist der sechste Aspekt.

Seien Sie realistisch. Setzen Sie sich zu diesem Zeitpunkt keine unrealistischen Ziele. Sind Ihre Ambitionen zu hoch, dann könnten Sie sich selbst aus dem Feld schlagen und verletzen; sind die Ziele jedoch zu niedrig gesteckt, dann wollen Sie vielleicht einen sicheren Gewinn und fordern sich selbst nicht genug heraus. Sie sollten keinesfalls Ziele und Errungenschaften einsetzen, um Ihr Selbstwertgefühl und Ihren persönlichen Wert zu bestimmen. Darum handelt es sich hier nicht.

Bewegung ist der Schlüssel. Sind Ihre Ziele so hoch gesteckt, daß es fast sinnlos scheint, sie überhaupt anzupacken, dann beginnen Sie mit kleinen Dingen, die Sie in die richtige Richtung führen und Löcher in die Widerstände gegen diese Ziele bohren. Tun Sie jeden Tag etwas, das mit Ihrem Ziel zu tun hat und Sie in diese Richtung lenkt, selbst wenn es etwas ganz Einfaches ist. Je mehr Sie in Richtung des gesteckten Ziels unternehmen, um so schneller sind Ergebnisse da. Was Sie heute nicht erledigen, sollten Sie auf die Liste der Erledigungen für den nächsten Tag setzen. Sie werden zweifellos Fehler machen. Das ist – soviel ich weiß – unvermeidlich. Doch beschuldigen Sie sich nicht selbst, sondern finden Sie einfach heraus, was Ihnen zu diesem Zeitpunkt weiterhilft. Seien Sie einfach bereit, Fehler auszumerzen, und schreiten Sie weiter voran.

Überwinden Sie alle Hindernisse

Der siebente Aspekt hat zu tun mit den Schwierigkeiten, die sich vor Ihnen erheben. Halten Sie sich niemals auf, um sich mit Problemen oder schwierigen Menschen zu befassen. Seien Sie aber groß genug, alles und jeden einzubeziehen, was Ihnen auf Ihrer Reise nach oben begegnet.

Was wie ein Hindernis aussieht, ist eine Möglichkeit zu lernen. Geben Sie die Täuschung auf, daß Sie Feinde haben. Die Wahrheit kennt weder Täuschungen, Hindernisse noch Gegensätze. Ignorieren Sie nicht das, was wie ein Hindernis aussieht. Betrachten Sie es vielmehr, um herauszufinden, was es Ihnen sagen will, was es von Ihnen will, und geben Sie der Person, der Herausforderung, dem

Problem, was es wünscht. Sie könnten für einen anderen wie sein Hindernis aussehen und doch Sie sind es nicht; und so ist es auch im umgekehrten Fall. Vielleicht ist mehr Information auf höherer Ebene erforderlich, vielleicht auch eine Anerkennung. Fragen Sie, was das scheinbare Hindernis will, und sorgen Sie dafür, daß es das bekommt.

Stellen Sie sich dem Problem, und gehen Sie weiter voran. Im Gegensatz zur landläufigen Überzeugung will gar niemand das, was Sie haben, und ganz sicherlich will Sie niemand aus dem Weg räumen oder Sie in irgendeiner Weise behindern. Wir bilden uns unsere Feinde ein, weil wir Kriegsspiele treiben wollen. Setzen Sie sich mit den Dingen auseinander in dem Wissen, daß sie keine Macht über Sie besitzen. Was Sie hindert, will auch nur ausführen helfen, was kommen soll, und es sieht so aus, als wären Sie im Weg. Hindernisse und Herausforderungen sind Möglichkeiten, Dinge zu korrigieren, loszulassen, zu unterstützen, je nachdem, was sie Ihnen sagen. *Bleiben Sie in Bewegung. Machen Sie weiter, und warten Sie weder auf Erlaubnis noch auf die richtige Zeit.* Auf diese Weise kommen Sie dahin, wohin Sie wollen. Weil die Menschen dies nicht erkennen, fühlen sie sich behindert.

Lassen Sie Ihre Macht durch andere Menschen wirken. Die Menschen fühlen sich kleiner als ihre Besitztümer. Sie bekämpfen Mücken, die sie in ihrer Vorstellung zu Elefanten haben heranwachsen lassen. Ein Fluß hält auch nicht in seinem Lauf inne, weil sich ihm Hindernisse in den Weg stellen; er geht darüber hinweg, darum herum, oder bahnt sich, wenn nötig, einen Weg darunter hinweg, er setzt einfach seinen Lauf fort. Erstaunlich, welche Verkaufsfähigkeiten Sie hätten, würden Sie nur die Einwände zu Ende anhören, die Menschen vorbringen. Diese Einwände haben gewöhnlich nichts damit zu tun, ob sie eine Sache nun kaufen oder nicht, es sei denn, sie wollen sich damit das versagen, was sie sich eigentlich wünschen. Fragen Sie, wenn jemand seine Einwände beendet hat, welche Farbe oder welche Anzahl gewünscht wird. In Wirklichkeit möchte sich jeder Mensch seine Wünsche erfüllen, aber viele fürchten sich davor, in dieser Transaktion etwas zu verlieren. Eigentlich gewinnen die Menschen ja, nicht weil man ihnen etwas »gegeben« hat, sondern weil man sie »ermächtigte«. Ihre Fähigkeiten, Kraft zu kanalisieren, wachsen, indem Sie sich selbst und anderen gestatten, mehr zu haben.

Lieben Sie sich immer selbst. Jede Verwirrung, Bestürzung, jede Herausforderung ist eine neue Gelegenheit für mehr Liebe und mehr Gutes. Benützen Sie ein Problem nicht, um sich selbst oder andere zu beschuldigen oder aufzugeben. Ich weiß nicht, wie es mit Ihnen steht, doch ich bin ein Meister darin gewesen, mich selbst in Rage zu bringen und eine Sache, die eigentlich unbedeutend war, hochzuspielen. Ich weiß, daß es ein Fehler ist, so zu reagieren. Schauen Sie das ganze Bild an, nicht nur die wenigen Teile, die man zusammengetragen hat, um zu beweisen, daß etwas falsch oder schlecht ist. Betrachten Sie das Ganze. Erkennen und erfahren Sie die darin enthaltene Schönheit und die Liebe. Wir sammeln die kleinen Teile als Beweis und versuchen, uns auf diese Weise die guten Dinge des Lebens vorzuenthalten.

Anerkennung

Andere helfen uns dabei, »anzugelangen«. Ohne unsere Mitmenschen würde nichts geschehen. Selbst der Mensch, der Sie trat, als Sie am Boden lagen, hat Ihnen in irgendeiner Weise einen Gefallen getan. Er hat Ihnen vielleicht geholfen, zu erkennen, daß Sie aufstehen und es selbst in die Hand nehmen mußten. Und deshalb ist der achte Aspekt die Anerkennung.

Ich weiß, Sie selbst haben gesagt, wohin Sie wollen, und nicht die anderen. Ja, Sie selbst waren es. Und doch ist alles eine Frage der Gemeinschaft. Jeder arbeitet für jeden und wir alle sind eins. Anerkennen Sie die, die in der Vergangenheit oder in der Gegenwart irgendwie zu Ihrem Leben beitragen. Den Beitrag eines Mitmenschen zu erkennen und anzuerkennen, wirkt für alle wie eine Zauberformel. Dadurch kann die Energie weiter fließen. Wir haben es mit Energieströmen zu tun, mit Energieeingabe und -ausgabe, mit dem Gesetz des Kreislaufes. Was Sie austeilen, kommt zu Ihnen zurück. Zunächst danken und anerkennen Sie Ihren Mitmenschen vielleicht nur, weil Sie wissen, daß die Dinge zu Ihnen zurückfließen. Aber das ist es eigentlich nicht. Sie sind verantwortlich, und die anderen sind Ihnen nützlich, helfen Ihnen und unterstützen Sie.

Seien Sie sich der Quelle bewußt. Alle Ehre gebürt Gott, denn ich vermag nichts aus mir selbst. Die letztendliche Quelle ist die höhere Kraft. Gott zu erkennen und zu preisen und Ihm alle Ehre zuzusprechen, das ist die Wahrheit. Es geht nicht darum, »dahin zu kommen«. Doch durch die Anerkennung dieser Kraft geschehen alle Dinge mühelos. Wir strengen uns an, weil wir uns gegen die Mühelosigkeit wehren. Unser Schmerz entsteht daraus, daß wir einen negativen Gedanken Wirklichkeit werden lassen. Wollen wir uns selbst wichtig nehmen, dann schneiden wir uns von den anderen wie auch von der Kraft ab, die alles trägt. Diese Kraft strömt auf natürliche Weise; sie wird dann blockiert, wenn wir unsere aufgeblasene Wichtigkeit in den Weg stellen.

Wahre Demut heißt in Ehrfurcht vor Gottes Kraft leben, während Sie Sein Tun in Ihrem und im Leben der anderen erfahren. Von Ihnen wird nicht erwartet, Gott zu loben, weil Sie sonst in die Hölle kommen – das ist Unsinn, Ihr Lob erklärt, wo die wahre Macht liegt, die durch Sie selbst und andere wirkt. Sie haben alles verdient, was Gottes ist, und das ist großartig und übersteigt unsere Vorstellungskraft. Haben Sie bisher diese höhere Kraft nicht anerkannt, beginnen Sie jetzt damit. Das heißt nicht, sie seien nicht verantwortlich für Ihr Leben; es bedeutet vielmehr, daß Sie anerkennen, woher alles kommt. Die Gabe des Lebens wird Ihnen zuteil, indem Sie »danke« sagen.

Noch eine abschließende Bemerkung: Begrenzen Sie sich nicht. Die Begrenzungen, die wir empfinden, haben wir uns selbst auferlegt. Sie haben alles, was Sie brauchen, um dahin zu gelangen, wo Sie hin wollen. Alles kommt aus Ihrem Innern, indem Sie diesen Glauben in Ihr Leben projizieren. Wir projizieren ständig und erfahren dann die Ergebnisse dieser Projektionen, daher sollten wir entsprechend den Wünschen unseres Herzens leben. Um das Leben zu transzendieren und auf die Ebene des wirklichen Lebens zu gelangen, müssen Sie das Mysterium des Lebens aufgeben. Dazu müssen Sie es als das ansehen, was es ist, und anerkennen, daß es kein Geheimnis oder etwas Unbekanntes birgt und keine Macht über Sie besitzt. Spielen Sie das Spiel des Lebens, um zu gewinnen, doch seien Sie sich bewußt, daß die wahren Gewinner nicht im Bann des Gewinn/Verlust-Spiels stehen; sie stehen vielmehr im Banne der Herausforderung und der Freude am Spiel selbst. *Die Belohnung liegt darin, das Leben voll auszuspielen.*

Übungen

1. Nennen Sie zwanzig Überzeugungen, die Sie daran hindern, jeden Geldbetrag zu haben, den Sie brauchen.
2. Nennen Sie zehn Ängste, die Sie über Geld haben.
3. Wen oder was fürchten Sie zu verlieren, wenn Sie wohlhabend werden?
4. Nennen Sie einige Gedanken über Männer und Geld und über Frauen und Geld.
5. Freuen Sie sich am Geld und daran, was Sie mit dem Geld kaufen können. Sehen Sie sich mit allem Geld, das Sie sich wünschen und das Sie brauchen. Freuen Sie sich darüber, Ihre Rechnungen bezahlen zu können, und betrachten Sie es als Privileg, das Spiel mit dem Geld zu spielen.
6. Überprüfen Sie, in welcher Weise Sie am Geld hängen, welche Bedeutung und welchen Wert Sie dem Geld beimessen. Geben Sie es auf, sich selbst oder andere mit Geld zu manipulieren und zu beherrschen. Geld bedeutet nichts. Es ist lediglich ein Energiestrom.
7. Führen Sie auf, welche »Vorteile« Sie davon haben, wenn Geld ein Problem für Sie ist. Sind Sie bereit, die Vorstellung aufzugeben, Geld sei ein Problem?
8. Wann immer Sie Geld spenden, empfinden Sie Freude dabei und bejahen Sie, daß »alles, was ich ausgebe, zu mir zurückkehrt.«

Bejahungen

Ich, _________, erlaube mir, mich des Geldes zu erfreuen und das zu haben, was meinen Wünschen entspricht.

Ich, _________, habe immer das Geld, um zu tun und zu haben, was ich tun und haben möchte.

Je mehr Geld ich mit anderen teile, um so mehr fließt mir zu.

Ich habe Freude daran, Geld zu geben und Geld zu empfangen. Ich freue mich am Umgang mit Geld.

Gott ist die Quelle meiner Versorgung – darauf vertraue ich.

Ich, _________, akzeptiere, daß jeder Mensch auf Erden ausreichend versorgt ist.

Ich besitze einen unbegrenzten Geldvorrat, der mir erlaubt, zu tun und zu haben, was wichtig für mich ist.

Je mehr ich gebe, um so mehr erhalte ich, ich liebe es zu empfangen, daher liebe ich es auch zu geben.

10. Kapitel

Der Schlüssel zu allem: Verpflichten Sie sich dem Engagement

Jeder Mensch fühlt sich irgendwie verpflichtet. Die Frage lautet: Fühlen Sie sich dem verpflichtet, was hilfreich für Sie ist und Ihnen das gibt, was Sie sich in Ihrem Leben wünschen, oder dem, was Sie unterwandert und alles unterläuft, was Sie brauchen und sich von Herzen wünschen?

Das größte Problem besteht wohl darin, daß wir uns meist nicht einmal bewußt sind, wem oder was wir uns verpflichtet fühlen. Hohe Ziele und Engagements sind in gewisser Weise neu für mich, obwohl ich sie in verschiedenen Bereichen meines Lebens seit Jahren praktiziert habe – unbewußt und ohne Absicht. Engagement ist für mich wie ein Zusammentreffen; es ist eine Einheit. Ich werde eins mit dem, dem ich mich verpflichtet fühle. Es wird zu einem Teil meines Körpers – ich bin es, und es ist ich.

Die bewußte und wohlmeinende Verpflichtung ist das, was im Leben der meisten Menschen fehlt. Das heißt nun nicht, es gäbe keine engagierten Menschen. Es fehlt jedoch das bewußte und auf hohe Dinge gerichtete Engagement, das Berge versetzen, Kranke heilen, das Leben transzendieren und die Qualität des Lebens auf dieser Erde in einen Himmel verwandeln kann.

Ohne Engagement geschieht nichts

Dies ist das erste Kapitel dieses Buches, daß ich neu schreiben mußte, der erste Entwurf hatte keinen richtigen Zusammenhang, war verwirrend, weitschweifig – überladen und hatte wenig Wirkung. Das liegt daran, daß das Thema Engagement schwer zu beschreiben ist, ganz im Gegensatz zum Thema Geld, bei dem man systematisch nach dem Abc der Finanzen vorgehen und auf ein bestimmtes Ergebnis hinzielen kann. *Engagement ist ein unfaßbarer Raum, aus dem heraus der Mensch sein Leben führt.* Es ist kein Ort, an dem man ankommt, und ganz sicher ist es auch kein intellektueller Vorgang. Lesen Sie dieses Kapitel so, daß Sie die Worte transzendieren, damit Sie Engagement nicht als ein Konzept, eine Reihe von Verpflichtungen oder eherne Regeln erfahren, sondern als Seinszustand, der einen gerade anlaufenden Entdeckungsvorgang anspornt. Ich werde zu beschreiben versuchen, was Verpflichtung oder Engagement bedeutet und was nicht, und Sie müssen mit inneren Augen sehen und inneren Ohren hören, um die Bedeutung zu erfassen und zu verkörpern.

Aus dem Engagement heraus, aus dem ich heute mein Leben führe, bin ich gegen alle Überzeugungen, die ich je hatte. Jedes Verhaltensmuster muß zusammenbrechen angesichts dieses höheren Rufes, dieses höheren Zwecks. Die Angst klopft an meine Türe, während ich mich dem Unbekannten weit da draußen gegenübersehe. Doch in Wahrheit können Sie sich nicht wieder der Illusion hingeben, es gäbe etwas Sicheres auf der Welt, zu dem Sie zurückkehren, auf das Sie sich verlassen und an das Sie sich klammern können, wenn Sie erst einmal Verpflichtung übernommen haben. Dieser Akt der Verpflichtung und Bereitschaft, im Unbekannten und ganz da draußen zu leben, mag beängstigend sein, doch in Wirklichkeit wachsen meine innere Zufriedenheit und mein Sicherheitsgefühl täglich, und es gibt immer weniger, dem ich verhaftet bin. Statt dessen wächst meine Liebe, meine Sicherheit und meine Freude am Leben.

Die zwei Seiten des Lebens

Mir ist klargeworden, daß *das Leben aus Liebe und Beiträgen besteht, die aus einem Zusammenhang der Verpflichtung heraus gelebt* werden. In Hawaii gab ich vor einigen hundert Leuten ein Seminar und fragte mich, warum anstelle der Hunderte nicht Tausende von Menschen da sein könnten. Dann kam mir der Gedanke, daß ich gar nicht von so vielen Menschen geliebt werden wollte; ich war gar nicht bereit, zum Wohl so vieler Menschen beizutragen. Wir hatten aus dem Jahr zuvor noch einige Mißverständnisse und Probleme zu bereinigen, und ich war nun der Meinung, daß ich falsch lag und schwach war, weil es mir nicht gelungen war, alles makellos zu handhaben. Ich verurteilte mich selbst, und in dieser Verurteilung blockierte ich mich von der Liebe der Menschen und hielt zurück, was ich zu ihrem Leben hätte beitragen können, als wäre das, was ich zu geben hätte, wertlos.

Meine Verpflichtung gegenüber der Liebe und der Mithilfe halfen mir schließlich, herauszufinden, auf welche Weise ich mich selbst und andere blockierte. Aus dieser Erfahrung und Erkenntnis heraus willigte ich ein, mich von jedem Menschen auf dieser Erde lieben zu lassen, wollte alle Menschen selbst lieben dürfen und ihnen helfen und sie bereichern. Und aus dieser Verpflichtung heraus wird es geschehen – geschieht es bereits, das ist unvermeidlich. »Das Engagement gegenüber dieser Verpflichtung« wird es mir ermöglichen, selbst immer weiter zu wachsen und mehr Liebe zu erfahren und so den Wert, die Qualität und die Bedeutung dieser Botschaft für das Leben der Menschen überall zu erhöhen. Dadurch werde ich zu dem Menschen, der ich bin. Und Sie werden durch *Ihre* Verpflichtung zu dem, der *Sie* sind!

Ohne Engagement oder Verpflichtung geschieht nichts. Diese Erfahrung in Hawaii wäre nur ein weiteres Ereignis gewesen, hätte ich nicht realistisch über Verpflichtung nachgedacht. So wurde dieses Erlebnis zu einem wesentlichen Beitrag in meinem eigenen Leben und in dem vieler anderer. Ohne unsere Verpflichtung geschieht nichts, doch mit ihr geschieht alles.

Den ersten Schritt zuerst

Die meisten Menschen warten schon, bevor sie sich engagieren, auf das, was eigentlich erst eintritt, nachdem sie sich engagiert haben. Ich habe die Hoffnung, daß Sie in diesem Kapitel herausfinden, wozu Sie sich verpflichtet fühlen und wozu nicht, und daß Sie dann den Wert einer Verpflichtung so herausfinden, daß Sie Ihre höchsten spirituellen, geistigen und physischen Erwartungen erfüllen können. Es wird Gelegenheiten geben, in denen Sie erkennen, wie Sie sich auf verantwortliche Weise von Verpflichtungen entbinden können, die Ihnen nicht weiterhelfen. Einige Fragen, die ich mir stelle, sind:

- ☐ Wie kann ich mein Wort zurücknehmen und gleichzeitig wissen, daß auf mich doch Verlaß ist?
- ☐ Wie lange bin ich an eine Zusage gebunden?
- ☐ Was ist eine Verpflichtung – und was ist keine?

Das größte Hindernis in meiner Überlegung über Verpflichtungen bestand in meiner Vergangenheit. Ich hatte Überzeugungen über Pflichten, Verantwortlichkeit und Pflichttreue, die zusammenhingen mit meinen Befürchtungen über Anpassung, Stagnation, Festgefahrensein, Unbeweglichkeit, Gehorsam und tödlicher Langeweile. Verpflichtung sah aus wie eine Falle, wie eine unvermeidliche Gefängnisstrafe, ein Todesurteil. Mir kam es vor wie der Verlust der Freiheit. Nichts ist jedoch weiter von der Wahrheit entfernt, denn in Wirklichkeit fand ich *in der Verantwortung und der Verpflichtung erst die Freiheit*, das Leben und die Möglichkeiten, in mir selbst und in der Menschheit aufs Höchste und Beste zu erfüllen.

Um irgend etwas umzukehren – und wäre es die Welt –, ist nur eine engagierte Person erforderlich. Sie können sich nicht nur gelegentlich verpflichtet fühlen – entweder sind Sie es, oder Sie sind es nicht. Die wenigen Menschen, die dies wissen, haben Unmögliches und Außergewöhnliches vollbracht. Die meisten schrecken jedoch zurück vor einer völligen Verpflichtung für ein Projekt, einen Lebensstil, ein Ziel, eine Richtung. Warum? Sie leben mit falschen Vorstellungen und unterschätzen die Kraft in ihrem Innern. Sie fürchten sich davor, zu versagen und unrecht zu haben oder abgelehnt zu werden. Ihnen mangelt es an einer überwältigenden Leidenschaft für ein lohnendes Ziel oder einen Zweck.

Wo beginnen?

Sie können nur da beginnen, wo Sie sind, um dahin zu gelangen, wohin Sie wollen. Wenn Sie nicht genau wissen, wohin Ihr Weg führen soll, und weder für das Ziel noch für die Reise dorthin besonderes Interesse haben, dann fällt es Ihnen sicher schwer, überhaupt motiviert zu sein, geschweige denn das Ziel zu erreichen. Um da zu beginnen, wo Sie augenblicklich stehen, müssen Sie untersuchen, wem oder was Sie sich bereits verpflichtet fühlen und ob diese Verpflichtungen Ihren Zielen und Träumen wirklich dienen. Sie sind zu dem geworden, dem Sie sich verpflichtet haben, und hieraus wird Ihr Leben geformt. Schauen Sie sich an, worauf Sie Ihre Zeit, Ihre Aufmerksamkeit, Ihre Gedanken, Ihre Worte, Ihre Handlungen, Ihr Geld und Ihre Energie lenken, denn diesen Dingen sind Sie verpflichtet. *Es gibt Verpflichtungen, die uns bereichern, und solche, die uns ärmer machen.* Diese niederziehenden Verpflichtungen entziehen Ihnen Ihre Lebenskraft und reduzieren Ihre Möglichkeiten, ein außergewöhnliches Leben zu führen. Die bereichernden Verpflichtungen vermehren, vergrößern, verbessern Sie und tragen Sie in einen anderen Bereich des Daseins. Sie werden ein gewöhnlicher Mensch, der das Außergewöhnliche ist, tut und zur Verfügung hat. In diesem Bereich werden Ihre Energie, Kreativität, Liebe, Mitgefühl, Talente, Gesundheit, Selbstausdruck und Freude am Leben erweitert. Sie helfen auf diese Weise mit, andere zu inspirieren, ebenfalls ein außergewöhnliches Leben zu führen.

Ich habe einige der ermutigenden, bereichernden und der negativen, niederziehenden Verpflichtungen aufgeführt, um Ihnen zu helfen, zwischen den beiden zu unterscheiden, damit Sie sich auf die andere Seite begeben können, falls Sie nicht schon dort sind.

NIEDERZIEHENDE VERPFLICHTUNGEN	BEREICHERNDE VERPFLICHTUNGEN
☐ Änderungen vermeiden und in gewohnter Weise weiterleben	☐ Bei einem lohnenden Projekt Ergebnisse hervorbringen
☐ Klatsch und über andere negativ reden	☐ Den Hunger zu beenden helfen
☐ Selbstmitleid und die Einstellung »Immer ich«	☐ Für Krankheiten eine Kur entwickeln
	☐ Lieben und geliebt werden
☐ Macht und Billigkeit	☐ Reichtum

NIEDERZIEHENDE VERPFLICHTUNGEN

- ☐ Vor der Wahrheit davonlaufen und so tun, als gäbe es keine Probleme
- ☐ Trost ohne Wachstum
- ☐ »Das ist unmöglich«
- ☐ Zusammenbleiben, ohne Rücksicht auf Verluste
- ☐ Tun, als wäre alles in Ordnung, um von den anderen akzeptiert zu werden
- ☐ Recht haben wollen, rechthaberisch sein
- ☐ »Ist das nicht schlimm?«
- ☐ »Irgend jemand wird mich retten.«
- ☐ Selbstverleugnung
- ☐ Leiden und Aufopferung
- ☐ Ständige Kompromisse; andere und sich selbst verraten und verkaufen
- ☐ Ängstlich und hilflos sein
- ☐ Etwas unter allen Umständen zusammenhalten wollen
- ☐ Die Vergangenheit und, was vorbei ist
- ☐ Das Gestern sei besser als das Heute
- ☐ Ihre schlechte Gesundheit und die letzte Operation oder der verletzte Zeh
- ☐ Ihre Tragödien und die endlosen langweiligen Geschichten
- ☐ Was die anderen Ihnen angetan haben
- ☐ Zu spät kommen oder zu früh erscheinen
- ☐ Sich herablassend verhalten oder überlegen fühlen oder minderwertig und unterlegen
- ☐ Nicht genug sein oder haben
- ☐ »Niemand liebt mich, ich bin es nicht wert.«
- ☐ »Ich kann das nicht haben, was ich haben möchte.«
- ☐ »Ich bin zu alt«, oder »Ich bin zu jung.«
- ☐ Andere die Arbeit machen lassen
- ☐ »Jemand sollte etwas tun.«

BEREICHERNDE VERPFLICHTUNGEN

- ☐ Ihre Ehe aus der Liebe heraus leben, damit andere inspiriert werden, ebenso zu leben
- ☐ Eine liebevolle, sich gegenseitig unterstützende Familie schaffen
- ☐ Weltfrieden
- ☐ Finanzielle Verantwortung übernehmen und ethisches Verhalten zeigen
- ☐ Gottes Willen tun und danach leben
- ☐ Ihre Talente und Fähigkeiten ausbauen und entwickeln
- ☐ Andere ermutigen
- ☐ Der Himmel auf Erden
- ☐ Körperliches Wohlbefinden und ein gesunder Körper
- ☐ Das Alter transzendieren
- ☐ Den Wert und die Schönheit in jedem Menschen erkennen
- ☐ Ein Versprechen halten
- ☐ Hingabe an Gottes Liebe
- ☐ Fähig und verantwortlich sein
- ☐ »Jetzt ist der Augenblick«
- ☐ Im Hier und Jetzt sein und in der Gegenwart leben
- ☐ Zum Wohl anderer Menschen beitragen
- ☐ 100prozentig leben
- ☐ Ohne Sünde sein
- ☐ In Schönheit leben
- ☐ Die Wahrheit sagen
- ☐ Sich selbst vertrauen und fähig sein
- ☐ Den eigenen Idealen, Prinzipien, Werten treu bleiben
- ☐ Genau das haben, was man sich wünscht
- ☐ Derjenige sein, der die Arbeit schafft
- ☐ Hervorragende Leistung und Qualität
- ☐ Andere bereichern
- ☐ Kriege, Kriminalität und Krankheit beenden
- ☐ Eine ganzheitliche Welt

NIEDERZIEHENDE VERPFLICHTUNGEN

- ☐ Müde und wie erschlagen sein
- ☐ Schlafen
- ☐ Verantwortung vermeiden und sich durchschlängeln
- ☐ Einen Feind bekämpfen
- ☐ Autorität bekämpfen
- ☐ Keine Lösungen, nur unvermeidbare Schrecken

BEREICHERNDE VERPFLICHTUNGEN

- ☐ Ihre Gedanken, Ziele und Träume
- ☐ Die Gesetze des Lebens anwenden
- ☐ Die gewünschten Lösungen bejahen
- ☐ Vorreiter sein
- ☐ Sich persönlicher und weltweiter Transformation verpflichtet fühlen

Mit Hilfe dieser Listen sollten Sie herausfinden können, wo Ihre grundsätzlichen Verpflichtungen liegen. Lassen Sie dann die niederziehenden Verpflichtungen fallen und schaffen sich Einstellungen, die Ihnen weiterhelfen. Niemand kann *Ihnen* sagen, welche Verpflichtungen Sie haben. Diese Liste dient dazu, die Verpflichtungen zu wählen, die mit Ihrem Lebensziel in Einklang stehen oder Ihnen als Wegweiser dienen, durch die Sie sich selbst erkennen und Ihre Leben und Ihr Lebensziel erfüllen.

Was eine Verpflichtung ist und was nicht

Um klarzustellen, was eine Verpflichtung ist, wollen wir herausfinden, was eine Verpflichtung *nicht ist.* Nachstehend nenne ich einige Beispiele, die den Unterschied verdeutlichen zwischen der Art von Verpflichtung, die uns zu Beweglichkeit, Wachstum und größerer Freiheit herausfordert, und der Art von Verpflichtung, die Freiheitsverlust, Stagnation und Kompromisse bewirkt:

EINE VERPFLICHTUNG IST NICHT

- ☐ Pflicht
- ☐ Obligation
- ☐ Kompromiß
- ☐ Was andere Ihnen aufdrängen
- ☐ Leere Gesten
- ☐ Ein Mühlstein um den Hals

EINE VERPFLICHTUNG IST

- ☐ Vertrauen
- ☐ Ihr Wort als Gesetz
- ☐ Was Sie so nennen
- ☐ Was Sie dazu machen möchten
- ☐ Was Sie selbst einsetzen, um sich zu befähigen und sich herauszufordern

EINE VERPFLICHTUNG IST NICHT

- ☐ Eine Methode, sich selbst zu besiegen
- ☐ Eine Falle
- ☐ Ein Gefängnis ohne Hinterausgang
- ☐ Eine Bindung ohne Möglichkeit zur Änderung
- ☐ Den Plan eines anderen Menschen für das eigene Leben leben
- ☐ Ihre Träume aufgeben
- ☐ In der Tradition verhaftet sein
- ☐ Frieden um jeden Preis
- ☐ So bleiben, wie Sie schon immer waren
- ☐ Nachgeben
- ☐ Aufgezwungene Verantwortung
- ☐ Resignation und erzwungener Stillstand
- ☐ Scheinheiligkeit
- ☐ Eine Fessel

EINE VERPFLICHTUNG IST

- ☐ Ein Abkommen
- ☐ Ein Hilfsmittel, um zu dem zu werden, wozu Sie fähig sind
- ☐ Eine Aussage über Ihre Entscheidung, wie Ihr Leben aussehen soll
- ☐ Was Sie einsetzen, um hervorzuholen, was in Ihnen steckt
- ☐ Das, was Sie brauchen, um sich selbst weit über frühere Erfahrungen und Ihr jetziges Leben hinauszukatapultieren
- ☐ Aufregend und beängstigend zur gleichen Zeit
- ☐ Eine »Alles-ist-möglich«-Einstellung zum Leben
- ☐ Eine Erweiterung und Veränderungen, während Sie wachsen
- ☐ Die Entscheidung, sich der Verpflichtung zu übergeben
- ☐ Ein Werkzeug, um Überlegungen, Reaktionen und Überzeugungen Ihrer Erinnerungen und Ihres Systems hinter sich zu lassen
- ☐ Ein Werkzeug, um Ihr Ziel weiter zu verfolgen, besonders dann, wenn Sie aufgeben, weglaufen oder sich verstecken möchten
- ☐ Einen festen Standpunkt einnehmen und dem Ergebnis völlig verpflichtet sein
- ☐ Ein Mittel, um Ihren wahren Platz in Gottes Plan zu erreichen, das danach verschwindet, weil Sie dazu geworden sind

Vielleicht möchten Sie Ihre eigene Aufstellung machen, was Verpflichtung für Sie bedeutet und was nicht.

Der Durchschnittsmensch und die Persönlichkeit unterscheiden sich durch ihre Einstellung der Verpflichtung und dem Leben gegenüber und durch die Art, wie sie den eigenen Traum leben. Sie können haben, was Sie sich wünschen, wenn Sie es wirklich wollen. Betrachten wir diese Aussagen einmal genauer:

- Es gibt zwei Ebenen des Lebens; eine materielle und eine immaterielle; Verpflichtung wirkt auf beiden Ebenen.
- Wenn Sie sich etwas materiell wünschen, ist das erreichbar, und wünschen Sie sich etwas spirituell, so ist auch das erreichbar.
- Ihr Leben wird auf allen Ebenen von dem Standpunkt beeinflußt, den Sie einnehmen. Doch die Menschen sind verwirrt, weil sie auf eine Art Garantie warten, bevor sie einen Standpunkt einnehmen oder weil sie nicht bereit sind, zu erklären, worum sich ihr Leben dreht.

Vor kurzem verbrachten mein Mann Leonard und ich die Mittagszeit mit dem Evangelisten Oral Roberts in seinem Büro in Tulsa, Oklahoma. Seine Kirche ist das Ergebnis seiner festen Erklärung darüber, wie er sich sein Leben und seine Arbeit dachte, wie er sich selbst an diesem speziellen Platz in Tulsa sah und seiner Zielstrebigkeit, mit der er auf dieses Ziel losging. Er sagte nicht: »Das werde ich tun, wenn ... oder falls das nicht eintrifft ... oder wenn die Leute sich so und so verhalten.« Er stellte keine Bedingungen, um seinen festen Standpunkt einzunehmen.

Es ist absolut und vollkommen richtig – und sogar Voraussetzung –, *nicht zu wissen*, wie man die Dinge anstellen soll. Das *gewußt wie* folgt aus Ihrer Erklärung und daraus, daß Sie tun, was im Augenblick gewünscht und gefordert ist. Fangen Sie einfach an, *jetzt, heute*. Sie werden herausfinden und entdecken, was zu tun ist – und dann tun Sie es. Einige Dinge funktionieren, andere wieder nicht. Im weitesten Sinne wird alles funktionieren. Ohne Verpflichtung jedoch sitzt ein Mensch herum und wartet darauf, daß irgendein großes Ereignis ihm Frieden, Begeisterung, Liebe, Wohlstand, Inhalt und seinem Leben Sinn und Orientierung gibt. Das, was Sie sich wirklich wünschen, gehört Ihnen bereits; Sie rufen es in Erscheinung dadurch, daß Sie es beanspruchen.

Sie entdecken und erfahren, wer Sie sind, in dem, was Sie vom Leben fordern, indem Sie sich dem verpflichten, was Sie sein, tun und haben möchten, besonders dann, wenn dies weit über das hinausgeht, was Sie in diesem Augenblick zu manifestieren vermögen. *Es ist unmöglich, einen Wunsch zu haben, dessen Erfüllung nicht in der Idee selbst enthalten ist.* Mein Engagement läßt mich zu dem werden, was ich sein kann. Mein Vertrauen in Gott und die Schöpfungskraft wird noch verstärkt durch das Erreichen dieser Ziele. Durch die Größe meines Vorhabens muß ich Kleinlichkeit und vergangene Erfahrungen loslassen und mir zugestehen, etwas »nicht zu wissen« und offen zu sein für die Wege und Mittel, durch welche die Ergebnisse hervorgebracht werden. Nicht ich bin es, sondern »der Vater in mir tuet die Werke«. Dies sind sehr kraftvolle, machtvolle Dinge, und Sie können dies nur durch direkte Erfahrung selbst wissen. Doch um eine Erfahrung zu machen, müssen Sie sich darauf einlassen!

Wovor fürchten Sie sich?

Die Angst vor der Verpflichtung ist in Wirklichkeit einerseits Angst vor Verlust und Versagen und andererseits Furcht vor Gewinn und Erfolg. Verluste oder Gewinne, Erfolg oder Versagen sind nur Illusionen, nur Werturteile. Die meisten Menschen bleiben stecken zwischen der Furcht, zu bekommen, was sie sich wünschen, und der Furcht, nicht zu bekommen, was sie wollen. Mit der Angst vor der Verpflichtung ist es ähnlich. Sehen Sie nach innen, um alle Ängste zu entdecken, die Sie bezüglich Ihrer Verpflichtungen, Beziehungen, Ihres Lebenszwecks, Ihrer Ziele, Vorstellungen und Träume haben. Was, meinen Sie, könnten Sie verlieren? Betrachten Sie einmal die Verpflichtungen, die Sie in der Vergangenheit eingegangen sind, und die, die andere Ihnen oder geliebten Personen gegenüber eingegangen sind. Schreiben Sie auf, welche Verpflichtungen Sie gebrochen haben oder welche Sie, obgleich sie für Sie wichtig sind, doch nicht einhalten? Nun, *verzeihen Sie sich selbst*. Ihnen ist vergeben, also treffen Sie eine neue Wahl.

Meiner Meinung nach hilft auch die beste Verpflichtung nicht, vergangenen Kummer oder vergangene Schmerzen aufzulösen. Die Heilung findet statt, wenn Sie sich zugestehen, diese Verletzung zu durchleben, indem Sie entweder mit einem Menschen darüber sprechen und all das sagen, was Sie noch nie ausgesprochen haben, oder alles aufschreiben, was bisher ungesagt blieb und nie zum Ausdruck gebracht wurde. Haben Sie sich mit diesen Verletzungen und Schmerzen der Vergangenheit auseinandergesetzt und die Vergangenheit in die Gegenwart projiziert, dann seien Sie bereit einzusehen, daß Sie nichts Lohnendes aufopfern müssen, um zu haben, was Sie sich wünschen. *Es ist eine Lüge, daß man Lohnendes und Wertvolles aufgeben muß.* Das Leben wird immer besser, wenn Sie wollen, daß Ihr Leben immer besser wird. Je mehr ich mich der Liebe hingebe und zulasse, daß ich geliebt werde, um so mehr erkenne ich, daß ich niemals etwas zu verlieren und auch nichts zu gewinnen habe. Ich habe nur mehr oder weniger Liebe und Leben, je nachdem, wie offen und wie bereit ich bin. Die Frage heißt eigentlich: Sind Sie bereit, das zu haben, was Sie sich wünschen? Lautet Ihre Antwort »Ja«, dann werden Sie es haben; lautet die Antwort »Nein« oder »Vielleicht«, dann nicht.

Sehen Sie sich das Gras genauer an

Der Glaube, »das Gras sei anderswo grüner«, ist eines der größten Hindernisse vor einer Verpflichtung!

»Das stimmt nicht« protestieren die meisten. Die Einsicht »Das stimmt« ist schon ungewöhnlicher. Die Menschen, die mit der Einstellung »Das stimmt« leben, können in jedem gewünschten Augenblick glücklich sein und sind es auch – die meiste, wenn nicht die ganze Zeit. Leben Sie aus der Einstellung heraus »Das stimmt«, dann erfahren Sie das Paradies, Liebe, Vollständigkeit, Zufriedenheit und Wohlstand zu jeder Zeit und an jedem Ort. Schauen Sie immer wieder »anderswohin«, dann schaffen Sie es »hier« nicht. Eine Verpflichtung fordert von uns, daß wir *diese Arbeit, die Beziehung, diese Ehe, dieses Leben* zu dem machen, was wir uns schon immer wünschten. Das heißt, geben Sie *im Hier und Jetzt Ihr Bestes*, und das Wunder geschieht hier und jetzt und Sie erleben das Paradies, das Sie schon immer suchten. Wenn Sie nur von einer Stelle zur nächsten laufen, dann geben Sie sich selbst nie die Möglichkeit, unter die Oberfläche in das Herz der Dinge zu sehen, die von Ihnen entdeckt werden wollen. *Sie müssen tief graben, um die Edelsteine zu finden.*

»Das grünere Gras anderswo« mag für einige Menschen eine Lebensform sein, doch sie werden zerrissen, weil sie sich keine tieferen Erfahrungen erlauben, wie zum Beispiel eine Ehe oder eine Beziehung, da sie befürchten, verletzt zu werden. Diese Menschen suchen nach jemandem, der sie bedingungslos und treu liebt; einem Partner oder Kameraden, der ihre Großartigkeit erkennt, ihrem wahren Selbst applaudiert und ihre Schönheit feiert. Diese Person soll Ihnen helfen, dahin zu finden, wohin sie gehen wollen, und Ihnen unmittelbar verzeihen, ohne Sie je zu verurteilen. *Die Person, die Sie suchen, sind Sie selbst*, widergespiegelt in einem anderen Menschen. Sie ziehen liebevolle Menschen als Ihre Freunde an, *wenn Sie bereit sind, so viel Liebe zu empfangen und andere ebenso zu lieben.*

Von anderen Menschen wünschen wir uns das, was wir ihnen nicht geben wollen. *Sie müssen das, was Sie von anderen zu erhalten wünschen, zunächst GEBEN, dann kommt es zu Ihnen zurück.*

Die Stufen des Lebens

Es gibt unendlich viele Stufen der Liebe, des Wohlstands und des Lebens, die von Ihnen erfahren und zum Ausdruck gebracht werden möchten. Wenn Sie auf einer Stufe stehenbleiben und sie verlassen, weggehen oder rausgeworfen oder verlassen werden, bevor Sie die nächste Stufe erreichen, dann versagen Sie sich selbst die Erfahrung aller zur Verfügung stehenden Geschmacksrichtungen. Das, was Sie in Nachbars Garten suchen, finden Sie *auch in Ihrem eigenen Garten*, wenn Sie nur den Boden vorbereiten, die Pflanzen setzen, Unkraut jäten und den Garten kultivieren und sich daran erfreuen.

Wir schaffen es bis zu einer bestimmten Stufe und treffen dann auf einen Widerstand oder ein Hindernis, oder eine Krise tritt auf. Wir können entweder unsere Energie dafür einsetzen, mit dem Hindernis umzugehen, um es schließlich irgendwann als Entschuldigung dafür anzuführen, warum wir aufhören oder verlassen werden, oder wir nutzen die Situation, *um das Hindernis zu beseitigen, den Kummer zu heilen und uns selbst* einer tieferen und noch erfüllenderen Erfahrung der Liebe und des Selbstausdrucks zuzuführen. Jeder Augenblick ist eine Gelegenheit, entweder mehr Abfall aufzutürmen oder die Abfälle der Vergangenheit wegzuräumen und zunehmend lebendiger zu werden. Doch nur Engagement erlaubt Ihnen, letzteres zu tun. Mit sich selbst in Einklang sein und sich für ein wirkliches Leben entscheiden und all das sein wollen, was Sie sein können, ist der erste Schritt, wenn Sie Ihr Gutes entdecken wollen.

Alles gehört Ihnen, Sie müssen es fordern, da, wo Sie jetzt stehen. Wenn ich festhänge, dann übergebe ich alles Gott und bitte in dieser Situation um Liebe und Frieden. Ich lasse meine Erwartungen, mein Bedürfnis nach Kontrolle und jeden Wunsch nach Manipulation los, und dann geschieht das Wunder schon. Das Geheimnis liegt darin, sich der Liebe und dem Frieden hinzugeben und willens zu sein, die Liebe erscheinen zu lassen.

Was ist, wenn es nicht klappt?

An diesem Punkt – wenn Sie sich in einer unglücklichen Ehe gebunden fühlen, eine unerfreuliche Arbeit tun, an einem Projekt beteiligt sind, das rapide abwärts geht, werden Sie vielleicht sagen: »Terry, Augenblick mal. Ich *habe* mich eingesetzt, und es funktioniert doch nicht! Was soll ich tun?« Ich habe keinen Rat für Sie, keine Liste von Dingen, die Sie tun oder lassen sollten. Es liegt ganz an Ihnen. Nur Sie können wissen, ob es klappt oder nicht. Schauen Sie in sich hinein und erkennen Sie die Wahrheit. Möchten Sie wirklich mit diesem Menschen leben? Soll Ihr Projekt wirklich gelingen? Stoßen Sie vor zum Kern der Sache. Paßt Ihnen das, sind das Sie, ist das, wofür Sie sich einsetzen, wirklich das, wozu *Sie sich entschieden haben*?

In diesem Vorgang werden viele Dinge bereinigt. Sie befreien sich selbst von all den Dingen, die Sie ständig mitgeschleppt, hinter sich hergezogen und auf Ihren Schultern getragen haben. *Verpflichtung ist keine Last; es ist eine Wahl und ein Hilfsmittel.*

Eine wichtige Wahrheit

In Wirklichkeit ist kein Ziel besser oder schlechter als irgendein anderes. Es ist weder besser noch schlechter, zu bleiben als zu gehen. Die Frage ist, laufen Sie vor etwas weg, gehen Sie jemandem aus dem Weg, machen Sie andere verantwortlich, verhalten Sie sich unverantwortlich und ziehen Sie andere hinunter? Eine saubere Lösung hilft jedem, eine unsaubere erschwert die Angelegenheit für alle Beteiligten.

Um voranzukommen, ist es wichtig, Ihr ursprüngliches Abkommen oder Ihre Verpflichtung zu überprüfen. Dabei finden Sie vielleicht zu Ihrer eigenen Überraschung heraus, daß Sie sich erübrigt hat oder auf Furcht und Mangel und nicht auf Liebe und Wohlstand beruhte. Versuchen Sie die folgenden Schritte:

- ☐ *Finden Sie heraus, ob Sie die ursprüngliche Verpflichtung aufleben lassen können, und entdecken Sie noch einmal, was Sie sich davon erhoffen und welche Freude sie enthielt. Vielleicht haben Sie im Einerlei des täglichen Lebens vergessen, warum Sie heirateten oder diese bestimmte Stelle annahmen. Entscheiden Sie sich wieder aus dem gleichen Grund, und fangen Sie den Zauber dieser Entscheidung neu ein.*
- ☐ *Holen Sie sich Rat von den Leuten, die Ihnen helfen können, auf den richtigen Weg zurückzukommen. Bereinigen Sie die Situation mit Ihrem Partner, Ihren Mitarbeitern, der Organisation oder wem oder was immer. Diese Hilfe könnten Sie einholen bei einem Therapeuten, einem geistigen Lehrer, Berater oder einem guten*

Freund, der Ihnen die Wahrheit sagt – und bei dem Sie sich sicher genug fühlen, ohne Einschränkung die Wahrheit zu sagen. Sie müssen mit Ihrem Innersten Kontakt aufnehmen und herausfinden, was Sie wirklich wollen.

- ☐ *Wenn Ihre Verpflichtung nun abgelaufen ist oder weder Ihnen selbst noch anderen in irgendeiner Weise hilft, dann ist es Zeit, weiterzugehen. Bleiben Sie nicht in einer Situation nur aus Schuldgefühlen. Schuldgefühle sind häßlich und schlecht, und sie bewahren Sie vor nichts. Seien Sie bereit, einzugestehen, daß Ihre Verpflichtung zu Ende ist, und auch dazu, die Form Ihrer Beziehung zu verändern. Einige Beziehungen dienen nur dem Augenblick, einige sind für eine Woche, ein Jahr, ein Leben oder für immer. In Gott sind wir alle eins und stehen in Beziehung zueinander. In dieser Welt sieht es zwar so aus, als wäre einer vom anderen getrennt und jeder allein, doch das ist Täuschung, ist Illusion. Einer liebt den anderen, denn wir sind der andere. Jede Beziehung und jedes Ziel dient nur der Liebe und will Sie wieder zu Ihrer Macht zurückführen.*

Seien Sie klug genug zu erkennen, wann etwas keinen Wert mehr für Sie besitzt. Doch setzen Sie dies nicht ein, um sich selbst oder einen anderen zu verletzen. Bringen Sie zum Abschluß alles in Ordnung, was in Ordnung zu bringen ist. Teilen Sie sich dem anderen ehrlich und liebevoll mit. Lassen Sie sich gegenseitig wissen, wie wertvoll die gelernten Lektionen waren, damit diese Gelegenheit wirklich zu beiderseitiger Bereicherung führt. Häufig versuchen wir, den unbeschreiblichen Wert dessen herabzusetzen, was zwischen uns und anderen bestanden hat. Ohne diese Beziehung, diese Ideale, dieses Projekt, dieses Berufsziel, diese Gelegenheiten wären Sie nicht an diesem Punkt. Anerkennen Sie das Wachstum, die Liebe, das Gelernte und besonders den Beitrag.

Wir neigen sehr dazu, dem Drang des Ego nachzugeben und alle Schönheit und Liebe zu zerstören, indem wir alles nur noch negativ sehen. Sie selbst sind die Ursache, Sie haben die Wahl getroffen, und dies kann in eine heilige Erfahrung umgewandelt werden, wenn Sie zulassen, daß es eine Aufgabe der Liebe und Vergebung ist. Selbst wenn die anderen Betroffenen die Verantwortung nicht übernehmen, es geht hierbei um *Ihr Leben*. Wo ich den Wert *sehen* kann, *bekomme* ich auch diesen Wert.

Lernen Sie Verantwortung, und tun Sie, was getan werden muß, mit einer Integrität, die im Einklang steht mit Ihren Werten und Prinzipien und Ihnen zugesteht, sich vollständig, vollkommen zu fühlen. Nichts ist es wert, daß Sie darüber Ihren Seelenfrieden verlieren. Denken Sie daran, *was Sie austeilen, bekommen Sie auch zurück*. Gehen Sie so mit anderen um, wie Sie von anderen behandelt werden möchten. Vielleicht verhalten sich Ihre Mitmenschen Ihnen gegenüber auch so – oder auch nicht.

Ich habe herausgefunden, daß, wenn ich Abkommen mit »Haien« traf und mich Ihnen verpflichtet fühlte, diese noch lange Zeit »Haie« blieben – und nicht nur bei mir. Nehmen Sie das keinesfalls persönlich. Wählen Sie beim nächsten Mal Partner, die sich ethisch, liebevoll, engagiert und verantwortlich verhalten und ihre Arbeit schaffen. Übergeben Sie alles der Liebe Gottes, die es heilt und verwandelt.

Vorwärts gehen

Es gibt keine Garantie, daß irgend etwas in einer bestimmten Weise ist oder verläuft. Worauf Sie sich aber verlassen können – *wenn Sie willens sind* – ist, daß jeder Abschluß Sie der nächsten Gelegenheit entgegenführt, die noch besser und noch idealer für Sie ist als die Gelegenheiten vorher. *Sie lernen niemals weniger im Leben*, denn, da Ihr Bewußtsein gereinigt wird und Sie mehr von Ihrem göttlichen Recht annehmen, haben und erfahren Sie mehr Schönheit, Glückseligkeit, Wohlstand und Macht. Die Investitionen, die Sie in sich selbst machen, bringen Dividenden, die alles irdische Maß übersteigen.

Sie können das haben, was Sie sich wünschen, es steht Ihnen alles zur Verfügung. Doch Sie müssen *wählen, was für Sie wichtig ist, und sich dann dafür einsetzen von dem Standpunkt aus, den Sie heute einnehmen*. Lassen Sie zu, daß Ihre Verpflichtungen das Beste aus Ihnen herausholen und Sie in einen Daseinsbereich hineintragen, der jenseits des Üblichen liegt.

Übungen

1. Schauen Sie in Ihr Inneres, und finden Sie heraus, wem oder was Sie sich verpflichtet fühlen, und schreiben Sie das auf ein Blatt Papier.
2. Wenn Sie sich aufgrund vergangener Erfahrungen beurteilen, auf welchen Gebieten können Sie sich auf sich selbst verlassen?
3. Erinnern Sie sich vergangener Mißerfolge und Enttäuschungen, die mit Ihnen und Ihren Verpflichtungen zu tun haben.
4. Schreiben Sie auf, welche Verpflichtungen Sie eingehen könnten, und gehen Sie sie ein.
5. Nennen Sie Ängste und Überzeugungen, die Sie gegenüber Verpflichtungen haben.
6. Seien Sie bereit herauszufinden, was eine Verpflichtung ist, in dem Sie eine Verpflichtung eingehen.

Bejahungen

Ich verpflichte mich __________

Genau das ist es, und ich verpflichte mich, meine Vision zu leben.

Ich lasse alles zu, was in meinen Beziehungen geschieht, um mehr Liebe und Leben zu erfahren.

11. Kapitel

Geben Sie nicht Ihre Macht aus der Hand

Die meisten von uns haben eine Tasche voller Erklärungen, einen Hut voller Entschuldigungen und einen Koffer voller Lösungen für so ziemlich jede Gelegenheit.

Wir denken uns Erklärungen aus, um uns selbst das (falsche) Gefühl der Sicherheit zu vermitteln, daß wir recht haben, und leiten sie aus unseren früheren Erfahrungen ab. Sie sagen durchaus nicht die Wahrheit über die Gegenwart oder die Zukunft, vielmehr sorgen sie dafür, daß Sie die Vergangenheit wiederholen und aus dem Gestern leben.

Rechtfertigungen sind eine Auflistung von Gründen, die etwas Falsches richtig erscheinen lassen sollen. Die Wahrheit braucht keine Rechtfertigung, und Sie brauchen eine innere Erfahrung der Wahrheit nicht zu beweisen. *Etwas ist entweder wahr oder nicht.*

Besonders in der Kindheit hat jeder von uns negative Dinge aufgezwungen bekommen. Dies jedoch als Entschuldigung für oder gegen etwas in Ihrem jetzigen Leben einzusetzen, hilft nicht weiter. Begründungen und Rechtfertigungen schaffen lediglich Bitterkeit und Schwäche, die dann in der einen oder anderen Form zu Krankheit, Geiz, Feindseligkeit und Machtlosigkeit führen. Dieses Kapitel handelt nicht davon, daß wir uns selbst gegenüber die Schmerzen und Verletzungen der Vergangenheit leugnen sollen. Es geht vielmehr darum, diese Dinge jetzt loslassen und uns aufzumachen in fruchtbarere Gefilde. Wir sind aufgefordert, zu wachsen und größer zu werden als die Geschehnisse oder Verhältnisse unseres vergangenen Lebens. Und wieder soll Ihnen dieses Kapitel dazu verhelfen, das zu bekommen, was Sie sich wünschen.

Im Leben der meisten Menschen gibt es mehr als genug Entschuldigungen und Rechtfertigungen. Doch das ganze Gerede bewirkt nichts! Die Dinge bleiben so, wie sie waren. Gleiches ruft Gleiches hervor. Ergebnisse erzielen wir aus der Aussage und der Absicht, Ergebnisse hervorzubringen. Sie haben, was Sie haben, weil Sie es haben, und das, was Sie nicht haben, haben Sie nicht, weil Sie es nicht haben – Punktum. Alles ist genau so, wie Sie sagen, daß es ist – und nicht anders. Ich gehe zur Arbeit, weil ich sage, daß ich zur Arbeit gehe, und wenn ich in einem Schneegestöber festhänge und es nicht schaffe, dann habe ich irgendwie meine Meinung geändert und bin also nicht hingekommen. Und wenn ich wirklich zur Arbeit gehen wollte, dann würde ich auch hinkommen. Wer weiß, was und wie ich es anstellen würde, aber irgendwie würde ich es schaffen.

Eine Freundin von mir segelte mit einem Boot, das weit entfernt von der Küste kenterte. Wind kam auf, und das Segelboot wurde abgetrieben und ließ sie allein zurück. Sie erkannte sofort, daß sie sterben könne, aber auch, daß sie eine Wahl hatte – und sie beschloß zu leben. *In diesem Augenblick wurde sie von einem Hubschrauber entdeckt, die Leiter wurde heruntergelassen, und sie kletterte in Sicherheit.*

Dies mag sich ganz und gar seltsam anhören, doch eine junge Frau, eine Zuschauerin meines Fernsehprogramms, befand sich alleine auf einer Klettertour in den Bergen. Sie saß auf einem Felsen und las die Bibel gerade an der Stelle, die davon spricht, daß wir, falls wilde Tiere uns verfolgen, sicher sind in der Macht des Heiligen Geistes. Sie blickte auf und sah Bären auf sich zukommen. In diesem Augenblick erkannte sie, daß sie durchaus eine Wahl hatte. Sie entschloß sich, die Gesetze des Lebens anzuwenden und sagte daher mit Glauben und Vertrauen: »Im Namen der Liebe, geht weg.« *Alle Bären drehten sich um und ließen sie in Ruhe.*

Schauen Sie sich all die Male an, als Sie etwas unbedingt haben oder tun wollten – und das taten Sie dann auch, trotz aller Widerstände. Sie gehen zur Arbeit oder nicht, Sie haben Geld oder nicht, Sie sind liebevoll oder nicht, Sie tun, was Sie sagen, oder Sie tun es nicht.

Ein Mensch stiehlt Autos, und andere geben Gründe dafür an – »Er hatte eine traurige Kindheit«, »Sein Vater ist weggelaufen« oder »Er konnte keine Arbeit finden«. Sind Sie der, der das Auto stiehlt, dann haben Sie sicher eine Rechtfertigung dafür, schließlich braucht der Reiche das Auto ja nicht wirklich, und überhaupt, er kann sich ja ein neues kaufen; Sie haben eine schwere Zeit gehabt, und man schuldet es Ihnen – oder wie sonst Ihre Rechtfertigung aussehen mag –, doch an der Wahrheit ändert das nichts: Sie sind ein Autodieb. Dem Auto ist es auch gleichgültig, welche Gründe Sie für Ihre Gedankenlosigkeit hinter dem Steuer anführen oder warum Sie keine Zeit hatten, um Benzin zu kaufen. Pech. Das Auto steht, mit oder ohne Entschuldigung. Ohne Begründungen und Entschuldigungen wird das Leben sehr einfach: Ja oder Nein.

Beobachten Sie einmal, wie oft Sie Erklärungen dafür anführen, warum Sie zum Beispiel dieses Haus, diesen Wagen oder diese Kleidung gekauft haben, wohin Sie in Urlaub fahren, warum Sie so viel Geld verdienen oder die Beziehung zu Ihrem Freund oder der Freundin beenden. Sehen Sie sich die Gründe an, die Sie anführen, warum Sie nicht verkauft haben, was zu verkaufen Sie zugesagt hatten, oder warum Sie mit Ihren Eltern nicht auskommen, oder warum Sie nicht das wiegen, was Sie wiegen möchten. Wenn zum Beispiel das Gewicht Ihr Problem ist, dann ist die Wahrheit so, daß Sie genau die Figur haben, die Sie sich wünschen. Sie sollten wirklich damit aufhören, Ihren Körper verantwortlich zu machen und ihn zu hassen, sondern ihn lieben und loben, weil er Ihre Gedanken darüber, wie Sie auszusehen wünschen, so gut dupliziert. Alles ist so, wie Sie sagen, daß es ist – und nicht anders. Irgendwann haben Sie eine Entscheidung über Ihren Körper getroffen, und Ihr Körper ist Ausdruck dieser Entscheidung.

Mein Leben änderte sich, als ich mich dafür entschied, Verurteilungen, Rechtfertigungen, Begründungen und Entschuldigungen loszulassen und einfach die Verantwortung übernahm. Manchmal neige ich auch heute noch dazu, eine gute Entschuldigung aus dem Ärmel schütteln zu wollen, doch ich weiß, wenn ich das tue, dann gebe ich meine eigene Macht auf.

Um sich selbst wieder zu dem zu machen, was Sie sind, müssen Sie sich selbst ermächtigen und alle Formen und Methoden aufgeben, die Sie eingesetzt haben, um sich zurückzuhalten. Rechtfertigungen machen Sie machtlos, denn in diesem Vorgang verleugnen Sie sich selbst. Wenn Sie die Haltung: »Ich armes Wesen« oder »Ich bin das Opfer meiner Umgebung und kann dagegen nichts unternehmen« einnehmen, dann verlieren Sie Energie.

Die Dinge geschehen im Leben oder vielmehr innerhalb des Lebens. Es gibt alle möglichen Teile und Stückchen, denen wir Bedeutung beimessen. Anstatt für unsere Gefühle, Einstellungen und unsere Ergebnisse verantwortlich zu sein, sehen wir uns um, ob wir irgendein Stückchen finden, dem wir die Verantwortung zuschieben können. Haben Sie eine Verabredung oder einen Termin vergessen, dann finden Sie sicherlich etwas oder jemanden, den Sie als Grund dafür anführen können, warum Sie den Termin oder die Verabredung vergessen haben, anstatt in sich hineinzuschauen, was diese Verabredung oder dieser Termin für Sie bedeutet und warum Sie ihn verpassen wollten. Vielleicht sabotieren Sie sich selbst, vielleicht wollen Sie der betreffenden Person eins auswischen. Vielleicht haben Sie der Person auch etwas zu sagen, wovor Sie sich fürchten oder was Ihnen unangenehm ist. Die eigenen Motive zu untersuchen und herauszufinden, welche Ursache sie haben (weil die Ursache wirklich in Ihnen liegt), ist der Schlüssel zur Verwirklichung Ihrer Träume.

Alles, was wir erfahren, sehen, fühlen oder empfinden, wird sofort in unserem geistigen Computer gespeichert und so zu einem Konzept und Teil unseres Überzeugungssystems. Das Ergebnis: Wir führen ein Leben aus der Vergangenheit heraus. Wir verbinden Dinge miteinander und nehmen Ereignisse und Geschehnisse als Ursache und Wirkung wahr. »Dies ist geschehen, deshalb ist das die Folge«, oder »Dies ist nicht eingetreten, also geschieht auch das nicht.« Doch die Vergangenheit wiederholt sich nur dann, wenn wir unsere Informationen aus der Vergangenheit beziehen.

Ich kannte eine Frau, die jahrelang ihre Abstammung aus Puerto

Rico für Ihre Probleme verantwortlich machte. Doch eigentlich versteckte Sie sich nur hinter dieser Entschuldigung, um nicht das tun zu müssen, was Sie sich wünsche. Als sie diese Einstellung schließlich aufgab, erkannte sie, daß sie dies nur benutzt hatte, um sich selbst zu begrenzen und im Selbstmitleid zu baden. Heute ist sie eine unglaublich schöne Frau, die ihre Träume lebt, weil sie die Entscheidung traf, die Verantwortung für ihr Leben und die Ergebnisse zu übernehmen.

Wir neigen dazu, Bruchstücke aufzusammeln und aufgrund dieser Bruchstücke Entscheidungen zu treffen und Folgerung zu ziehen. Zum Beispiel: »Ich bin eine Frau, mein Vater hat mich finanziell nicht unterstützt, und er verließ meine Mutter. Daher unterstützen die Männer die Frauen nicht und verlassen sie. Daher wird der Mann, den ich liebe, nicht gut zu mir sein und mich verlassen. Deshalb muß ich alles selbst machen.« Selbst wenn all diese Ereignisse wirklich einträfen, würden immer noch Ihre Reaktion und Bewertung darüber entscheiden, welche Auswirkung diese Ereignisse auf Sie hätten. Sie könnten das Ergebnis einer Vielzahl von Entscheidungen sein, die Sie in Wahrheit nur beeinflussen, weil Sie sie akzeptieren, daran glauben und durch ständigen Einsatz verstärken.

Um sich selbst aus dem Kreislauf zermürbender Erfahrungen zu befreien, aus der Serie von Begründungen, Entschuldigungen, Rechtfertigungen und Überzeugungen, sollten Sie willens sein, das zu schaffen, was Sie sich wünschen. Das erfordert jedoch Verantwortlichkeit von Ihnen und die Erkenntnis, daß Sie selbst viel mehr die Ursache Ihres Lebens und seiner Ergebnisse sind als die Auswirkung. Sie sind es, der die Verantwortung trägt. Das Leben ist nicht verantwortlich für Sie. Gott hält seine Hand über allem, und alles wirkt in vollkommener und wundervoller Weise zusammen, wenn wir uns all diesem Guten hingeben.

Rechtfertigungen: Machen Sie es auch so?

Jetzt möchte ich Sie darauf aufmerksam machen, in welcher Weise Sie Entschuldigungen und Rechtfertigungen in Ihrem Leben einsetzen, damit Sie auch diese Gewohnheit ablegen können. Geben Sie sich selbst Macht, nicht Ihren Ausflüchten, denn die Dinge sind so, wie Sie es sagen, und nicht anders.

Es gibt zwei grundsätzliche Arten von Entschuldigungen. Einmal geht es um die Gründe und Entschuldigungen, warum wir sind, tun oder haben, und zum anderen, warum wir nicht sind, tun oder haben. Bedenken Sie jedoch, daß Ihr datenspeicherndes, nur reaktives Denken (von manchen auch als Ego bezeichnet) normalerweise so funktioniert, daß es Ihnen recht geben will, deshalb wird Ihre Rechtfertigung diesen Zweck erfüllen. Nur der greift an, der befürchtet, angegriffen zu werden. Wer liebt, lebt aus dem Vertrauen heraus.

Hier folgt eine Aufstellung von Rechtfertigungen, die vermieden werden sollten. Überprüfen Sie die Liste, ob Sie sich irgendwo darin wiederfinden:

GRÜNDE UND ENTSCHULDIGUNGEN, WARUM WIR SIND, TUN UND HABEN

- ☐ Um die Anerkennung anderer zu gewinnen
- ☐ Damit andere nicht auf uns wütend sind und uns ablehnen
- ☐ Um spirituell zu erscheinen
- ☐ Um einen Grund anzugeben, warum Sie etwas wollen
- ☐ Um Ihre Neigungen, Wünsche und Entscheidungen bedeutend und wichtig erscheinen zu lassen
- ☐ Um zu verhindern, daß Sie mehr oder weniger als andere haben
- ☐ Um zu rechtfertigen, warum Sie so viel Gutes haben
- ☐ Um zu verhindern, daß Sie als unersättlich angesehen werden

GRÜNDE UND ENTSCHULDIGUNGEN, WARUM WIR NICHT SIND, TUN UND HABEN

- ☐ Um sich dahinter zu verstecken und nicht hundertprozentig zu leben
- ☐ Um nicht Verantwortung übernehmen zu müssen
- ☐ Um andere für Sie verantwortlich zu machen
- ☐ Um Ablehnung und Beschuldigung durch andere zu vermeiden
- ☐ Damit Sie sich selbst nicht klar äußern müssen und unsichtbar bleiben
- ☐ Damit Sie Kritik und Angriffe von anderen vermeiden
- ☐ Damit Sie in Selbstmitleid schwelgen können
- ☐ Um abhängig zu bleiben
- ☐ Damit Sie keine Mißerfolge erleiden

GRÜNDE UND ENTSCHULDIGUNGEN, WARUM WIR SIND, TUN UND HABEN

- ☐ Um die Verantwortung dafür zu leugnen, daß dies Ihre Entscheidung war
- ☐ Um andere dazu zu bringen, Ihnen Geld zu geben
- ☐ Um nicht die Wahrheit sagen zu müssen
- ☐ Um nicht zugeben zu müssen, wie mächtig Sie sind
- ☐ Um sich nicht der Liebe und Freude Gottes übergeben zu müssen
- ☐ Um »die anderen« zu besänftigen

GRÜNDE UND ENTSCHULDIGUNGEN, WARUM WIR NICHT SIND, TUN UND HABEN

- ☐ Um in einer Beziehung zu bleiben
- ☐ Um andere in Ihrer Umgebung unfähig zu halten
- ☐ Um sich kein Ziel setzen zu müssen, das größer ist als alle anderen vorher
- ☐ Um zu vermeiden, erfolgreicher zu als die Eltern
- ☐ Um andere nicht zu verletzen
- ☐ Um nicht die Wahrheit zu sagen
- ☐ Um nicht verletzt zu werden
- ☐ Um sich selbst zu beherrschen
- ☐ Um andere zu beeinflussen
- ☐ Um weiter zu leiden, zu kämpfen und Mangel zu erleiden
- ☐ Um zu vermeiden, alles zu haben
- ☐ Um sich selbst und andere mit Belanglosigkeiten zu beschäftigen
- ☐ Um Aufmerksamkeit zu erringen, indem man ständig ein Problem ist
- ☐ Aus Angst, Fehler zu machen und wie ein Narr zu wirken
- ☐ Um Kritik zu vermeiden
- ☐ Um weiterhin zornig zu sein und Selbstmitleid zu empfinden
- ☐ Um es jemandem heimzuzahlen
- ☐ Um zu flüchten
- ☐ Um die eigene Kraft nicht anerkennen zu müssen, damit Sie nicht eventuell als fähig und machtvoll angesehen werden
- ☐ Um Angriffe aufrechtzuerhalten
- ☐ Um einen Feind zu haben, damit Sie jemanden bekämpfen können
- ☐ Um sich das Leben zu erschweren, damit Sie etwas überwinden müssen und den Anschein von Tapferkeit erwecken
- ☐ Um zu verhindern, daß Sie zu viel Liebe, Freude und Gutes erfahren

Entschuldigungen und Rechtfertigungen überwinden sie, wenn Sie willens sind, frei von der Meinung und der Zustimmung anderer Menschen eingegangene Abkommen aufzulösen, die Sie weniger sein lassen, als Sie in Wirklichkeit sind. Sie müssen die bewußte Entscheidung treffen, mutig voranzugehen ohne die Möglichkeit, sich irgendwo festzuklammern oder zu verstecken. Sie können nicht in den Schoß Ihrer Mutter zurück und sich dort verbergen; Sie müssen erwachsen werden. Alles, was das Leben zu bieten hat, wartet darauf, daß Sie aus der Klarheit Ihrer Vision heraus und jenseits des Durcheinanders der Entschuldigungen zu leben bereit sind.

Sie sind aufgefordert, sich selbst wegen Ihrer Begründungen zur Ordnung zu rufen und ganz einfach die Wahrheit zu sagen: »Das habe ich getan« oder »Das habe ich nicht getan« oder auch »Das möchte ich« oder »Das möchte ich nicht«. Der Schlüssel zur Lebensmeisterung liegt darin, daß wir sagen, was wir uns wünschen. Da gibt es die risikobereiten Menschen, die sich entscheiden, zehn Prozent von ihrem Einkommen für Gottes Werk zu spenden und herauszufinden, welchen Wert die Anwendung der göttlichen Gesetze auf das eigene Leben hat. Die Macht, eine Wahl zu treffen, wird erlangt durch einen Handlungsvorgang, der Vernunft transzendiert und Sie in einen Bereich des Lebens weit jenseits der Erfahrung und Überzeugung der meisten Menschen erhebt. Das »Haben« erfordert diese Art von Verpflichtung, die nur Sie eingehen können. Erwägen Sie, was es Sie kostet, diese Wahl nicht zu treffen. *Sie können es sich nicht leisten, diesen Preis zu zahlen*, denn Sie bezahlen mit Ihrem Leben, Ihren Beziehungen, Ihrer Gesundheit und Ihrem Lebenstraum.

Der beste Grund der Welt

Es gibt keinen Grund, der Sie fähiger macht als der, daß *Sie sich entschieden haben, fähiger zu sein*. Gott braucht keine Rechtfertigung, um die Welt zu schaffen. Es war lediglich seine gute Idee. So, wie Sie sind, sind Sie vollkommen, und was Sie sind, ist bereits genug, so wie auch das, was Sie sich wünschen, wertvoll und wert ist, daß Sie es haben, schon alleine deshalb, weil Sie das sagen. Sagen Sie, was Sie wollen – und streben Sie danach. Korrigieren sie sich, wenn Sie einen Fehler gemacht haben, steigen Sie um und gehen Sie weiter voran.

Die Macht liegt im Wort. Wunder geschehen durch Erklärungen. Unvernünftig sein heißt, genau das zu haben, was man sich wünscht, und sich nicht auf Ersatz einzulassen oder sich mit dem zufriedenzugeben, was zu haben ist. Die Erklärung ist die Wahl der höchsten Gedanken, bedeutet Leben aus göttlicher Schöpfung. Die Mächte des Universums sind in Übereinstimmung mit dem, was Sie erklären. Sagen Sie weiterhin, was Sie sich wünschen, und irgendwann, vielleicht auch bald, sind, tun und haben Sie das, was Sie sagen.

Leben Sie aus der Erklärung heraus, dann sind Sie frei vom Durcheinander geistiger Verwirrung; Sie leben weit davon entfernt und bringen aus sich das Leben hervor, das rechtmäßig das Ihre ist. Es ist eine wahrhaft spirituelle Erfahrung, frei von Negation zu sein. Jeder von uns ist beschenkt mit allem, was wir brauchen, um in allen Bereichen unseres Lebens aus dem vollen zu schöpfen, doch wir können diesen Wohlstand nicht erreichen, wenn wir aus den falschen Vorstellungen der Vergangenheit heraus leben. Jay Clark, einer meiner Freunde, schrieb für meinen Mann und mich ein Gedicht, in dem es heißt:

Das Leben ist ein Spiel,
und keine Sache hat wirkliche Bedeutung.
Empfinde die Freude Gottes.
Spiele – und spiele so, als wäre es von Bedeutung –
es gibt keine »Aus«-Zeiten,
und du kannst wieder neu beginnen,
wann immer du dich dazu entscheidest.

Sie öffnen die Schleusen zu Ihrem Himmel, wenn Sie Ihre Pläne, Ihren Lebensstil, Ihre Ziele bekanntgeben. Das Leben ist so, wie Sie es sagen. Es ist ihr Spiegel. Sie können in diesem Augenblick in Gottes Liebe und seinem Wohlstand leben, indem Sie aussprechen, das dies so ist, *und so leben*. Je öfter Sie so leben, um so leichter und natürlicher wird es für Sie. Das mag sich zunächst als schwierig erweisen, doch geben Sie keinesfalls auf. Machen Sie weiter. Ertappen Sie sich dabei, daß Sie Begründungen, Entschuldigungen und Rechtfertigung anführen, halten Sie inne, und achten Sie darauf, was Sie tun, gestehen Sie sich die Wahrheit ein, und äußern Sie dann, was Sie sich wünschen. *Sie riskieren nichts. Sie gewinnen Ihr Leben.*

12. Kapitel

Halten Sie durch bis zum Ende

Menschen, die konsequent das beenden oder durchführen, was sie begonnen haben, besitzen Macht. Jeder hat gute Ideen, doch viele dieser guten Ideen werden nie umgesetzt und noch weniger davon werden zu Ende geführt. Die Menschen lassen ihre guten Gedanken im Sand verrinnen. Als ich zum ersten Mal davon erfuhr, hatte ich gerade mit Klavierspielen aufgehört, und ich erkannte plötzlich, daß ich kaum eines oder überhaupt keines der begonnenen Stücke zu Ende gespielt hatte. Ich fand sie entweder zu schwierig oder zu langweilig und verlor das Interesse. Nach diesem Erwachen zwang ich mich selbst, diese Stücke bis zum Ende durchzuspielen, selbst wenn ich Noten überschlug oder Langeweile dabei empfand. Ich erkannte, daß ich die Angewohnheit besaß, angefangene Dinge unbeendet zu lassen, und es war Zeit für mich, mit dieser Gewohnheit zu brechen und mir neue Gewohnheiten zuzulegen, wenn ich das von mir gewünschte Leben führen wollte.

Der Sinn des Lebens liegt in der Liebe und der vollen Verwirklichung des Selbst. Liebe ist in sich und aus sich heraus vollkommen und vermehrt sich, wenn wir sie nutzen, ebenso wie auch unsere Talente und Fähigkeiten. Je mehr Sie aus Ihrem Inneren hervorbringen, um so mehr gibt es hervorzubringen. Wenn wir alles Angefangene beenden, werden wir fähig, unsere Fähigkeiten, Talente und unsere Liebe zu steigern. Unsere Ziele sind die Bühne, die uns erlaubt, die Verwirklichung des Selbst zu erfahren.

Die Ziele sind in sich selbst und aus sich selbst lediglich Zielpunkte. Sobald Sie an einem Punkt angekommen sind, werden Sie sich wahrscheinlich für ein anderes Ziel entscheiden. Dieser Vorgang setzt sich ständig fort. Sein Wert liegt in der Herausforderung für Sie, Ihre inneren Schätze einzusetzen und Sie als Mensch weiterzubringen. Ohne wirkliche Herausforderung ist das Leben nur eine Frage des Überlebens oder des Durchkommens. Doch der Sinn unserer Arbeit ist nicht das bloße Überleben, sondern die volle Verwirklichung des Selbst und der Liebe.

Wir müssen die Fähigkeit entwickeln, das, was wir sagen, auch zu tun. Je beständiger die Ergebnisse, um so mehr Energie bringen uns unsere Anstrengungen. Die Beendigung eines Zyklus ist der Ausgangspunkt für den nächsten Energiestrom. Beenden wir unsere Aufgaben nicht, dann verströmt die Energie, da sie keinen Punkt hat, auf den sie sich konzentrieren kann, und staut sich um Sie herum. So erfahren Sie Energieverlust oder Erschöpfung, anstatt Energieanstieg und vermehrte Leistungsfähigkeit. Je mehr Energie Sie durchströmt, um so mehr nehmen Sie am Leben teil. Der einzige Wege, das Leben zu verschwenden, ist der, das Leben nicht zu nutzen.

Lernen Sie, Angefangenes beenden

Fertigstellung ist eine natürliche Angelegenheit. In der Natur gibt es einen Anfang, eine Mitte und ein Ende aller Lebensformen, einschließlich der des menschlichen Lebens. Das ist eine notwendige Folge. Und doch fühlen sich gute und fähige Menschen überall gebremst, nicht anerkannt und ohnmächtig. Wenn wir so sehr verletzt sind, daß wir lieber nur da sitzen, schlafen, nicht teilnehmen wollen und zaudern, dann scheint es fast unmöglich, unsere ganze Energie in eine bestimmte Richtung zu lenken und uns selbst zu motivieren. Doch jeder Mensch besitzt ein Reservoir natürlicher Schätze, das darauf wartet, hervorgerufen zu werden, und die Transformation ist der Vorgang zur Wiedererweckung unserer Liebe und unserer Fähigkeiten.

Lassen Sie mich einige Möglichkeiten aufweisen, wie Sie durch Beendigung begonnener Arbeiten Ihre Fähigkeiten zurückgewinnen und Ihre Schätze hervorbringen können, damit Sie das bekommen, was Sie sich wünschen. Falls Sie dies schon tun, helfen Ihnen diese Schritte, den Energiestrom in Ihrem Leben noch zu verstärken, so daß Sie noch größere Höhen der Liebe und Selbstverwirklichung erreichen. Es wird Ihnen auch helfen, anderen behilflich zu sein. Ich möchte sowohl die unterstützen, die ein Projekt begonnen haben, das Sie zu Ende führen möchten, wie auch den Menschen, die Abneigung, Depression und Wut auf das Leben, sich selbst und andere empfinden, weil es scheint, als wirke das Leben nicht zu ihren Gunsten. Ich fühle mich Ihnen verpflichtet, daß Sie all das sein können, was Sie sein können, und aus Gottes Liebe, Gottes Wohlstand und aus seiner Freude heraus leben. Ein wichtiger Schlüssel hierzu liegt darin, Dinge zu beenden.

Die vier Schritte

Ich sage hier nicht, diejenigen, die alles beenden, wären besser als die, die das nicht tun. Doch etwas zu Ende führen schafft Sicherheit, Macht und Erfüllung, läßt uns gedeihen und wissen, was wir tun, haben und sein können. Wir kommen stets schrittweise dahin, wohin wir wollen – können wir doch nur den nächsten Schritt tun, wenn wir den davor liegenden beendet haben.

DER ERSTE SCHRITT

Betrachten Sie Ihr Leben, und stellen Sie fest, was Sie beendet haben und was noch unvollständig ist. Fertigen Sie eine Liste der Dinge an, die Sie beendet haben. Es ist völlig gleichgültig, was Sie aufschreiben, angefangen vom Kuchenbacken, spülen, bis hin zum erfolgreich abgeschlossenen Abschuß einer Rakete zum Mond und zurück. Lassen Sie sich einige Minuten lang von der Zufriedenheit und der Erfüllung einfangen, die Sie bei jeder Beendigung einer Arbeit erfahren haben. Gehen Sie zurück in die Kindheit, die Schule, die Universität, zu Ihrer Arbeitsstelle, in Ihr Zuhause, gleich zu welchen Aufgaben, und schreiben Sie alles auf, was Ihnen einfällt, das Sie je fertiggestellt haben. Verfahren Sie ebenso mit Beziehungen, da Sie auch beendete und offene Beziehungen haben. Beendet heißt, Sie fühlen sich zufrieden, heil und ganz, so als ob nichts fehlt.

DER ZWEITE SCHRITT

Danach fertigen Sie eine Aufstellung aller unbeendeten Vorhaben und Ziele in Ihrem Leben an. Denken Sie dabei an Ihren Körper, Ihre Beziehungen, Arbeit, Beruf, Finanzen und so weiter. Das sieht aus wie eine riesige Aufgabe, und Sie fühlen sich allein von dem Gedanken überwältigt. – Nun, das ist normal. Beginnen Sie trotzdem damit. Hier geht es nicht darum, ob Sie sich inkompetent oder großartig fühlen; es geht vielmehr darum, daß Sie in die Richtung gehen, die Sie zu gehen wünschen. Dies ist eine arme Welt des Nicht-Habens, weil die Menschen nicht wissen, wie sie Dinge haben und loslassen und sich bei allem der Herrlichkeit erfreuen können. Dies ist ein ständiger Prozeß, weil wir in jedem Bereich unseres Lebens immer wieder neue Dinge beginnen, fortführen und beenden. Wir müssen das Ende auch erkennen und anerkennen und das Beendete loslassen, damit wir zu neuen Ufern aufbrechen können.

In den von mir geleiteten Hochzeitszeremonien beginne ich damit, daß ich das Brautpaar erkennen und anerkennen lasse, daß sie den richtigen Partner gefunden haben und daher eine monogame Beziehung akzeptieren können. Zu oft haben wir Gedanken an »die Kirschen in Nachbars Garten« in der Hoffnung, daß eines Tages die nächste Stelle, der nächste Partner, das nächste Leben ganz vollkommen sein werden. Wir verlegen die Erfahrung des *Jetzt* und des *Angekommenseins* in die Hoffnung, noch etwas Besseres zu finden.

Ein Abschluß kann die Furcht vor dem Tod bringen oder die Angst davor, daß das Gute zu Ende geht – oder vielleicht die Sorge, daß Sie nichts mehr zu tun haben, wenn diese Sache vorbei ist. Doch ein Abschluß bedeutet lediglich das Ende des *einen* Schrittes – und weiter nichts.

In der Beziehung zu meinen Kindern Suzanne, Rebecca und Jenna hatte ich das Ende aller möglichen Beziehungsphasen durchzustehen. Wann immer dies geschah, kamen Furcht und irrationale Ängste über die Beendigung der Beziehung in mir hoch, und jedesmal mußte die

Beziehung auf dieser Ebene sterben, um auf einer neuen Ebene wiedergeboren zu werden. Hält man jedoch fest und weigert sich, den alten Zustand loszulassen und zu beenden, dann versagt man sich die nächste Erfahrung, die nur dann eintritt, wenn wir etwas beenden und weiter vorangehen.

Mein Mann Leonard und ich durchlaufen ständig diesen Prozeß, weil wir beide neue Ebenen des Bewußtseins erfahren, die von uns fordern, unsere alten Überzeugungen und alten Verhaltensmuster in anderen Beziehungen aufzugeben und gleichzeitig die Entscheidung für höhere Ebenen der Liebe, Intimität, Teilhaben-lassen und Befähigung zu treffen.

Die Beendigung dieses Buches hat Druck verursacht. Die Illusion läßt mich glauben, daß nichts beurteilt werden und ich daher nicht versagen kann, wenn das Buch nicht fertiggestellt ist. Wir neigen dazu, etwas nicht zu beenden, weil dann nichts kritisiert werden kann, woran wir noch arbeiten. Wir wollen die Dinge nicht entlassen. Kennen Sie Menschen, die alles sammeln und alles wegräumen, weil sie es vielleicht noch einmal brauchen könnten? Meine Urgroßmutter Bertha Hall besaß Freunde, deren Wohnungen ich nach deren Tod mit ausräumen durfte. Die Wohnungen waren von der Vergangenheit überladen. Doch Leben in der Vergangenheit bedeutet den Tod der Gegenwart und der Zukunft. Je weniger wir *jetzt* beenden, um so weniger Energie, Klarheit, Macht und Begiesterung werden wir haben.

Kehren wir zurück zu unserer Liste unbeendeter Projekte und Ziele. *Kreuzen Sie alles durch, was Sie nicht länger haben möchten.* Es ist überhaupt nichts dabei, daß Sie Ihre Meinung ändern. Um etwas zu beenden, brauchen Sie nur sich selbst die Erlaubnis zu geben, etwas nicht länger haben zu wollen und es daher loszulassen. Dadurch kann eine ungeheure Menge an Energie freigesetzt werden. Lassen Sie jetzt alles los, was Sie sich nicht länger wünschen. Wollen Sie zum Beispiel das alte Sofa nun doch nicht mehr aufpolstern lassen, rufen Sie jemanden an, der es abholt. Im Vorgang des Loslassens liegt die Kraft, nicht darin, daß man nur darüber spricht oder daran denkt. *Werden Sie es jetzt und heute los!*

Ich gab meine neue teure Nähmaschine an meine Tochter Rebecca weiter, und als ich das tat, sagte mein kleines Selbst: »Es wäre besser, du würdest sie nicht fortgeben. Sie ist teuer, und vielleicht nähst du eines Tages wieder.« Die Wahrheit war jedoch, daß ich nicht wieder nähen wollte – und warum an vergangenen Zeiten festhalten? Ich traf die Entscheidung, daß ich die Kleider mag, die von anderen hergestellt werden, und daß ich immer über das Geld verfügen werde, um mir das zu kaufen, was ich mir wünsche, selbst eine neue Nähmaschine, wenn ich das wollte. Dieser Vorgang allein schloß die Tür hinter meinem früheren Armutsbewußtsein in bezug auf Kleidung. Ich hatte mich nicht zum Nähen entschlossen, um eine Fertigkeit zu erreichen. Ich nähte, weil ich nicht glaubte, mir kaufen zu können, was ich wollte. Jetzt öffnete sich für mich eine neue Ebene des Wohlstands und eine neue Ebene von Kleidern. Geben Sie alles auf, was Sie auslaugt, was Sie glauben »zu sollen« oder woran Sie meinen, festhalten zu müssen. Tun Sie, was erforderlich ist, um die Tür hinter diesen Dingen zu schließen. Vielleicht bedeutet es, daß Sie zu Ihrem Vater gehen und ihm sagen: »Vati, ich möchte dies nicht tun oder jenes nicht haben, und ich sage diesen Dingen Lebewohl.« Häufig trägt unser Bedürfnis nach Anerkennung und Annahme durch andere wie auch unsere Überzeugung an Mangel zu unserer Unvollkommenheit bei. Nichts gibt Ihnen mehr Macht, als genau das zu tun, was Sie tun möchten. Was Sie davon abhalten kann, Macht zu haben, ist die Überzeugung, Sie könnten mit so viel Freiheit nicht umgehen und sich nicht motiviert fühlen, ein guter Mensch zu sein oder schwer zu arbeiten, wenn das Leben Sie gut behandelt.

Natürlich sind die Menschen motiviert, wenn sie wieder zu ihrer natürlichen Größe gefunden haben. Das Leben ist ein Abenteuer und eine großartige Gelegenheit, sich selbst zum Ausdruck zu bringen und Freude zu empfangen.

DER DRITTE SCHRITT

Machen Sie eine Liste der Dinge, die Sie beendet sehen, aber nicht selbst tun möchten. Stellen Sie dafür jemanden an oder geben Sie die Aufgabe an jemanden weiter, der sie beendet. Sie können eine Arbeit auch auf diese Weise beenden, denn Sie sind es, der durch den anderen wirkt. Das ist das wahre Geheimnis eines Führers, Unternehmers oder Managers. Sie bevollmächtigen andere, besonders wenn es deren Gabe und Talent ist, eine Sache durchzuziehen und Ihre Ideen und Projekte zu beenden. Jeder gewinnt dadurch.

DER VIERTE SCHRITT

Stellen Sie jetzt eine Liste der Dinge auf, die Sie selbst beenden möchten. Vielleicht wollen Sie Briefe schreiben, einen Schrank auswaschen, ein Buch beenden oder das Auto waschen oder reparieren. Kraft, neue Vitalität und Begeisterung für das Leben werden Sie erfassen, wenn Sie die Arbeit durchgeführt haben.

Das Problem, sich »gezwungen« zu fühlen

Als Kinder haben sich viele von uns vor der Freude an der Arbeit und davor verschlossen, Dinge schon deshalb zu tun, weil sie uns Erfüllung und Befriedigung vermittelten. Wenn Sie das Gefühl haben, Sie seien gezwungen worden, zu arbeiten oder Dinge zu tun, dann machen Sie dicht, und die Wut steigt an wie der Druck einer Dampfmaschine. Stets sind ein großes Nein und eine Wand aus Widerstand vorhanden. Sie müssen versuchen, diese Wand zu überwinden. Finden Sie heraus, wer Sie gezwungen hat, zu arbeiten oder etwas zu tun, was Sie nicht wollten; erleben Sie noch einmal Ihre damaligen Empfindungen, die von Ihnen getroffenen Entscheidungen und wie das alles Ihr Leben beeinflußt hat.

Öffnen Sie sich wieder, indem Sie erkennen, daß Sie selbst es waren, der sich verschloß, und daß Sie selbst den Preis dafür zahlen. Wir können die anderen beschuldigen, so lange wir wollen, doch es bleibt unser Leben ist und wir können uns von nichts abschließen, ohne uns selbst auszuschließen. *Selbstgerecht und stur sein ist der Todesstoß für Kreativität und vollen Selbstausdrucks und Liebe.*

Bringen Sie selbstgewählte Ergebnisse hervor. Wenn Sie nicht die Arbeit Ihrer Wahl haben, dann wahrscheinlich, weil Sie nicht konsequent Ergebnisse hervorbringen. Das tun Sie jedoch, wenn Sie alles

Begonnene auch beenden. Sie beginnen eine Arbeit, sie führen sie durch, und Sie beenden diese Arbeit. Dann kommt die nächste Sache dran – Sie beginnen eine Aufgabe, ziehen sie bis zum Ende durch... und so weiter.

Ich stelle Menschen ein, weil ich mich darauf verlassen kann, in allem unterstützt zu werden, was ich möchte, und ich unterstütze sie in gleicher Weise in dem, was sie zu erreichen wünschen. Jemanden nur zu heiraten oder einzustellen, weil er uns leid tut, ist kein ausreichender Grund. Menschen, die konsequent Ergebnisse produzieren, sind unbezahlbar. Die meisten Menschen gehen zur Arbeit, weil sie eine Stelle brauchen, doch sie sind nicht wirklich anwesend, sondern mit ihren Gedanken woanders. Häufig fühlen sie sich als Opfer des Unternehmens oder gar des Lebens, und doch haben sie während dieser ganzen Zeit die Macht, alles zu haben und alles zu genießen.

Der Trick liegt darin, in diesem Augenblick – jetzt – zu beginnen. Die Befriedigung und Erfüllung, die eigenen Vorstellungen real und greifbar zu machen, bringt ein unglaubliches Hochgefühl. *Erfahren Sie Ihren Wert für sich selbst und andere.* Dann leben Sie auch nicht länger in der Furcht davor, Ihre Arbeit oder das Leben, das Sie sich wünschen, zu verlieren, denn Sie kennen jetzt die Gesetzmäßigkeiten und setzen sie ein.

Vielleicht möchten Sie klein anfangen, aber *beginnen Sie jetzt.* Tun Sie, was erforderlich ist, um sich über den Punkt hinaus zu zwingen, an dem Sie die Sache aufgeben oder damit aufhören möchten. Sie werden wahrscheinlich jeden nur möglichen Einwand vorbringen, warum Sie die Sache nicht durchführen sollten. Können Sie es selbst nicht tun, dann finden Sie jemanden, der es für Sie tut. Streichen Sie die Kommode fertig, und zwar so gut Sie es nur können. Hervorragende Leistung bringt immer Wohlstand, doch Wohlstand umgekehrt nicht immer Qualität. Qualität schafft Selbstachtung und persönlichen Wert. In Wahrheit sind Sie schon wertvoll, nur weil Sie Sie sind. Die Erfahrung des eigenen Wertes kommt aus der Erkenntnis: »Ich mache es anders. Ich leiste einen Beitrag, und ich produziere Ergebnisse.«

Es gibt keine Grenzen dafür, was Sie durch Ihre Talente und Fähigkeiten erfahren können, und es gibt keine Grenze für die Qualität des Lebens, die Sie erreichen und erfahren können, nur weil Sie das durchziehen und beenden, was Sie begonnen haben. Die Meister sind nicht die Menschen mit den Ideen. Ideen hat jeder – jeder will ein Buch schreiben, will eine Erfindung, mit der eine Million zu verdienen ist, und jeder verdient, ein reiches Leben zu führen und großen Wohlstand zu erreichen. Und warum schaffen das nur so wenige? Weil nur so wenige eine begonnene Sache konsequent durchführen und beenden und so ihre Ideen zur Wirklichkeit werden lassen. Sie erkennen jetzt, daß die *Macht darin liegt, etwas zu beenden.*

Übungen

1. Machen Sie eine Liste all dessen, was in Ihrem Leben (Aufgaben, Vorhaben, Beziehungen usw.) unfertig ist.
   a. Lassen Sie das los, was Sie nicht vollenden wollen, und streichen Sie es von Ihrer Liste.
   b. Kennzeichnen Sie alle *unbeendeten* Dinge, die zu Ende geführt werden sollen und die Sie an einen anderen zur Erledigung weitergeben, mit einem X. (Falls erforderlich, zahlen Sie dafür.)
   c. Setzen Sie ein 0 vor jede unerledigte Sache, die Sie selbst beenden wollen. Setzen Sie sich einen Termin für diese Arbeit und beenden Sie sie bis dahin.
2. Machen Sie jeden Tag eine Liste »zu erledigen« und streichen Sie jede erledigte Sache durch. Die Beendigung steigert Ihre Energie und Ihren Glauben in Ihre Fähigkeiten, das zu tun, was Sie sagen.
3. Haben Sie Schwierigkeiten, etwas zu vollenden oder fertigzustellen, richten Sie an sich selbst die folgenden Fragen und schreiben Sie jede Antwort oder jeden Gedanken auf:
   a. Was hält mich davon ab, diese Arbeit zu beenden?
   b. Was will ich vermeiden, indem ich diese Arbeit nicht fertig stelle (oder was fürchte ich nach der Erledigung dieses Projekts)?
   c. Was bedeutet Fertigstellung für mich, und wovor fürchte ich mich dabei?
4. Machen Sie eine Liste aller Dinge, die Sie je beendet haben,

soweit Sie Ihnen einfallen, und spüren Sie in die Energie hinein, die Sie dabei empfinden. Loben Sie sich selbst, wann immer sie eine Sache beendet haben, ganz gleich, ob es sich dabei um eine Routinesache oder eine kleine Arbeit handelt.

Bejahungen

Ich, __________, empfinde Freude daran, Dinge fertigzustellen.

Alles, was ich, __________, fertigstelle, bringt mehr Gutes in mein Leben.

Ich gestatte mir, Angefangenes zu beenden und mich zu meinem nächsten Abenteuer aufzumachen.

Ich, __________, kann Angefangenes fertigstellen, frei von der Angst vor Verlust oder Tod.

Ich, __________, beende mit Freude und konsequent, was ich begonnen habe.

13. Kapitel

Werden Sie los, was Sie nicht mehr wollen

Die Fähigkeit, alles loszuwerden, was Sie nicht mehr haben wollen, ist genauso wichtig wie die Fähigkeit, sich alles zu schaffen, was Sie sich wünschen! Nichts ist frustrierender, als etwas am Hals zu haben, was man loswerden möchte, ob es nun eine unglückliche Beziehung oder eine Einstellung ist, die uns nach unten zieht, oder ein Verbrechen oder Vergehen. Die meisten Menschen sind deshalb gefangen, weil sie sich ihrer Fähigkeit nicht bewußt sind, Dinge loszuwerden. Daher bleibt ihnen nur, den Problemen zu widerstehen, sie zu bekämpfen, der Versuch, sie zu zerstören, vermeiden, ignorieren, sie zu vergessen oder sich damit zu arrangieren, zu hoffen, daß sie von selbst verschwinden, die Hoffnung, irgendwie damit zurechtzukommen, oder so zu tun, als sei nichts geschehen, als bestehe das Problem gar nicht, oder das Problem zu rechtfertigen und ihm die Schuld zu geben.

Ein Sprichtwort sagt: »Was du bekämpfst, hat Bestand«, und die Bibel sagt: »Widerstehe dem Übel nicht.« Sie werden eine Menge Widerstand gegen einen Menschen oder eine Sache finden, wenn Sie Ihr eigenes Leben oder das anderer Menschen überprüfen.

Haben Sie sich je darüber gewundert, warum, trotz all der Menschen und Organisationen, die sich der Bekämpfung des einen oder anderen Übels widmet, das Böse immer noch wächst und wächst? Wir bekämpfen Kriminalität, den Krieg, schlechte Menschen, Armut, Reichtum, Scheidungen, Umweltverschmutzungen, was auch immer. Haben Sie je bemerkt, wie viel von Ihrer Zeit, Energie, Ihrer Fähigkeiten und Ihrem Geld eingesetzt wird, um zu verhindern, daß etwas Unerwünschtes geschieht, oder um einen Gegner in dieser oder jener Sache zu stoppen?

Um etwas loszuwerden, müssen wir damit aufhören, an dessen Herstellung mitzuarbeiten. Gerade das, was Sie überhaupt nicht wünschen, ist vorhanden, weil Sie ihm durch Ihre Aufmerksamkeit und Energie Leben und Macht geben. Wir werden zu dem, was wir bekämpfen. Es wird aufhören zu sein, wenn Sie den Energiestrom in diese Richtung abstellen.

Ein Feind kann nur ein Feind sein, wenn er als Feind betrachtet wird. Lesen Sie trotzdem weiter, auch wenn das für Sie in diesem Augenblick keinen Sinn ergibt, denn ich bin sicher, Sie haben viele Fragen. Würden die Menschen ihre Energie und Aufmerksamkeit auf das lenken, was sie sich wünschen und gerne haben möchten, anstatt auf das, was sie sich *nicht* wünschen, dann hätten sie *mehr von dem*, was sie sich wünschen.

Das, worauf Sie Ihre Aufmerksamkeit richten, wächst, weil Ihre Aufmerksamkeit ihm Nahrung gibt.

Widmen Sie Ihre Energie und Aufmerksamkeit dem Schaffen und der Freude an einem wunderbaren Leben und einer wunderbaren Welt, dann können Sie Ihre Zeit und Mühe dazu verwenden, genau das zu genießen. Damit sage ich nicht, Sie sollten alles ignorieren, was wie Ärger oder eine potentielle Gefahr aussieht. Stecken Sie nicht den Kopf in den Sand wie Vogel Strauß. Doch seien Sie wachsam, und entscheiden Sie sich, worauf Sie Ihre Aufmerksamkeit richten.

Erkennen Sie, daß es Ihr Werk ist

Um das loszuwerden, was Sie nicht haben wollen, müssen Sie zunächst erkennen, daß es irgendwann früher nicht existierte, dann aber erschien. Es bekam für Sie Existenz, weil Sie dies zuließen, damit einverstanden waren, es erschaffen haben. Vielleicht haben Sie vergessen, daß Sie dies taten; doch jetzt ist es in Ihrem Leben, Sie haben es dahin gebracht, und Sie erschaffen immer noch. *Sie arbeiten gegen sich selbst.* Es ist, als ob zwei Menschen mit gleicher Kraft auf beiden Seiten gegen eine Schwingtür drücken. Es geschieht nichts; die Tür bleibt, wo sie ist.

Beziehungen

Nehmen wir an, Sie haben eine Beziehung, in der Sie sich gebremst und unterdrückt fühlen. Sie kämpfen dagegen; Sie wollen sie nicht und ärgern sich darüber. Wahrscheinlich wenden Sie eine Menge Zeit auf, um den anderen dazu zu bringen, Sie nicht länger zu behindern oder zu unterdrücken. Vielleicht beschuldigen Sie sich selbst, weil Sie nicht besser, liebevoller und positiver sind, um helfen zu können. Ihre Energie und Ihr Selbstbild um diesen Menschen drehen sich wahrscheinlich wie ein Yo-Yo, während Sie Ihre Energie und Aufmerksamkeit darauf zentrieren, weil Sie dieses Beziehungsproblem lösen möchten.

Schauen Sie nach Innen und erkennen Sie, daß Sie irgendwo und irgendwann die Entscheidung getroffen haben, *sich selbst* herabzusetzen, um einen anderen Menschen zu retten. Sie haben entschieden, Sie könnten nicht geliebt werden, und Sie wären es nicht wert, Unterstützung zu erhalten. Irgendwann entschlossen Sie sich, einen Weg zu finden, um sich selbst zu bestrafen und zu verhindern, daß Sie zuviel Gutes haben würden. Möglicherweise haben Sie irgendwann entschieden, Sie müßten leiden und mit einem schlechten Menschen leben, um ein guter Mensch zu sein. Wahr ist, daß Sie sich so entschieden haben und dies immer noch tun, aber sich nun über das, was Sie schufen, ärgern. Wenn Sie dies nicht erkennen, dann werden Sie vielleicht den Menschen los, der Sie aufgehalten hat, doch schon bald finden Sie wieder so einen wie ihn. So lange diese Täuschung anhält, geben Sie dieser Schöpfung auf irgendeiner Ebene Energie. Um das zu beenden, müssen Sie erkennen, daß Sie diejenige sind, die die Wahl trifft, und sich dann befreien.

Geld

Haben Sie ein Geldproblem, dann sollten Sie die Entscheidungen anschauen, die Sie über Geld, Wohlstand und Armut getroffen haben, anstatt sich über das Problem zu ärgern und entweder das Geld oder andere Menschen dafür verantwortlich zu machen. Die Menschen neigen dazu, die Dinge oberflächlich zu betrachten und die Umstände verändern zu wollen, anstatt die Ursache dieser Umstände herauszufinden. Häufig entscheiden sie sich für eine Vorgehensweise, die auf Mangel, Furcht oder Einsamkeit beruht.

Familie

Besteht ein Problem mit Ihren Eltern, das Sie zu beenden, zu vermeiden oder loszuwerden versuchten, anstatt den Versuch zu unternehmen, sich selbst oder Ihre Eltern zu verändern, schauen Sie die Entscheidungen an, die Sie über sich selbst und Ihre Eltern getroffen haben. Sie werden herausfinden, daß Sie irgendwann eine Entscheidung trafen, die zu diesem Problem beigetragen hat. Es könnte gewesen sein: »Ich werde nie mit ihnen auskommen.« Wenn dies zutrifft, dann versuchen Sie, »mit ihnen auszukommen«, und versagen, weil die ursprüngliche Vorstellung von »Ich werde nie mit ihnen auskommen« sich immer noch manifestiert.

Wie Kinder sich verhalten

Vielleicht haben Sie ein Problem mit einem ungehorsamen Kind. Das Verhalten des Kindes verärgert Sie, und Sie wenden Zeit und Energie auf, um das Kind davon abzuhalten, ungehorsam zu sein. Ich nehme an, Sie drohen häufig oder erproben neue Techniken der Kinderpsychologie. Sollte dies zutreffen, dann widersetzen Sie sich, nach innen zu schauen und herauszufinden, daß Sie irgendwann eine Entscheidung getroffen haben, die immer noch mit Energie versorgt wird. Vielleicht wiederholen Sie ein Muster, das in Ihrer Kindheit begann. Häufig befürchtet ein Elternteil, daß ein Kind böse sein könnte und dadurch das Versagen der Eltern erkennbar würde. Oder es ist das Überzeugungssystem, dem wir anhängen, oder die Werturteile, die wir getroffen haben, die damit herausgefordert sind oder betont werden. Es könnte sein, daß diese Urteile nicht länger zutreffen (falls sie überhaupt je zutrafen), und trotzdem befinden Sie sich in einem Kampf mit Ihrem Kind, wer nun recht und wer unrecht hat. Gibt das Kind nach, verlieren sie beide, geben Sie nach, dann verlieren sie ebenfalls beide. Sie sollten wieder erkennen, daß dieser Zustand herrscht, weil Sie ihn irgendwann auf irgendeiner Ebene erschaffen haben. Entscheiden Sie sich also für gute Verhältnisse, anstatt diejenigen zu bekämpfen, die Ihnen nicht weiterhelfen.

Lassen Sie zu, was Sie loswerden wollen

Ein großer Schritt in die Richtung, etwas loszuwerden, besteht darin, es zuzulassen. Das heißt: *Erlauben Sie diesem Zustand zu existieren, anstatt ihn zu bekämpfen.* Sind Sie deprimiert, dann erlauben Sie sich selbst diese Erfahrung. Sie wählen die Depression (wir kommen darauf noch zurück), um sich selbst gegenüber ehrlich zu sein und diese Erfahrung zu machen. Anstatt nun Widerstand zu leisten oder den eingebildeten Gegenstand oder die Meinung des anderen zu bekämpfen, lassen Sie zu, daß dies ein Teil des gesamten Bildes ist.

Glauben Sie, mehr oder weniger zu wiegen, als sie sollten (denken Sie daran, »sollen« ist ein Werturteil), dann entscheiden Sie sich für das Gewicht, anstatt Widerstand zu leisten. Lassen Sie es zu, nehmen Sie es an, und fühlen Sie sich gut damit. Es gab einmal einen Punkt, da entschieden Sie sich, das zu sein, was Sie dick oder dünn nennen – Sie trafen eine Entscheidung über Ihren Körper. Hören Sie auf, so zu tun, als seien Sie ein Opfer, und erkennen Sie die Wahrheit an, indem Sie sich bewußt für das Gewicht entscheiden, das Sie jetzt haben und indem Sie zulassen, daß Sie und Ihr Körper vollkommen sind, wie sie jetzt sind.

Finden Sie heraus, wann Sie diese Entscheidung getroffen haben. Überprüfen Sie ihr Leben, und finden Sie heraus, zu welcher Zeit, an welchem Ort und bei welcher Gelegenheit Sie die Entscheidung über das getroffen haben, was Sie jetzt gerade in Ihrem Leben verschwinden lassen möchten. Wenn Ihnen das nicht gelingen möchte, dann liegt Ihre Alternative darin, sich selbst die volle Erfahrung dessen, wogegen

Sie Widerstand leisten, zu erlauben und dann eine neue Wahl zu treffen. Treffen Sie eine neue Entscheidung darüber, was Sie sich jetzt wünschen. Diesen Punkt behandeln wir jedoch in einem späteren Kapitel; jetzt möchte ich noch ausführlich dabei helfen, loszuwerden, was Sie nicht haben wollen.

Stehen Sie sich nicht selbst im Weg. Keinen Widerstand leisten heißt auch »die anderen Wange hinzuhalten«, wie es die Bibel lehrt. Bekämpfen Sie etwas, dann geben Sie ihm Macht und es gedeiht – als Folge Ihrer Aufmerksamkeit. Wenn Sie nicht wollen, daß andere Menschen Sie kritisieren, und Sie gehen dann umher und versuchen, diese Kritik und die Verurteilung zu beenden, dann lassen Sie sich von anderen Menschen bestimmen. Wollen Sie andere daran hindern, Sie zu verlassen oder über Sie zu reden oder andere höher zu schätzen als Sie, dann ist in gewissem Umfang Ihr Leben hiervon erfüllt, und Sie können es doch nicht beenden. *In Wirklichkeit behindern Sie nur sich selbst bei dem, was Sie sich aufrichtig wünschen.* Bedenken Sie: Die Energie, die Sie darauf verwenden, jemanden oder etwas aufzuhalten, hält Sie auf. Selbst wenn Sie irgend etwas erfolgreich aufhalten, ganz gleich, was, es taucht unweigerlich wieder auf, denn Sie brauchen einen Feind, um Ihren Standpunkt zu beweisen.

Es gibt Menschen, die ihr Leben entweder in Opposition verbringen oder damit, Opposition zu umgehen. *Setzen Sie Ihre Energie ein für das, was Sie sich wünschen, und nicht darauf, zu verhindern, was Sie nicht wollen.* Wollen Sie unbedingt verhindern, daß Ihr Partner Sie verläßt, dann leben Sie in Furcht, und diese Furcht kann ihn dann wirklich forttreiben. Und was noch wichtiger ist, Sie schließen sich selbst von der Liebe aus. In Wahrheit haben Sie bereits, was Sie sich wünschen, Liebe und Fähigkeit. Gott liebt sie, das Universum unterstützt Sie, und alles steht zu Ihrer Verfügung. Nur Sie selbst können sich all dies versagen, indem Sie einen Feind erfinden.

Erkennen Sie, daß es keine Feinde gibt. Feinde sind eine Schöpfung des Ego – des falschen Selbst –, um sich selbst bedeutend und wichtig zu machen. Niemand kann mich aufhalten, denn das Leben hat mich bevollmächtigt, mich selbst voll zum Ausdruck zu bringen und mit meinen Fähigkeiten zu meinem Leben beizutragen. Ich habe keine

Feinde, denn ich erkenne mich in meinen Mitmenschen. Ich liebe die anderen und greife sie nicht an. Ich weiß, was die Menschen sich wirklich wünschen: Liebe, die Verwirklichung ihrer Träume, zum Wohl anderer beizutragen und dafür bewundert zu werden.

Was Sie nicht wollen, ist nichts wert

Hören Sie auf, den Menschen oder Umständen, die Sie loswerden möchten, *Bedeutung beizumessen*. Wenn ich mich entscheide, Depression als mögliche Lebensform aufzugeben, wie ich dies tat, dann muß ich aufhören, dieser Depression noch den Wert beizumessen, den sie meiner bisherigen Meinung nach besaß. Für mich bestand dieser Wert darin, daß ich das Spiel des Selbstmitleids, das hilflose »Ich armes Wesen«-Spiel spielte und dadurch andere manipulieren konnte. Sich selbst wirklich vom Festklammern an andere Menschen und Dinge zu befreien, ist Freiheit. Es ist erstaunlich und beunruhigend, zurückzuschauen und festzustellen, was ich tat, um andere zu beherrschen und zu kontrollieren.

Wenn Sie vergessen, daß *Sie* es sind, der seine Realität schafft, dann schauen Sie auf andere als Ihre Quelle. Angst vor Verlust ist die verborgene Motivation der meisten Verhaltensweisen; daher widerstehen oder bekämpfen wir, was wir nicht wollen. Wir glauen, überwältigt und ausgenutzt zu werden und befürchten, das, was uns lieb und teuer ist, würde uns genommen. Es ist eine wunderbare Erfahrung, nichts zu besitzen, so daß Sie wirklich erleben können, wie großartig Sie sind, und daß das Leben sich nicht um Besitz dreht. Dann können Sie wirklich frei leben und willentlich loslassen.

Betrachten Sie noch einmal, was Sie aus Ihrem Kampf gewinnen, aus Ihrer Opposition, aus den Verhältnissen, von denen Sie sagen, Sie wollten sie nicht länger. Die Wahrheit ist, wenn Sie etwas aus irgendeinem Grund nicht mehr brauchen und wirklich bereit sind, es aufzugeben, dann werden Sie es nicht mehr haben. Es wird verschwinden.

Es gibt Menschen, die fürchten sich davor, irgend etwas aufzugeben, weil Sie sich selbst an Sachen oder eine Bedingungen gebunden haben und nun tatsächlich befürchten, einen Teil von sich zu verlieren, falls sie sie abwerfen. Sie glauben, »etwas« sei besser als »nichts«, selbst wenn dieses »Etwas« sie umbringt. Menschen möchten nichts lieber, als aus einer Beziehung herauszukommen, doch sie bleiben, weil sie befürchten, sie könnten keine bessere finden. Sie lassen zu, daß ihre Arbeit sie krank macht und umbringt, anstatt eine andere Aufgabe zu wählen, die ihnen Freude und Lebendigkeit vermittelt. Ohne das Wissen, daß Sie die Macht besitzen, jeden Augenblick wieder neu zu beginnen und das zu haben, was Sie sich wünschen, sind Sie wie ein Spielball, ein Opfer des Lebens. Sie sind wie tot, verfügen über wenig Energie, erfahren Ärger, Feindseligkeit, Kompromisse, Apathie und alle anderen Formen der Machtlosigkeit und glauben, verratzt zu sein. Nur Sie selbst können sich auspfeifen und das Spiel aufgeben, bei dem Sie doch nicht gewinnen.

Schauen Sie noch tiefer als bisher. Wollen Sie nicht krank werden, dann geben Sie den Nutzen oder die »Belohnung« auf, die im Kranksein liegt. Vielleicht sagen Sie: »Ich habe überhaupt keinen Nutzen vom Kranksein! Aber ich kann einfach nichts dagegen tun.« Schauen Sie noch tiefer. Vielleicht haben Sie die Krankheit von einem Familienmitglied oder engen Freund übernommen, den Sie bewunderten und liebten, und Sie wollen diese Liebe dadurch beweisen, daß Sie die Belastung dieses Menschen auf sich nehmen.

Vielleicht halten Sie sich für unfähig, sich um sich selbst zu kümmern. Das gibt Ihnen eine Entschuldigung dafür, wenn Sie darauf bestehen, daß Menschen, die fähiger sind als Sie, das für Sie übernehmen. Vielleicht haben Sie versucht, einem anderen zu helfen, und dabei versagt und deshalb ihre oder seine Beschwerden auf sich genommen. Sie müssen damit einverstanden sein, etwas auf sich zu nehmen, sonst kann es nicht an Ihnen hängenbleiben. Auf unserer tiefsten Ebene müssen wir erkennen, daß Leiden und Ablehnung des Lebens – ganz gleich in welcher Form – nicht das sind, was die Liebe von uns fordert.

Die Liebe fordert uns auf, alles zu sein, wozu wir fähig sind, ohne uns oder anderen etwas zu versagen.

Geben Sie Ihre Angst vor Verlust auf. Wenn ich den Nutzen meines Widerstands gegen das, was ich nicht will, erkenne und halte doch daran fest, dann wird mir bewußt, daß ich mich so verhalte, um mich selbst oder einen anderen davon abzuhalten, alles zu sein, wozu wir fähig sind. Wir müssen die Angst vor dem Verlust transzendieren, indem wir mutig Neues in Angriff nehmen und immer wieder loslassen, was uns nicht länger unterstützt, indem wir immer von neuem den Drang aufgeben, andere zu bekämpfen oder dem Angriff eines anderen zu widerstehen. Im Bereich der Schöpfung zu leben heißt, lebendig und froh zu sein.

Wir wurden in eine Welt der Gewalt hineingeboren, die aus der Furcht vor Mangel und Verlust heraus geschaffen wurde. Betrachten Sie, wie die Geschichte sich wiederholt, trotz all unserer guten Absichten. Wir müssen auf der Ebene des Selbst und des inneren Seins eine radikale Trennung vornehmen. Die Transformation Ihres Lebens und der Qualität des Lebens in Ihrem Umfeld erfordert von Ihnen, diese Erkenntnis in die Tat umzusetzen und deren Wirksamkeit durch Ihre Erfahrung zu beweisen.

Zusammenfassung

Um das loszuwerden, was Sie nicht länger haben wollen, müssen Sie Ihre Aufmerksamkeit und Ihre Macht von diesem Unerwünschten abziehen und bereit sein, zu erkennen, was es wirklich ist: Nichts. Wie würden Sie leben, wenn Sie keinen Krieg zu führen und keinen Feind zu bekämpfen hätten? Wenn die Versuchung auftritt, Widerstand zu leisten, zu kämpfen, festzuhalten, nutzen Sie diese Gelegenheit zum Loslassen. Stecken Sie Ihre Energie nicht in diese Sache hinein, und rüsten Sie nicht zu Krieg und Angriff. Lassen Sie die Situation so, wie sie ist, lassen Sie zu, daß die Menschen ihr Spiel treiben. Erklären Sie Wahrheit, die da lautet, daß niemand und nichts Sie daran hindern kann, Ihr Leben in vollen Zügen zu leben.

Das heißt nicht, Sie sollten zu einem Fußabtreter werden. Klar und deutlich gesagt: Wenn Sie wirklich etwas nicht wollen, hören Sie auf, es zu erschaffen. Halten Sie immer noch daran fest, also gut, doch seien Sie sich klar, *Sie sind es, der das tut.* Sonst bleiben Sie ein hilfloses Opfer, abgekanzelt von den Nutznießern der Welt, die Sie geschaffen haben. Gott ist grenzenlos, und Sie sind es auch.

Übungen

1. *Entscheiden Sie sich für das, was Sie haben.* Akzeptieren Sie völlig, wo Sie sind, und geben Sie allen Widerstand auf. Seien Sie ganz im Hier und Jetzt, und sagen Sie bewußt: »Ich habe genau das, was ich mir wünsche. Dies ist es, und ich fühle mich zufrieden und vollkommen.«
2. Räumen Sie Ihre Schränke, Ihr Heim, die Garage, das Auto, das Büro und Ihren Schreibtisch aus. Verschenken Sie alles, was nicht genau so ist, wie Sie es sich wünschen, oder werfen Sie es fort.
3. Beobachten Sie, wie Sie in Ihrem Leben das sind, tun oder haben, was Sie nicht wollen.
   a. Warum halten Sie daran fest?
   b. Was haben Sie davon, wenn Sie daran festhalten?
   c. Wovor haben Sie Angst, wenn Sie damit aufhören oder es loslassen?
   d. Was kostet es Sie, daran festzuhalten?

Bejahungen

Ich, __________, kann meine Meinung und mein Leben ändern, wann immer ich das will – es ist mein gutes Recht.

Es ist mein Leben, und ich, __________, lasse jetzt leicht alles los, was ich aufgeben will.

Loslassen ist natürlich und ermöglicht mir, __________, und anderen, mehr Liebe und Freude zu erfahren.

Ich, __________, vergebe mir dafür, daß ich das loslasse, was ich nach Meinung anderer behalten sollte.

Ich, __________, kann Gedanken, Überzeugungen, Gewohnheiten, Dinge und Menschen in Liebe loslassen und jetzt mein neues Leben akzeptieren.

Andere können mich, __________, loslassen, und ich bin frei für mehr Liebe.

Ich vergebe denen, die mich losgelassen haben, und ich, __________, danke ihnen, weil sie mich noch mehr Gutem entgegenführen.

Ich, __________, erlaube dem Leben, mich zu durchströmen, wie ich durch das Leben fließe.

14. Kapitel

Was Sie bewundern und loben, vermehrt sich

Wenn Sie einen Menschen oder eine Sache bekämpfen, dann geben sie dem Menschen oder der Sache Ihre Macht, und diese Energie, die Sie hineinströmen lassen, läßt es größer werden, ganz gleich, was es ist. Doch lassen Sie Bewunderung und Liebe ausströmen, beginnen Wunder zu geschehen. Würden Sie an Ihren Feind etwas zu bewundern finden, das Sie beide gemeinsam haben, könnte sich der Mensch in einen Freund verwandeln. In Wahrheit sind wir alle eins auf der Ebene unseres wahren Seins. Unsere wirklichen Unterschiede brauchen keine Konflikte zu schaffen, sondern dienen der gegenseitigen Unterstützung. Die Probleme, die unsere Ängste vor Mangel und Verlust hervorrufen, liegen auf der Ebene unseres Egos.

Bewunderung hervorströmen zu lassen bedeutet, aus dem innersten Kern der Wahrheit und der Liebe heraus zu leben. Je mehr Liebe und Bewunderung Sie zum Ausdruck bringen, um so mehr Liebe und Bewunderung erfahren Sie dann tatsächlich.

Wenn Sie Ihre Aufmerksamkeit auf Dinge richten, von denen Sie annehmen, sie könnten Ihnen schaden oder weh tun, dann geben Sie ihnen wahrlich Substanz. Mit Ihrer Aufmerksamkeit sagen Sie: »Das ist wirklich. Wenn ich es nicht aufhalte, dann nimmt es mir weg, was ich haben möchte, und verhindert, daß ich habe, was ich mir wünsche, oder es verletzt oder zerstört mich.« Lenken Sie Ihre Aufmerksamkeit auf etwas, dann sagen Sie damit: »Dies ist wichtig für mich«, entweder als das, was Sie *wollen*, oder als das, was Sie nicht wollen. Das bestimmt dann je nach Richtung und Absicht das Ergebnis.

Setzen Sie Energie ein, um etwas zu »beginnen«. Energie einsetzen für etwas, was Sie sich *wünschen*, ist eine völlig andere Sache. Wenn Sie sich um das kümmern, was Sie besitzen, dann schaffen Sie Raum für mehr Gutes. Vernachlässigen Sie jedoch das, was Sie haben, dann verlieren Sie selbst das. Mangel an Aufmerksamkeit bringt Verfall.

Ich kannte einen Mann, der nur verdammen, kritisieren und angreifen konnte. Unter dieser Oberfläche war er ein großartiger Mensch, so wie jeder von uns, doch aus Furcht vor Verurteilung und Angriff entwickelte er ein Abwehrsystem. Er tat dies, um andere machtlos zu machen, damit sie ihn nicht verletzen konnten. Er unterdrückt die anderen, und das Leben um ihn verschlechtert sich immer mehr. Er verlor seine Arbeit, er hat keine freundschaftlichen Beziehungen, materielle Dinge zerfallen, und seine finanziellen Angelegenheiten funktionieren nicht. Zunächst vermittelt er den Eindruck eines Menschen mit Stil, Charme und positiver Macht, doch dann brechen all seine Beziehungen zusammen. Dieser Mann lechzt nach Liebe und Erfolg, doch er vertreibt sie aus Furcht.

Lenken Sie den Strom Ihrer Energie um. »Bekommen« gibt es nicht; es ist eine Illusion. Alles, was Sie Ihrer Meinung nach »bekommen«, vermittelt Ihnen, wenn überhaupt, nur einen Augenblick lang ein Hochgefühl. Ihnen bleibt nur, umzukehren, in die entgegengesetzte Richtung zu gehen und den Energiestrom in die positive Richtung zu lenken. Vielleicht müssen Sie zunächst einmal einfach glauben und mutig handeln, bis Sie den inneren Wert erfahren. Manchmal geben wir dem Leben eine andere Richtung, weil unsere innere Stimme uns dazu drängt, selbst wenn in unserem Leben nichts diese neue Richtung zu unterstützen scheint. Etwas oder jemanden zu bewundern, von dem Sie nicht das bekommen, was Sie sich wünschen, fordert Sie dazu heraus, Ihre Rechthaberei, Ihren Stolz und Ihre Forderung aufzugeben, von dem anderen zuerst geliebt und bewundert zu werden.

Wie Sie die Schleusen öffnen

Erinnern Sie sich zuerst an die Goldene Regel und die zwei Gebote, die Jesus uns gegeben hat: »Du sollst den Herrn deinen Gott lieben, mit deinem ganzen Herzen, aus ganzer Seele und mit ganzem Gemüt«

und »Du sollst deinen Nächsten lieben wie dich selbst«. Dann erproben Sie einige der folgenden Methoden, um das Leben zu öffnen, indem Sie Bewunderung ausströmen lassen.

Kümmern Sie sich

Kümmern Sie sich um das, was Sie haben. Anstatt zum Beispiel über Ihr Auto zu fluchen und es schlecht zu behandeln, beginnen Sie damit, es zu segnen und zu loben. Kümmern Sie sich darum, und behandeln Sie es so, als wäre es ein Qualitätsfahrzeug. Es bedeutet nicht, Sie sollten sich nur noch mit materiellen Dingen beschäftigen, doch Sie sollten ein guter Verwalter sein. Das ist Bejahung des Lebens. *Je mehr Sie das Leben bejahen, um so mehr gibt es in Ihrem Leben zu bejahen.*

Welche Furcht ist es, die bewirkt, daß wir Bewunderung und Anerkennung zurückhalten? Als ich tief in mein Inneres schaute (wo wir die Antworten auf unsere Fragen finden), entdeckte ich meine Angst vor Verlust. Ich fürchtete, ich könnte verlieren, was ich liebte und bewunderte. Ich befürchtete, mein Mann würde, wenn ich ihn so sehr bewunderte und lobte, so großspurig und von sich überzeugt werden, daß er mich nicht länger will. Ich fürchtete, wenn ich mich um das kümmerte, das bewunderte und lobte, was ich habe, dann würde ich nichts anderes mehr bekommen. Ich befürchtete, wenn ich mit mir selbst zufrieden und glücklich wäre, mit Ihnen und mit dem, was ich habe, warum sollte ich dann noch etwas anderes wünschen oder brauchen? Ich hätte keine Ursache oder keine Motivation, meine Fähigkeiten zu verbessern oder Dinge in mir selbst zu verändern. Wie kann ich, wenn ich Sie bewundere und so akzeptiere, wie Sie sind, Sie davon abhalten, zu tun, was mir mißfällt, und wie kann ich dann bekommen, was ich mir wünsche?

Die Weigerung, Lob und Bewunderung zum Ausdruck zu bringen, ist ein großer Egotrip und *produziert genau das, was wir fürchten*. Wir müssen aufgeben, in der Vergangenheit oder der Zukunft in einem Umfeld des Mangels zu leben, und das Leben der Gegenwart im Umfeld der Verfügbarkeit und Ganzheit umarmen. Wir haben das gewählt, was wir jetzt haben. Das wertvollste Geschenk, das wir uns außer der Liebe selbst machen können, ist, daß wir akzeptieren und anerkennen, daß wir das haben, was wir uns wünschen. Denn dies nimmt uns nicht die Macht, was wir haben oder nicht haben, zu verändern.

Wählen heißt wählen, und da bedarf es keiner Begründung. Wir brauchen nicht zu beweisen, wie schlecht es uns geht oder wie armselig und krank wir uns fühlen, um eine neue Wahl zu rechtfertigen. Schauen Sie in Ihr Inneres, und finden Sie heraus, ob in Ihnen irgendeine Angst besteht, sich selbst und andere anzuerkennen, zu bewundern und zu loben. Vergewissern Sie sich, daß Sie sich nichts vormachen und nichts unterschlagen. Lassen Sie Bewunderung ausströmen, und Sie befähigen damit die anderen, ohne Ihre Hilfe zu leben.

Übung:

Üben Sie sich darin, jeden Menschen zu bewundern, dem Sie begegnen. Öffnen Sie Ihr Herz. Haben Sie Ihre Mitmenschen gern, und erkennen Sie deren Wert hinter jeglicher Erscheinung in dem Wissen, daß diese Menschen jetzt ihrem eigenen Heilungs- und Erwachungsprozeß da sein müssen, wo sie sind und wie sie sind. Das Leben ist vollkommen, so wie es ist. Bewunderung zu versagen heißt, diese Wahrheit zu leugnen und sich selbst vom eigenen Guten auszuschneiden. *Selbstverurteilung ist die treibende Kraft bei der Verurteilung Ihrer Mitmenschen.* Sich selbst unvollkommen zu machen heißt, sich die Liebe und Bewunderung Gottes zu versagen. Bewunderung zurückzuhalten ist ein Versuch der Selbstbestrafung. Doch das hat keinen Sinn!

Einen Menschen zu bewundern, braucht nicht zu heißen, daß Sie keine Beziehung zu ihm haben oder ihm Geld leihen möchten, ihn einstellen oder mit ihm arbeiten wollen, oder daß Sie erwägen, Ihn in ein öffentliches Amt zu wählen, oder gar ihn zu heiraten. Wir befürchten, mit unserer Bewunderung und Anerkennung könnte eine

Verpflichtung für uns selbst oder den anderen verbunden sein. Die Menschen sind so ausgehungert nach Liebe und spirituell so unterernährt, daß sie vor der Bewunderung davonlaufen, entweder aus Angst, man könne etwas von Ihnen wollen oder wollten sie verletzen, oder sie klammern sich an einen in dem Glauben, man würde sich um sie kümmern oder ihnen etwas geben, was sie selbst nicht haben.

Vergeben Sie – und ernten Sie Vertrauen

Eine der wichtigsten Lektionen, die ich vor kurzem gelernt habe, war, den Unterschied zu erkennen zwischen dem Wissen, wer ein Mensch wirklich ist, und ihm die Durchführung einer Arbeit verantwortlich anzuvertrauen. Der Unterschied besteht darin: Jeder Mensch ist ein liebenswertes, fähiges Wesen, ob er dies nun weiß oder nicht. Ein liebevoller bewußter Mensch weiß, daß dies stimmt. Da jedoch die meisten Menschen noch nicht aus der Ebene der Verantwortlichkeit, Integrität und des Bewußtseins heraus leben, sind einige von ihnen nicht vertrauenswürdig. Diese Menschen müssen sich das Recht auf Vertrauen verdienen. Das ist kein Problem, wenn Sie sich dieser Tatsache bewußt sind, d. h., Sie gestehen den Menschen zu, nicht vertrauenswürdig und unverantwortlich zu sein, wissen aber, daß dies nicht persönlich gemeint ist.

Jeder Mensch muß lernen, für seine eigenen Resultate die Verantwortung zu übernehmen. Probleme entstehen erst dann, wenn Sie eine große Geschichte daraus machen, daß Menschen unverantwortlich sind, und das gegen sie einsetzen. Weitere Probleme entstehen, wenn wir die Menschen klein halten wollen, indem wir ihnen nur wenig Verantwortung übertragen. Geben Sie anderen Raum zur Entfaltung, damit sie in ihre Fähigkeiten hineinwachsen können. Das gelingt Ihnen, wenn Sie diesen Menschen ermöglichen, sich so sicher fühlen, daß Sie über ihre Fehler oder den Mangel an Integrität sprechen und somit auf ihrer eigenen Ebene verantwortlich sein können. Vergebung und Anerkennung sind erhebend, es sei denn, Sie vergeben jemandem immer wieder und er zeigt keine Bereitschaft, sich verantwortlich zu verhalten. Dann sind Sie ein Dummkopf und spielen die Rolle des Opfers.

Erschaffen Sie Ihr Leben

Sie müssen den Kontext Ihres Lebens aus dem Nichts erschaffen und hervorbringen. Wenn Sie es nicht durch Anerkennung dessen hervorbringen, wer Sie sind und daß Gottes Liebe und sein Reichtum auf immer Ihnen gehören, dann leben Sie in einer Welt ohne Liebe und Wohlstand. *Sie müssen es ins Leben rufen, es fordern, oder es bleibt Ihnen vorenthalten.* Das Gute liegt hinter allem, was Sie bisher über das Leben gedacht und geglaubt haben, es tritt im Bereich Ihrer Erfahrungen von Augenblick zu Augenblick auf. Sie müssen buchstäblich jeden Moment neu beginnen. Wenn Sie auf der Grundlage vergangener Verletzungen, Überzeugungen, Ereignisse, Umstände und Erfahrungen heraus operieren, ist es unmöglich, umzukehren und neu anzufangen. Die Vergangenheit besitzt keinen Wert, bis auf die Liebe, die es dort gab, und die Entdeckungen, die Sie über sich selbst und das Leben gemacht haben.

Wen oder was bewundern?

Bewunderung ausströmen zu lassen heißt, direkt zu erfahren, daß Gottes Liebe und Leben von Ihnen ausfließen. Das ist die eigentliche Erfahrung, nach der Sie gesucht haben.

Betrachten Sie die Menschen, Orte und Dinge, über die Sie sich beklagt, die Sie abgewertet, bekämpft und gefürchtet haben. Schreiben Sie auf, woran Sie sich erinnern, und setzen Sie den umgekehrten Vorgang in Gang, indem Sie alles segnen. Visualisieren Sie, wie diese Menschen jetzt glücklich, geliebt und erfolgreich sind. Sehen Sie, wie gut es ihnen geht und welche Bewunderung sie erfahren. Wenn Sie glauben, daß es nicht genug Bewunderung gibt, dann halten Sie vielleicht Ihre Bewunderung zurück, damit für Sie etwas übrigbleibt.

Doch so funktioniert es nicht! Finden Sie in allem Negativen, das Sie aufgeschrieben haben, etwas, das Sie mögen und mit dem Sie sogar übereinstimmen können.

Beginnen Sie mit denen, denen Sie Schuld gaben. Ich erinnere mich daran, als ich das erste Mal als alleinstehende Frau Kreditkarten auf meinen Namen hatte. Das war ein großer Schritt für mich; es bedeutete, ich war verantwortlich und in der Lage, mich um mich selbst zu kümmern. Doch ich sprach weiterhin über Kreditkarten als große Versuchung. Die Folge davon war, eine meiner Kreditkarten wurde storniert, mit wem ich dort auch sprach, ich bekam meine Karte nicht zurück. Mir wurde klar, daß ich noch immer befürchtete, mit der Karte unverantwortlich umzugehen, was ich früher getan hatte. Ich beschuldigte die Kreditkarten-Unternehmen für meine *eigene* Unverantwortlichkeit. So war es nur natürlich, daß ich mir Ärger mit ihnen einhandelte. Schauen Sie hinter die Dinge, wenn Sie einen anderen beschuldigen. Vielleicht stellen Sie fest, daß Sie selbst etwas getan haben, das nicht in Ordnung war, oder etwas unterließen, was Sie hätten tun sollen. Sobald ich mein Verhalten erkannte, begann ich damit, Kreditkarten zu würdigen. Ich entschied mich dafür, verantwortlich mit ihnen umzugehen und nach ihren Regeln mitzuspielen. Ich schätze unsere Beziehung und anerkenne den Dienst, den sie mir bieten.

Schauen Sie sich jetzt Ihren Körper an. Ein weiteres Beispiel: Wenn Sie Ihren Körper ablehnen, lehnt Ihr Körper Sie ab. Ablehnung schafft keine Bejahungen. Lassen Sie die Energie der Bewunderung in Ihren Körper einströmen. Machen Sie sich jeden Teil Ihres Körpers bewußt, und danken Sie ihm, daß er Ihnen als Tempel des lebendigen Geistes dient. Segnen Sie Ihren Körper, lieben Sie Ihren Körper, bewundern Sie Ihren Körper. Ihr Körper entspricht Ihrer Vorstellung dessen, was Ihr Körper für Sie ist. Ihr Körper ist dazu da, Ihnen zu dienen. Anstatt ihn zu verfluchen, sollten Sie ihn bewundern und ihm danken.

Denken Sie auch an Ihre Kinder. Bewundern Sie Ihre Kinder. Schauen Sie ihre Gesichter, das Haar, die Körper an, und bewundern Sie sie, ohne Bewertung oder Erwartungen. Seien Sie willens, Ihre Kinder den eigenen Vorstellungen und nicht den Ihren entsprechend leben zu lassen. Hören Sie auf, Negation als ein Werkzeug einzusetzen, um sie zu formen – oder sonst einen Menschen. Bewunderung heißt nicht, daß Sie allem zustimmen. Bewunderung heißt, den Menschen für das anzuerkennen, was er ist, und ihm eigenes Dasein und Wert einzuräumen.

Schließen Sie auch Ihre Kollegen ein. Bewundern Sie die Menschen, mit denen Sie arbeiten. Arbeiten Sie mit einem extrem schwierigen Menschen, selbst wenn es Ihr Chef ist, beginnen Sie damit, Bewunderung und Anerkennung für ihn oder sie ausströmen zu lassen. Visualisieren Sie diesen Menschen als noch erfolgreicher, glücklicher, geliebter. Seien Sie aufrichtig bereit, den anderen darin zu unterstützen, zu haben, was er sich wünscht. Sie werden erleben, daß Menschen direkt vor Ihren Augen verwandelt werden. Und Sie selbst profitieren davon und öffnen sich gleichzeitig selbst für Bewunderung und Anerkennung. Ihnen wird nichts versagt, und niemand will Sie verletzen. Das, was Sie geben, kommt zu Ihnen zurück.

Sie haben die Wahl

Mir kommt es vor, als läge vielen Menschen mehr an ihren Tragödien, ihrem Ärger und ihren Krisen als an einem großartigen Leben. Jeder hat die Wahl. Bewundern Sie Bäume, Pflanzen, Tiere, andere Menschenrassen, Menschen anderer Religionen, alte Menschen, frühere Partner, frühere Chefs, Geld, Ihre Mitkonkurrenten, schöne Menschen, reiche Menschen, arme Menschen, schöne Dinge. Loben Sie alles, was Sie umgibt.

Bewundern Sie diesen Augenblick, diesen Tag. Seien Sie dankbar, und loben Sie Gott für alles Gute. Wenn Sie denken, in Ihrem Leben gäbe es nichts Gutes – nun, genau das ist der Grund, warum es nichts Gutes in Ihrem Leben gibt. Finden Sie etwas, für das Sie dankbar sein können, und beginnen Sie damit, es zu bewundern, geben Sie zu, daß es wertvoll ist. Schenken Sie Menschen Ihre Aufmerksamkeit, hören Sie anderen zu, und achten Sie darauf, was sie wirklich sagen. Finden Sie etwas, was Sie anerkennen können, und lassen Sie Ihre Bewunderung ausströmen. Tun Sie dies häufig, so überwinden Sie Kleinlichkeit, Rechthaberei und Furcht vor Mißachtung. Sie müssen allerdings auch Ihre eigenen Befürchtungen aufgeben, das Leben sei ohne Tragödien, Ärger oder Krisen langweilig.

Wenn Sie alles im Leben bewundern, dann wird alles im Leben Sie bewundern und anerkennen.

Übungen

1. Machen Sie eine Liste mit allem, was Sie an sich selbst nicht mögen oder bewundern: Körper, Persönlichkeit, Eigenschaften, wie Sie mit anderen umgehen usw. Nichts an Ihnen ist so klein, daß Sie es vernachlässigen sollten.
2. Beginnen Sie mit dem lebenslangen Prozeß der Bewunderung, indem Sie alles auf Ihrer Liste überprüfen und bewußt bewundern, mögen, akzeptieren, loben und anerkennen.
3. Beobachten Sie, wie Sie sich selbst und andere durch Abkanzeln und Kritisieren, Beschwerden und Geschwätz kontrollieren. Überprüfen Sie, wie Sie anderen erlauben, Sie durch Kritik zu beeinflussen.
4. Wie würden Sie sein, reden, denken und sich verhalten, wenn Sie aus Lob und Anerkennung heraus lebten? Visualisieren und *fühlen* Sie dies!

Bejahungen

Ich, __________, achte in allem auf das Gute und lobe es.

Alles, was ich, __________, lobe und segne, segnet und bereichert mich.

Jedes Wort, das ich spreche, ist ein Beitrag zur Liebe und Ermutigung für mich selbst und andere.

Je mehr Energie ich, __________, dem zuwende, was ich haben möchte, um so mehr verschwindet das, was ich nicht will.

Mir, __________, fällt es leicht, Lob und Bewunderung auszusprechen. Dafür gebe ich Gott die Ehre.

Es ist völlig richtig, daß ich, __________, meinen Körper liebe und bewundere.

Mein Körper ist wundervoll – und ich bin es auch.

Keine Sorge;
es funktioniert!

15. Kapitel

Jedes Auseinanderfallen ist ein Zusammenfallen

Als ich zuerst damit begann, bewußt meine kreative Fähigkeit einzusetzen, tat ich das, um mein Leben zusammenzuhalten, um eigentlich das zu verhindern, was nicht passieren sollte. Ich setze Visualisierung, Affirmationen, positives Denken und jede manipulative Technik ein, die mir unter die Finger kam, um die Menschen an ihrem Platz zu halten und dafür zu sorgen, daß die Dinge gut aussahen. Ich betete sogar, um das Schlimmste zu verhindern und mein falsches Bedürfnis aufrechtzuerhalten, die Dinge in der Hand zu behalten. Doch so sehr ich es auch versuchte, es gelang mir nicht – mein Leben fiel ständig auseinander. Ich tat ganz verzweifelt alles nur Mögliche, um es wieder zu flicken und das zu verhindern, was ich nicht sehen oder womit ich mich nicht auseinandersetzen wollte. Es trat also immer genau das ein, was ich nicht sehen oder was ich hatte vermeiden wollen.

So ziemlich alles, wenn nicht alles, brach zusammen – eigentlich spielte alles hart am Abgrund. Sobald ich eine Sache eingerenkt hatte, mußte ich schon wieder eilen, um eine andere Sache am Zusammenbruch zu hindern. Ich fühlte mich wie der Jongleur in der alten »Ed Sullivan Show«, der all seine Teller oben auf den Stäben in Bewegung halten mußte. Alle zehn Teller mußten gleichzeitig in Bewegung bleiben, sonst würde einer nach dem anderen herunterfallen und zerbrechen. Wenn es Ihnen auch schon so erging, dann kennen Sie das Gefühl der Frustration, der Furcht und des Ärgers. Ich glaubte manchmal, das Haus nicht verlassen zu können, weil meine Kinder und mein Mann sich gegenseitig verletzen würden, falls ich nicht da wäre, um Frieden zu halten. Ich hatte das Gefühl, alle brauchten ständig meine Aufmerksamkeit. Und wenn sie diese Aufmerksamkeit nicht bekämen, würde ich dafür bestraft und meine Welt würde wieder einstürzen.

Normalerweise reagierte ich nach meiner ersten Wut so, daß ich in mein Zimmer lief, mich mit dem Gesicht auf das Bett warf und weinte: »Warum ich? Warum muß das passieren? Warum kann nicht alles glatt laufen?« Heute, während ich dies schreibe, liegt dies so weit hinter mir, als hätte es sich in einem anderen Leben abgespielt. Nun, nach und nach ließ ich los und hörte auf, mich für das Leben und die Gefühle aller verantwortlich zu fühlen. Doch das Wichtigste war, ich gab den Versuch auf, den Ablauf des Lebens hindern zu wollen.

Störungen sind Gelegenheiten zu Heilung, Möglichkeiten zu Kommunikation und dafür, etwas loszulassen, was nicht mehr funktioniert oder vielleicht sogar niemals funktioniert hat. *Sie brauchen keine Störungen, um zu wachsen.*

Im Verlauf des Lebens fügen wir entweder unserer Sammlung von Verletzungen, Mißverständnissen und Begrenzungen immer wieder neue hinzu, oder wir lassen die vorhandenen los und werden lebendiger. Ein nichttransformierter Mensch hat es immer schwerer, je älter er wird. Transformierte Menschen haben es mit dem Älterwerden immer leichter. Einmal findet ein großes Ausräumen statt und zum anderen eine Wiederherstellung, die uns ermöglicht, mehr das zu sein, was wir von Natur aus schon sind. Ich bezeichne es als den Weg nach Hause – wie in der Bibelgeschichte vom verlorenen Sohn. Wir haben so vieles gelernt, was nicht wahr ist, und so viele der Verhaltensmuster und Filter, durch die wir das Leben wahrnehmen, beruhen auf Angst und Unwahrheit.

Das große Hindernis für mich hieß immer: »Was werden die Menschen denken nur oder sagen?« Ich habe die ganze Geschichte vom Erfolg und dem guten Eindruck geglaubt. Für mich bedeutete das, einen Mann und Kinder zu haben, die hübsch, talentiert, gehorsam und gut erzogen waren. Es bedeutet weiter, in einem netten Haus in einer netten Nachbarschaft zu wohnen, so daß jeder sagen würde: »Ist sie nicht eine nette Person« und »Wie vollkommen ihr Leben doch ist.« Das bedeutete auch, daß ich natürlich keinen Zorn zeigen, keine

Probleme haben durfte und immer nett zu sein hatte. Ist *nett* nicht ein nichtssagendes Wort? Es steckt einfach nichts dahinter. Es ist bloß so ein Wort. Ich habe buchstäblich den Deckel aufgelegt und meinen eigenen Sarg zugenagelt.

Was mich gerettet hat, war der innere Wunsch zu leben. Ich kam an den Punkt, an dem ich erkannte, daß ich, so, wie ich war, langsam starb, an dem ich also nichts zu verlieren hatte, wenn die »Welt da draußen« mich umbringen würde. Dieses Gefühl des Totseins mag sich für Sie wie eine Übertreibung anhören, aber genau so habe ich mich gefühlt.

Jedes Auseinanderfallen hat seine Richtigkeit

Auseinanderzufallen bedeutet durchaus nicht immer eine große Sache. Es kann vielmehr etwas so Einfaches sein wie die Art und Weise, wie man die Erledigung seiner Arbeit ansieht oder Tennis oder Golf spielt und erkennt, daß es so einfach nicht mehr klappt und es an der Zeit ist, etwas zu verbessern. Tatsächlich beginnt das Auseinanderfallen mit dem Wunsch nach etwas Besserem oder nach etwas, das mehr Zufriedenheit gibt. *Alles beginnt mit einem Wunsch.*

Ich fand heraus (Sie vielleicht auch), daß eine Innere Gegenwart uns führt. Achten wir auf dieses innere Wesen, dann leitet uns unser natürlicher Leitstrahl zu immer neuen Höhen der Liebe, Intelligenz, von Wohlstand, Gesundheit, Glück und Selbstausdruck. Ignorieren wir dieses Drängen und leugnen wir das Bedürfnis, uns auf höheren Ebenen zum Ausdruck zu bringen, dann begegnen wir Konflikten, Streß und anderen Formen der Absperrung und des Widerstands.

Dieses Sich-Verschließen geschieht dann, wenn wir uns schuldig fühlen, weil wir wachsen wollen und Risiken auf uns nehmen, und wenn wir alles sein und alles haben wollen und so tun, als wären diese Wünsche falsch.

Vergessen Sie Ihr Idealbild. Jeder von uns hat ein Bild vom idealen Leben und Erwartungen und davon, wie wir und andere idealerweise sein sollten. Es ist so, als hätten wir entschieden: »Wenn ich so oder so sein oder das oder das haben könnte, dann wäre ich glücklich; dann fühlte ich mich vollkommen.« Vielleicht besitzen Sie bereits alle Symbole des Erfolgs, alle Symbole des Glücks, der Liebe und des Wohlstands, aber das ist es nicht. Symbole sind nicht die Antwort. Symbole allein sind wie die Worte eines Liedes ohne die Musik. Wir verkaufen unsere Seele, unsere Integrität, selbst unser Leben für Symbole, nur um dann herauszufinden, daß sie nicht das Wahre sind. Gelingt es uns, diese inneren Bilder und Erwartungen loszulassen, erfahren wir enormes Wachstum.

Um wahrhaft zu leben und das zu haben, was Sie sich wünschen, sind Sie herausgefordert, *sich in die Erfahrung zu begeben, anstatt zu versuchen, in Ihren Symbolen zu leben.* Menschen streiten und werden ärgerlich, weil die Symbole nicht passen oder die Erwartungen nicht erfüllt werden. Als ich die Erwartungen und Symbole aufgab, kam alles zu mir, was ich mir davon erhofft hatte. Es erfordert einen Akt des Mutes, um von der vertrauten Welt der Symbole in eine Welt der neuen Erfahrungen und Kreativität hinüberzuwechseln.

Ich weiß, Ihre Hauptsorge liegt darin, Sie könnten alles verlieren, was wichtig für Sie ist, vielleicht alles, wofür Sie je gearbeitet haben. Doch Sie *können* in ein Leben der Erfahrung hinüberwechseln, wenn Sie wollen. Einen anderen Weg gibt es nicht.

Seien Sie froh, daß Sie es »satt hatten«. »Die Nase voll haben« ist ein gutes Zeichen. Die meisten Menschen, die diesen Punkt erreichen, erfahren eine wesentliche Veränderung in ihrem Leben, vorausgesetzt, sie gehen weiter zur nächsten Ebene. Diejenigen, die es leid sind, aber dann doch alles ertragen, werden krank, fühlen sich unglücklich und müssen immer mehr tun, um die Schmerzen zu betäuben, die Verletzungen und Enttäuschungen zu ertragen. Nichts ist schlimmer, als über das Leben enttäuscht zu sein. Das Leben ist als Fest gedacht.

Symbol-orientierte Menschen werden sagen: »Das Leben ist nicht so einfach.« Symbol-orientierte Menschen sind die ersten, die Feste, Liebe, Offenheit und Frieden aufgeben. Ihr Schmerz sitzt tief, und sie sind weit von den frohen, begeisterten und neugierigen Kindern entfernt, die sie einmal waren. Das Kind mußte versteckt werden, doch es ist immer noch da, weinend, damit man es hört und ihm

Nahrung gibt. Solche Menschen versuchen, das Kind in allen Menschen, mit denen sie in Berührung kommen, zu zerstören. Das läßt sich nur durch einen Akt des Mutes und des Willens ändern. Ja, vielleicht »zerfallen« sie als vorübergehende Folge dieses Handelns aus Mut und Willen. Doch denken Sie daran, Ihr inneres Selbst fördert dieses Wachstum, wenn Sie ihm Aufmerksamkeit zollen. Wachstum bedeutet immer das Abfallen des alten und Hineinfallen in das neue Leben.

Der Vorgang des Abfallens beginnt dann, wenn Sie erkennen, daß Sie etwas anderes wünschen als das, was Sie jetzt besitzen, daß Sie in irgendeiner Weise eine andere Lebensqualität brauchen oder wünschen. Vielleicht entscheiden Sie sich für eine intimere Beziehung zu ihrem Mann oder Ihrer Frau, doch dann tritt zunächst ein Gefühl des Zorns und Getrenntseins auf, vielleicht sogar der Wunsch, überhaupt nicht mehr dort zu sein. Oder Sie begegnen einem neuen Menschen, der Ihnen wirklich lebendig, dankbar und vital erscheint und all Ihre früheren Beziehungen wie kalter Kaffee erscheinen läßt.

Das »Zusammenfallen« kann man lernen

Das Leben versucht, Sie zu unterstützen, doch das ist nur möglich, wenn Sie willens sind, sich dem Leben anzuvertrauen. Natürlich wissen Sie zu Beginn niemals, wie eine Sache ausgeht, nur, daß es immer besser wird, als Sie es erwarten oder sich vorstellen können. Jeder Verlust ist ein noch nicht erkannter Gewinn, denn es ist kein wirklicher Verlust, sondern etwas, das abfällt, ein neuer Beginn.

SCHRITT EINS – Loslassen

Der erste Schritt in Richtung »Zusammenfallen« ist ein Schritt ins Unbekannte, über das Sie keine Kontrolle haben. Heilung erfordert das Loslassen der Krankheit. Sie können nicht krank und gleichzeitig gesund sein.

Bleiben Sie dran. Wir alle müssen lernen und erfahren, daß alles im Universum, wir eingeschlossen, von den Eigenschaften des Göttlichen und Wunderbaren durchdrungen ist. Um das als Wirklichkeit zu erfahren, müssen Sie den Schritt in das Unbekannte wagen und vertrauen – selbst wenn es so aussieht, als ob nichts funktionierte. Bleiben Sie dran, korrigieren Sie weiter, sprechen Sie weiter das Wort und halten Sie sich weiter an die Gesetzmäßigkeiten. Die Meisterschaft in irgendeiner Sache zu erreichen bedeutet, zunächst Schüler zu sein; die Meisterschaften des Lebens fordert von uns, alles zu sein, was wir sein können, ewiger Schüler und praktizierender Meister zugleich. Es gibt keine Grenze. Es geht immer weiter, obwohl jeder Augenblick sich selbst genügt und in sich selbst vollkommen ist.

In dem Moment, in dem Sie erkennen, daß Sie und Ihr Partner größere Vertrautheit und Freude zusammen erfahren können, treiben alle Ängste, Befürchtungen und Überlegungen an die Oberfläche, über die sie bisher nicht gesprochen haben. Viele Menschen sagen: »Vergiß es. Es lohnt sich nicht. Das schafft nur Probleme und verursacht Ärger, also will ich es lieber ertragen, hinnehmen und so tolerieren, wie es gerade ist. Und überhaupt, manchen Paaren geht es noch schlechter als uns, und verglichen mit den meisten führen wir ein sehr gutes Leben. Warum unersättlich sein? Wer kann schon alles haben!« Das sind alles Ausreden. Haben Sie erst einmal das Bedürfnis nach einer neuen Ebene des Lebens gespürt, so muß dieses Verlangen oder dieser Wunsch zum Ausdruck gebracht werden, damit Sie den nächsten Schritt tun können.

SCHRITT ZWEI – Auseinanderfallen

Der zweite Schritt ist die Stufe des Ärgers, die »Alles-bricht-zusammen«-Stufe. Und genau hier sieht es aus, als würden Sie verlieren, daher wollen Sie schnell, schnell alles wieder zusammenflikken. Die gleiche Situation tritt ein, wenn Sie zu einem Ernährungsspezialisten gehen oder Ihre Eßgewohnheiten drastisch umstellen, um Ihren Körper zu heilen. Sie werden eine »Heilkrise« durchlaufen und eine unbequeme Zeit erfahren, vielleicht sogar Krankheit. Dann denkt man meist, die Sache funktioniere nicht, und übernimmt wieder die alten Gewohnheiten.

Kehren Sie nicht zu den »alten Gewohnheiten« zurück. Nehmen Sie an, Sie haben begriffen, daß es nicht funktioniert, Ihr Kind zu schlagen, und Ihr Kind ist nun rebellisch. Die Herausforderung ist: Mache ich wie bisher weiter, oder erlaube ich mir, neue, liebevollere, hilfreichere und nichtmanipulative Arten der Verständigung mit meinem Kind zu versuchen, um ihm dabei behilflich zu sein, verantwortlicher und fähiger zu werden? An dieser Stelle mag es zunächst so aussehen, als wolle Ihr Kind Sie nur testen und herausfinden, wie weit es gehen kann, bis Sie nachgeben und gar wieder in Ihr altes Verhalten zurückfallen. Das Kind hat auch seinen Anteil an diesem manipulativen Spiel der Bestrafung. Es braucht auch Zeit, altes Verhalten aufzugeben.

Hier folgen einige Anzeichen und Manifestationen des Zusammenfallens, welches tatsächlich ein zeitweises Auseinanderfallen ist.

☐ Sie fühlen sich schlechter.
☐ Sie fühlen sich hilflos.
☐ Sie sind ärgerlich.
☐ Sie weinen.
☐ Die anderen weinen, sind ärgerlich usw.
☐ Alles sieht hoffnungslos aus.
☐ Sie fürchten, alles zu verlieren.
☐ Andere Menschen kritisieren Sie.
☐ Andere drohen Sie zu verlassen.
☐ Andere spielen ihr Kontrollspiel mit mehr Überzeugung.
☐ Nichts sieht gut aus.
☐ Es gibt Konflikte und Auseinandersetzungen.
☐ Sie fragen sich, welches Ihre Motivation ist.
☐ Sie fühlen sich weder liebevoll noch geliebt.
☐ Sie beklagen sich über alles.
☐ Sie fühlen sich unfähig.
☐ Sie fühlen sich beherrscht und gefangen.

Weg mit dem Alten!

Beim »Zusammenfallen« spielen Kommunikation und absolute Wahrheit eine wichtige Rolle. Kommunikation ist eine ständige Notwendigkeit im Leben, und damit meine ich nicht nur reden, quasseln, klagen oder »abladen«. Was gestern funktionierte, ist nur ein Baustein für heute. Vielleicht ist es auch schon überholt und heute nicht mehr nötig. Die Antworten von gestern helfen heute einfach nicht mehr weiter. Nur die heutigen Antworten auf die Fragen von heute stellen uns zufrieden. In dieser Zeit findet eine Säuberung statt oder es besteht ein Bedürfnis nach Reinigung und Läuterung.

Um einen Erneuerungsprozeß einzuleiten, müssen wir das alte ausräumen. Das bedeutet die Aufgabe der alten Gewohnheit, andere zu kontrollieren, die Spiele unserer Eltern zu spielen und uns schuldig zu fühlen, weil wir haben, was wir uns wünschen. Wir müssen also tatsächlich die alten Möbel ausräumen und uns entscheiden, welche wir wirklich wollen. Wir müssen Beziehungen fallenlassen, die sowieso nie funktioniert haben, oder zumindest das bisherige Verhalten in dieser Beziehung aufgeben. Sie können eine langfristige Beziehung dadurch zum Leben erwecken, daß Sie die Entscheidung treffen, sie solle leben.

Die Rolle wahrer Liebe:

Liebe ist weder ein Gefühl noch eine Emotion, sie ist ein Umfeld. Hören Sie zum Beispiel auf, Ihr Kind zu lieben, weil es Sie enttäuscht, ärgerlich wird oder in die Hosen macht? Nein, Sie leben aus dem Verständnis heraus »Ich liebe mein Kind«. In diesem reinen, von Ihnen geschaffenen Bild der Liebe verwandelt sich alles in Liebe. Was immer geschieht, ist eine Gelegenheit, mehr Liebe und größeres Vertrauen, größeres Verständnis, Mitgefühl und mehr Wahrheit zu erfahren und zum Ausdruck zu bringen.

Wahre Liebe entspringt dem Vertrauen, der Verpflichtung und Integrität. Sie wird jeden Tag erhebender. Sie ist eine spirituell verwandelte Beziehung, in der Sie Ihr Leben dem Heiligen Geist übergeben haben und in welcher Kleinlichkeit und Ego transzendiert werden.

Finden Sie heraus, was funktioniert. Alle Beziehungen funktionieren, wenn Sie im Verständnis der Liebe gelebt werden. Vielleicht möchten sie aber nicht alle Beziehungen fortsetzen, vielleicht würden einige Beziehungen viel Einsatz erfordern und Sie möchten diese Zeit nicht investieren. Andere Menschen haben andere Ziele und andere Spiele als Sie. Ich habe schon vor langer Zeit aufgegeben, die Menschen retten zu wollen, nachdem ich bei dem Versuch fast gestorben wäre. Es gibt genügend bewußte, lebendige und begeisterte Menschen, die das wollen, was auch Sie anstreben. Es ist viel leichter, denselben Tanz zusammen zu tanzen. Wir müssen das loslassen, was schon längst nicht mehr funktioniert.

SCHRITT DREI – Ein neues Verhaltensmuster annehmen

Der nächste Schritt besteht darin, das zu tun, was funktioniert, und den neuen Weg einzuüben. Dies mag schwierig sein, weil Sie kein Experte, sondern ein Anfänger sind. Halten Sie durch. Machen Sie weiter.

Wenn Sie bei einem Experten Tennisspielen lernen, dann mag Ihr Spiel zunächst schlechter werden, bis Sie sich die neue Spielweise zu eigen gemacht haben. Möglicherweise machen Sie Fehler, Angst und Zweifel bemächtigen sich Ihrer. So wie die Dinge aussehen, läge es nahe, zu den alten Methoden zurückzukehren, weil ja nichts zu funktionieren scheint. Doch halten Sie durch. Sie müssen Ihr Letztes geben, um diese neue Ebene zu erreichen. Es ist wie beim Gewichtsheben – Sie meinen, kein bißchen mehr zu schaffen, doch dann machen Sie einen letzten Versuch und brechen durch auf die nächste Ebene.

Herausforderungen sehen für mich oft riesengroß aus. Ich kenne die Antworten nicht, die alten Wege funktionieren nicht mehr – und ich weiß nicht, was ich tun soll. Doch wenn ich die Herausforderung betrachte, sie untersuche, mir klar darüber werde, was ich weiß und was ich brauche – bis zum Punkt hoffnungsloser geistiger Erschöpfung und Frustration, dann geht ein Licht an, und alles ist klar; die Wahrheit liegt vor mir.

Fordern Sie sich selbst wirklich heraus. Solche Gelegenheiten fordern Sie auf, Ihre inneren Reserven anzuzapfen, *und* bringen aus Ihnen alles hervor, was Sie brauchen oder wünschen. Alles ist in Ihnen. Sie müssen mit sich selbst arbeiten, um es zum Vorschein zu bringen. Sie müssen es aus sich selbst hervorbringen, indem Sie es für sich beanspruchen. In Wirklichkeit stellen Sie sich selbst wieder her. Sie können nicht haben, was Sie nicht haben. Es kommt nicht von irgendwo außerhalb; es wird in Ihrem Innern erzeugt und durch Ihre Anstrengungen nach außen gebracht. *Es erfordert Mühe, so auszusehen, als lebe man mühelos.*

Wenn Sie meditieren, dann wissen Sie, wovon ich rede. Es ist unbequem, so dazusitzen und nichts zu tun. Man möchte aufstehen, essen, telefonieren – irgend etwas tun –, nur nicht nur da sitzen und atmen. Hält man aus, dann erreicht die Unbequemlichkeit einen fast unerträglichen Punkt. Und einen Moment später ist es vorbei, und man erlebt die tief befriedigende und höchst angenehme Erfahrung, die sich verstärkt. Es scheint diesen unangenehmen Teil immer zu geben, doch er wird kleiner und kleiner, und je weniger man ihm widersteht, um so schneller durchläuft man ihn, weil man sich damit angefreundet hat. *Direkt auf der anderen Seite der Unbequemlichkeit liegt der Durchbruch zu einer völlig neuen Ebene.*

Halten Sie durch, so lenken Sie die Energie der drei unteren Chakren durch Ihr viertes Chakra, das Herzzentrum, zu den oberen drei Ebenen des Seins und des Leben.

Verpflichten Sie sich zu tun, was erforderlich ist. In der biblischen Geschichte des verlorenen Sohnes mußte der fortgelaufene Sohn in seinem schwachen, gedemütigten Zustand mit aller Kraft, die er noch besaß, umkehren, um zum Haus seines Vaters zurückzukehren – in sein Heim. Der Vater ging ihm entgegen und überhäufte ihn mit Geschenken. Bis wir erkennen, daß all das nicht das Wahre ist, suchen wir die billigen Vergnügungen und die Befriedigung der Grundbedürfnisse und glauben, das sei der Sinn des Lebens. Wir müssen uns selbst dem Bereich zuwenden, wo Gottes

Liebe uns heilen kann. Dann erheben wir uns zu den Freuden, dem Hochgefühl von Intelligenz, Intuition, Imagination und – vor allem – der Glückseligkeit in der Liebe Gottes durch den Heiligen Geist. Anstatt vergnügungssüchtig zu sein, leben wir aus der Freude Gottes.

Erziehen Sie sich selbst zur Disziplin. Disziplin ist der Schlüssel, ohne die es kein Engagement gibt. Das Hauptaugenmerk auf Bequemlichkeit und Leichtigkeit zu legen, wird Sie umbringen. (Ich sage nicht, sie sollten arbeitswütig sein. Das ist auch nicht die Lösung. Außerdem bringen Sie alle um sich herum zu hohem Blutdruck und Herzinfarkt.) Früher habe ich bei geringsten Anzeichen von Disziplin rebelliert. Ich glaubte, dies würde nur das Kind in mir und die Freude am Leben rauben und wegnehmen, was ich als meine Freiheit empfand. Jetzt habe ich jedoch herausgefunden, daß *Disziplin mir die Freiheit gibt*, nach der ich mich sehnte.

Sie schaffen es nach oben, indem Sie Ihren Widerstand durchbrechen und zu einem höheren Zustand des Seins und des Lebens durchstoßen. *Sie wählen entweder das Leben oder den Tod.* Befinden Sie auf dem Weg nach unten, wie die meisten Menschen, *dann müssen Sie sich selbst aufrichten*, was wahrscheinlich bedeutet, daß Sie umkehren und die entgegengesetzte Richtung gehen müssen – in allen Bereichen Ihres Lebens.

Einfach weitermachen. Lieben und vergeben Sie sich immer wieder. Machen Sie weiter mit dem Weitermachen. Vielleicht verfolgen Sie ein neues Ernährungsprogramm und ertappen sich dabei, daß Sie einen Eisbecher löffeln. Großartig! Beobachten Sie, wie Sie sich fühlen, wie sich Ihr Körper anfühlt, ob Sie dadurch befriedigt werden usw. Vergeben Sie sich selbst, *und fangen Sie wieder neu an.* Sie sind vollkommen, so, wie Sie jetzt sind. Hier geht es auch gar nicht um Vollkommenheit. Hier geht es um optimales Leben und völlige Verwirklichung des Selbst durch die Energie der Liebe. Ohne Liebe funktioniert nichts. Deshalb versagen auch alle Versuche, besser zu werden. *Sie können nicht besser werden. Sie sind völlig in Ordnung.* Vollkommen bedingungslose Liebe, wann und wo für auch immer, ist der Wendepunkt und der einzige absolute Um-

wandler Ihres Lebens. Ewige Liebe bringt Ihr wahres Wesen zum Vorschein und setzt Sie an Ihren rechtmäßgen Platz.

Sehen Sie dem Leben gerade ins Gesicht. Das größte Hindernis, das Sie davon abhalten könnte, Ihr Leben zusammenfallen zu lassen, ist die Furcht vor Ablehnung oder davor, unrecht zu haben. Um das zu begleichen, hören Sie auf, andere zu verurteilen oder ins Unrecht setzen zu wollen. Natürlich ergeben sich daraus Konsequenzen. Sie fahren zu schnell und bekommen einen Strafzettel für zu schnelles Fahren. Doch setzen Sie dann den Strafzettel nicht ein, um sich selbst, den Polizisten oder sonstwen zu beschuldigen. *Bringen Sie nur alles wieder in Ordnung. Übernehmen Sie die Verantwortung*, so wie jeder das tun muß. Der Strafzettel ist weder eine Entschuldigung noch eine Gelegenheit für auch nur einen Augenblick der Verurteilung. Lieben, lieben und lieben Sie immerzu.

Schauen Sie nicht zurück. Manchmal könnten Sie einen heftigen Wunsch verspüren, alte Sachen zurückzuholen oder zu alten Überzeugungen zurückzukehren, weil noch nichts Neues da ist, das diesen Platz einnehmen könnte. Die neue Beziehung oder was auch sonst ist noch nicht in Sicht, obwohl Sie Worte für das Gewünschte gesprochen haben. Die neuen Kleider sind noch nicht aufgetaucht; die Kleider für die Altkleidersammlung befinden sich noch in dem entsprechenden Sack – und Sie fragen sich, ob das richtig war. *Kehren Sie nicht um.* Denken Sie an Lots Frau im Alten Testament. Sie drehte sich um nach diesem wertlosen Leben – und wurde in eine Salzsäule verwandelt.

Sie können nicht umkehren. Es gibt dort nichts, wofür es sich lohnt.

SCHRITT VIER – Lassen Sie die Leere zu

Lassen Sie die Leere zu. Beeilen Sie sich nicht, diese Leere zu füllen. Dies ist die Zeit, an der Sie sich erfreuen sollten... Sie können Sie füllen mit Lesen und Schreiben... mit neuen Ideen und der Wahrheit. Nutzen Sie die Zeit, um zu lernen, was für Sie erreichbar ist, öffnen Sie Ihre Augen für eine völlig neue Ebene des Lebens. Nutzen Sie diese Periode, um ein neues Bild zu entwickeln und zu erklären, wie Ihr Leben ab jetzt aussehen soll. Seien Sie offen, erholen Sie sich, fahren Sie in Urlaub, entspannen Sie sich, genesen Sie, und seien Sie erfüllt von Liebe und Wahrheit.

SCHRITT FÜNF – Lassen Sie es hinein

Erleben Sie, wie die Leere sich mit neuem Leben und einer neuen Art des Seins zu füllen beginnt, wie dies auf natürliche Weise geschieht wie durch einen inneren Brunnen, der Ihre Bedürfnisse stillt und Ihnen gibt, was Ihr Herz begehrt. Dies ist eine Zeit des Hochgefühls, in der Sie sich ganz obenauf fühlen, froh darüber, am Leben zu sein. Ihr Leben ist in sich »zusammengefallen«. Dieses Hochgefühl wird eine Weile anhalten, und dann beginnt der Vorgang von neuem. Doch jedesmal wird die Unbequemlichkeit ein wenig geringer sein. Sie lernen, sich selbst ein Freund sein und das innere Lernen zu meistern, das Sie der nächsten Gelegenheit zum Wachsen entgegenführt. *Suchet und ihr werdet finden, klopft an, und es wird euch aufgetan, bittet, und es wird euch gegeben.* Das Leben funktioniert. Fließen Sie mit dem Strom, der Sie dem größeren Leben entgegenführt.

Übungen

Schreiben Sie die Antworten auf diese Fragen wie auch die Affirmationen in Ihr Notizbuch oder Tagebuch.

1. Was versuchen Sie zusammenzuhalten und am Auseinanderfallen zu hindern?
   a. Was setzen Sie ein, um diese Dinge zusammenzuhalten?
   b. Welche Ängste und Überzeugungen hindern Sie, diese Dinge loszulassen? Nennen Sie zehn Ängste und zehn Überlegungen.
2. Geben Sie Kontrolle, Herrschaft und Manipulation auf und lassen Sie die Menschen so sein, wie sie sind oder wie sie nicht sind. Tun Sie das zunächst für eine Stunde, dann einen Tag, eine Woche, zwei Wochen usw.
3. Was würde geschehen, wenn alles zusammenbräche? Was würde danach gseschehen? Beantworten Sie diese Frage immer wieder, bis Sie zu lachen anfangen.
4. Was ist für Sie wichtiger, gut auszusehen, auf andere Eindruck zu machen, zu beweisen, daß Sie erfolgreich sind – oder glücklich, lebendig zu sein und zu tun, was Sie sich wünschen?

Bejahungen

(Schreiben Sie jede Bejahung zehn bis zwanzig mal täglich, bis Sie sie voll integriert haben.)

Ich, __________, verliere nur das, was ich aufgeben will, damit Gottes größeres Geschenk Platz in meinem Leben hat.

Ich, __________, übergebe mein Leben auf ewig Gott durch den Heiligen Geist und lasse zu, daß alles an seinen richtigen Platz fällt.

Ich, __________, lasse alle die Vorstellungen los, an die ich mich hänge, wie etwas sein sollte, damit etwas Besseres in mein Leben kommt.

Meinungen und Urteile anderer sind mir gleichgültig.

Ich, __________, gestatte mir selbst, so zu leben, wie ich das möchte.

Ich, __________, vertraue darauf, daß Gottes Liebe mein Leben und das des anderen lenkt.

16. Kapitel

Menschen: Welche halte ich, welche lasse ich gehen?

»Gibt mir diese Beziehung, was ich mir wünsche, und bekommst du aus dieser Beziehung, was du dir wünschst?«

Dies ist die Schlüsselfrage, die man sich in jeder Beziehung stellen sollte. Eine Beziehung funktioniert so lange, wie sowohl Sie als auch andere das bekommen, was sie sich wünschen. Es ist Zeit, einmal zu überprüfen, was eigentlich los ist. Was gestern funktionierte, mag sich heute nicht mehr bewähren; was gestern nicht funktionierte, könnte heute durchaus klappen.

Liebe – ein Gnadengeschenk

Eine der für uns alle fundamentalen Wahrheiten ist, daß jeder von uns den anderen auf irgendeiner Ebene unseres Seins liebt. Wir bewundern und schätzen tatsächlich jeden anderen Menschen, wir können alle Menschen gleich lieben – und tun dies aus. *In jemanden verliebt zu sein ist aber kein ausreichender Grund, um eine Partnerschaft einzugehen.* Jemanden zu lieben bedeutet an sich nichts, denn in Wahrheit lieben Sie jeden und jeder liebt Sie, selbst wenn das nicht der Wahrheit zu entsprechen scheint. Liebe wird erfahren, wenn Sie eine Verbindung zum Herzen herstellen, ohne Wünsche und Erwartungen. Dann fühlt sich jeder in der Gegenwart des anderen vollkommen akzeptiert. *In Gegenwart des anderen verliebt sich jeder in sich selbst.*

Liebe ist die grundlegende absolute Wahrheit des Lebens. Sie ist alles, was es gibt und was wir alle wahrlich suchen. Sie gehört jetzt uns – das war immer schon so und wird immer so ein. Sie zeigt, wer Sie sind – Sie können sich der Liebe öffnen oder ihr Widerstand leisten. Durch Urteile setzen wir der Liebe Grenzen und schränken sie ein. Liebe hat nichts zu schaffen mit Begrenzungen oder Erfolgen; sie kann weder erarbeitet, verdient noch verloren werden. Durch die Gnade Gottes gehört sie uns allen. *Gnade* ist die biblische Formulierung dafür, daß uns Gottes Liebe gewiß ist, unabhängig davon, was wir tun oder lassen. Diese Liebe verwandelt unsere Welt. Das Leben ist ein Geschenk durch die Gnade Gottes – ohne daß wir etwas dafür tun müssen.

Kontemplieren Sie diese Wahrheiten über die Liebe:

☐ *Wenn wir uns selbst zugestehen, Menschen zu lieben, dann geben wir das Geschenk der Gnade weiter.*

☐ *Liebe ist da, wenn wir uns der Liebe anvertrauen in dem Augenblick, in dem wir Gemeinsames entdecken, worüber wir sprechen können, in dem wir etwas finden, das uns am anderen gefällt oder wofür wir ihn lieben, und in dem wir den Nächsten in irgendeiner Weise an unserem Leben teilhaben lassen. Die Liebe kommt auf natürliche Weise an die Oberfläche, wenn der Panzer zerbricht, den wir um uns aufgebaut haben, um uns gegen den anderen abzuschirmen.*

Grundlagen einer Beziehung

Da Liebe nur Liebe hervorrufen kann, was ist dann eine Beziehung? *Jeder von uns hat eine Beziehung zu jedem anderen.* Wir sind verbunden – in Wahrheit sind wir eins – mit allem Leben. Jeder von uns ist ein Mystiker, der sich in die Weisheit und Wahrheit des Universums einschaltet. Nichts wird uns vorenthalten, was wir wirklich wissen wollen. Sie haben eine Beziehung zu allen Menschen, ganz zu schweigen von allen anderen Lebensformen.

☐ *Sie haben bereits eine Beziehung auch zu den Menschen, die Sie noch nicht kennen.*

☐ *Sie haben diese Beziehung aus einem bestimmten Grund gewählt.*

Menschen, zu denen Sie eine intimere Beziehung haben, sind

aus einem ganz besonderen Grund in Ihrem Leben. Einige von ihnen sind Ihre Lehrer, und Sie gewinnen Ihre Kraft zurück durch die Schwierigkeiten, die Sie mit diesen Menschen haben. Es ist eine Lernerfahrung. Einige sind auch nur Liebende, sie geben uns intime Beziehungen, in denen es leicht fällt, einander zu verstehen und miteinander umzugehen.

Beziehungen können entweder verwirrend und destruktiv oder aufbauend und erhebend sein. Was bewirkt den Unterschied? Es ist das Bewußtsein Ihrer eigenen Lebensziele und Ihre Bereitschaft, intime Beziehungen zu wählen, die Ihre Ziele und Träume fördern.

Ich möchte eines ganz klarstellen: Selbst zur großartigsten Beziehung gehören Herausforderungen und Begebenheiten, die wie Krisen aussehen, doch jede Krise ist eine Möglichkeit, das Gefühl des Getrenntseins aufzugeben und noch tiefere Liebe zu erfahren.

Wenn Liebe kein ausreichender Grund zum Zusammensein ist, was ist es dann? Ich habe herausgefunden und – ich bin sicher, auf irgendeiner Ebene Sie auch: Wenn eine Beziehung erhebend sein soll, dann muß man ein gemeinsames Ziel sehen und willens sein, den anderen *und* sich selbst gewinnen zu lassen.

Sehen Sie sich Ihre Beziehungen an

Schreiben Sie die Namen und Ziele jeder bedeutenden Beziehung auf, die Sie haben. Verlieren oder gewinnen Sie dabei?

Ich habe mich früher oft nicht im Gleichschritt mit meinen Mitmenschen gefunden und mich gewundert, wieso. Während ich mich selbst verurteilte, weil ich nicht »genug« oder nicht »richtig« war, befand ich mich in einem ständigen Kampf, um die anderen dazu zu bewegen, meiner Führung zu folgen und so zu leben wie ich. Es hat nie funktioniert. Ich lebte in einem Zustand ständiger Aufruhr, fühlte mich unzulänglich und meinte, meine Partner und Mitarbeiter seien nicht bereit, mich anzuerkennen und meinem Weg zu folgen. Es gab ein ständiges Tauziehen. Es sah aus, als müßte ich, um zu gewinnen, anderen meine Liebe versagen, sie beschuldigen, daß sie die Wahrheit nicht sähen, und mich schließlich aus Ärger oder, um sie zu meiden, von ihnen trennen. Ich war verwirrt. Wie konnte ich jemanden lieben (und das tat ich) und doch so unzufrieden sein?

In Wirklichkeit hatte ich wohl doch keine Wahl getroffen. Jeder Mensch hat das Recht zu entscheiden, was für ein Leben er führen will. *Erkennen Sie das Leben als das, was es ist.* Das Leben ist ein Spiel. Das bedeutet, Sie entscheiden ständig, welches Spiel Sie spielen, welche Schritte Sie tanzen wollen.

Ich erinnere mich, daß ich an einem Abend alleine zu Hause war und ein tiefes Verlangen spürte, mit jemandem zusammenzusein, der ein wahrer Seelengefährte sein konnte. Ich sprach mit Gott – auf meine mir eigene Weise. Im wesentlichen sagte ich wohl: »Wenn du einen Seelenkameraden für mich hast, bring ihn mir. Falls nicht, laß mich das erkennen, und ich will deinen Willen leben. Ich weiß, du gibst mir einen Traum oder einen Wunsch nur, weil auch die Erfüllung schon geplant ist. Ich möchte mit meinem Partner zusammensein und bin willens, alles aufzugeben, was mich daran hindert.« Kurze Zeit später begegnete ich meinem zukünftigen Mann Leonard Radomile. Er war alles, was mein Herz begehrte, und mehr als das. Es ist wirklich phänomenal: wir sind ein Herz und eine Seele, sowohl gegensätzlich als auch identisch. Unsere Ziele im Leben sind die gleichen, unsere Arbeit ist die gleiche, unsere Lebensstile sind die gleichen, unsere Liebe ist die gleiche. Jeder bringt dem anderen unterschiedliche Geschenke, die uns gegenseitig bereichern, unser Bewußtsein und unsere Erfahrungen. Dies ist ein Beispiel dafür, welche Wunder geschehen, wenn ich die Dinge Gott überlasse, der mehr von mir weiß, als mir zu irgendeiner Zeit bewußt sein kann.

Was Sie sich zutiefst wünschen, gehört Ihnen bereits und wartet auf Ihre Annahme. *Nutzen Sie die Gelegenheit.* Es gibt nur wenige Menschen, die sich der Chance verpflichtet fühlen, die eine Beziehung bietet. Wo das Ego das Sagen hat, ebbt die Liebe ab. Stattdessen unterliegen Sie dem Zwang, »recht« haben zu wollen, koste es, was es wolle, selbst wenn es bedeutet, etwa zuzugeben, daß man unrecht hat, um damit zu beweisen, wie unrecht *die anderen damit haben, Sie ins Unrecht zu setzen*, wodurch Sie wieder recht haben.

Eine vom Ego bestimmte Beziehung ist so verwirrend, daß niemand gewinnt.

Jede meiner Beziehungen war eine Lernerfahrung. Die Aufgabe besteht für mich darin, stets die Wahrheit zu sagen, ich selbst zu sein und dem Sinn und der Vision meines Lebens treu zu bleiben. Ist es Ihr Traum, Gärtner zu sein, dann werden Sie es. Möchte Ihr Partner, daß Sie ein professioneller Golfspieler sind, dann funktioniert das nur, wenn Sie sich das wünschen. Lassen wir die Leute dahin gehen, wohin sie gehen wollen. Gehen auch Sie dahin, wohin Sie gehen möchten, und finden Sie Ihren Partner aus der Gruppe, die Ihre Richtung eingeschlagen hat.

Ziele abstimmen

Wählen wir Beziehungen zu Menschen, die in unsere Richtung gehen, dann mag das so aussehen, als verschlösse man sich selbst vielen Wachstumsmöglichkeiten. Das ist durchaus nicht so. Sie können viele Ziele und Interessen haben. Sie können bei allen Spielen mitspielen und bei allen gewinnen. Sie können für all das offen sein, für das Sie offen sein möchten, und die Qualität Ihrer Beziehungen als erhebend und inspirierend genießen. Das Abstimmen der Ziele in einer Beziehung ist notwendig. Was Sie begrenzt haben, ist das Nichtabstimmen. Es ist ganz gleich, welches Ziel Sie haben. Es könnte sein:

- ☐ Eine liebevolle, inspirierende Ehe zu führen, die andere ermutigt, ebenfalls liebevolle und inspirierende Ehen zu führen.
- ☐ Den Hunger in der Welt zu beenden.
- ☐ Ein Bootsrennen zu gewinnen.
- ☐ Ein Produkt zu entwickeln oder herauszubringen, damit auf Glatzen neue Haare wachsen.
- ☐ Den Himmel auf Erden schaffen.
- ☐ Kindern die Art von Ausbildung zu ermöglichen, die sie glücklich und zufrieden im Leben macht.
- ☐ Zu spielen und Spaß zu haben.

□ Flugzeuge bauen, die sowohl sicher wie auch wirtschaftlich sind und zweihundert Passagiere befördern können.

Nennen Sie Ihr Ziel. Finden Sie heraus, wer das Spiel spielt und wer nicht. Bedenken Sie, daß Taten lauter als Worte sprechen. Vielleicht wünschen Sie sich eine liebevolle, spirituelle Ehe, während Ihr Partner auf Gewalt und Leiden eingestellt ist. Sie brauchen Ihre Ziele nicht zu ändern und auch die andere Person nicht. Überlegen Sie einfach, was Sie sich wünschen, und machen Sie damit weiter. Ja, es kann bedeuten, daß Sie eine Beziehung aufgeben, die Sie blockiert.

Ein weiteres Beispiel: Vielleicht haben Sie ein Unternehmen und möchten es in ein Unternehmen umwandeln, das nützlich und gewinnbringend ist und auf Vertrauen, Integrität, Begeisterung, Dienstleistung und Qualität aufgebaut ist. Ist das Ihr Wunsch, so informieren Sie Ihre Angestellten darüber und lassen Sie sie entscheiden, ob sie das auch zu ihrem Ziel erklären können oder nicht. Danach werden Sie unterscheiden können, wer mitzieht und wer nicht.

Loslassen ist keine große Sache

Wir tun so, als wäre das Loslassen von Menschen eine große Sache; um zu rechtfertigen, daß wir weitergehen, schaffen wir Auseinandersetzungen und Tragödien. Sie können jemanden lieben und doch ablehnen, ein gemeinsames Spiel zu spielen. Liebe ist nicht die Grundlage für eine Partnerschaft, es sind vielmehr gemeinsame Ziele. Liebe ist immer vorhanden, ganz gleich, was geschieht. Und es gibt keinen Maßstab für eine vollkommene Beziehung. Die Beziehung muß nur Ihnen und dem anderen nützlich sein.

Liebe bedeutet nicht Selbstverleugnung. Ich kenne kaum etwas Schlimmeres, als sich selbst und sein Ziel zu verleugnen, um jemanden in seinem Leben zu halten. Dabei kennt diese Welt wirklich keinen Mangel an Menschen. Es gibt ungefähr 4,6 Milliarden davon auf der Welt, und Sie lieben sie alle und haben zu jedem eine Beziehung und sind eins mit jedem. Wahrscheinlich möchten Sie nicht mit jedem Menschen Zeit verbringen, manche mögen Sie vielleicht nicht einmal sehen oder gar nicht in Ihrer Nähe haben.

Wählen Sie Ihre Partner unter den Menschen aus, die willens sind, Sie gewinnen zu sehen und Sie großartig zu finden. Warum sollten Sie sich für Menschen entscheiden, die möchten, daß Sie versagen und verlieren? Jeder von uns ist ein Gewinner, wenn wir nur Anspruch darauf erheben. Ich kann nicht jemanden gewinnen lassen, der nicht gewinnen will. Früher habe ich meine Partner, Freunde, Mitarbeiter nach dem Potential ausgesucht, das ich glaubte, in ihnen hervorbringen zu können. Ja, jeder von ihnen hat die Qualität seines Lebens in einem gewissen Maß gesteigert, doch ich wurde dadurch nach unten gezogen und erlitt Schaden. Meine Selbstachtung war gesunken, und ich fürchtete mich davor, mit Gewinnern zusammenzusein. So brachte ich meine Zeit mit Leuten zu, in deren Gegenwart ich mich groß fühlen konnte. Ich fürchtete mich vor Ablehnung. Um mich selbst zu schützen, stellte ich also sicher, daß ich diejenige war, die das Gute verteilte. Ich bat nicht darum, irgend etwas zu bekommen, und stellte also fest, daß ich nichts bekam. Ich war ausgelaugt, außerdem fühlte ich mich negativ und unterdrückt. Schließlich erkannte ich, daß ich mich selbst sabotiert hatte und mich mit den Menschen zusammentun mußte, mit denen ich wirklich zusammensein wollte und die ich bewunderte. Ich mußte mein Retterspiel aufgeben. Niemand würde etwas für mich tun, das ich nicht für mich selbst tun würde.

Ebenen des Bewußtseins

Es gibt verschiedene Ebenen des Bewußtseins, und Sie können jede einzelne davon erkennen. Auf unserem Weg nach oben manifestieren wir die Liebe zum Leben. Ein Mensch, der sich auf der Skala von Oktave zu Oktave nach oben bewegt wie auf einem Piano, wird lebendiger, kreativer, fähiger, hilfsbereiter und kommt immer mehr in Berührung mit seinem spirituellen, geistigen und körperlichen Sein. Jeder und alles wird durch die Gegenwart eines solchen Menschen erhoben. Ihre Mitmenschen gedeihen, werden gesund und sind glücklich in ihrer Nähe. Sie erreichen immer höhere Ebenen der Vorzüge, der Liebe, des Wohlstands und meistern jeden Aspekt ihres Lebens.

Wenn Menschen völlig versagt haben und durch negative Mitmenschen noch beeinflußt werden, hängen sie oft so in ihrer Abwärtsspirale fest, daß sie sich ihrer Macht, die Dinge verändern zu können, nicht mehr bewußt sind. Jeder kann den Weg zurück antreten – niemand ist auf immer verloren, und doch kann niemand diesen Weg für einen anderen gehn. Wir können nur die Möglichkeit aufweisen. *Aber jeder muß seinen Weg selbst gehen.*

Seien Sie vorsichtig. Sie könnten der Unterdrücker sein und glauben, der einzige Weg für die anderen, ihr Leben zu verbessern und auf den rechten Pfad zurückzukehren, sei der Ihre – das ist er sicher nicht. Ihre Einstellung können Sie daran überprüfen, ob andere in Ihrer Gegenwart aufleben oder abfallen. Mir hilft es, andere zu lieben und sie in ihrem Ziel zu unterstützen. Ich frage sie: »Wie kann ich dir helfen, und wie sollte diese Hilfe deiner Meinung nach aussehen?«

Niemand hat das Recht, Ihnen zu sagen, was Sie tun sollen, es sei denn, Sie räumen ihm dieses Recht ein, wie zum Beispiel einem Trainer beim Sport, dem Vorgesetzten oder dem Chef am Arbeitsplatz oder jemandem, mit dem Sie eine befriedigende Beziehung eingehen, weil Sie möchten, daß er Ihnen etwas beibringt, was Sie nicht wissen oder was Ihnen hilft, Ihre Aufgabe in einem Projekt zu erfüllen. Sich einem anderen anzuvertrauen, ist eine Frage der bewußten Entscheidung, das Ego aufzugeben. Doch treffen Sie nur die Wahl, sich jemandem anzuvertrauen, dem Sie auch vertrauen können. Das heißt jedoch nicht, die eigene Verantwortung aufzugeben und zu sagen: »Hier, kümmere dich um mich, weil ich das nicht selbst tun kann.«

Was Ihnen hilft

Sehen wir uns einmal genauer an, was Ihnen in einer Beziehung hilft und was nicht. Werden Sie sich Ihrer eigenen Energie bewußt und fragen Sie sich, was Sie in Gegenwart eines anderen empfinden. Verbringen Sie Zeit mit Menschen, mit denen das Zusammensein

Freude macht. Warum wollen Sie sich mit weniger zufrieden geben? Arbeit sollte Freude machen, eine Ehe sollte Freude machen, eine Regierung sollte Freude machen, sportliche Übungen sollten Freude machen, Ihre Beziehungen zu Geld und Besitz sollten Freude machen.

Fragen Sie sich selbst: »Ist das eine gesunde, lebendige, liebevolle und fruchtbare Beziehung?« Falls ja und falls sie Ihnen nützt, setzen Sie sie fort, wenn Sie sich dazu entscheiden. Falls nicht, was tun Sie sich dann damit selbst an? Fragen Sie sich: »Verhalte ich mich in dieser Beziehung liebevoll, hilfreich, befruchtend und erhebend? Vielleicht brauchen Sie nur Ihren Versuch aufzugeben, einen anderen Menschen so zu formen, wie er Ihrer Meinung nach sein sollte.

Jeder von uns hat heikle Punkte und schwierige Bereiche; diese müssen in jeder Beziehung aufgearbeitet werden. Ist ein Mensch jedoch nicht willens, zu höheren Bewußtseinsebenen, stärkerer Liebe und mehr Gutem mit Ihnen aufzusteigen, dann ist es schwierig, eine Beziehung zu ihm oder ihr aufrechtzuerhalten und gleichzeitig den eigenen Weg weiter zu verfolgen. Wenn man einen Menschen gehen läßt, heißt das nicht, daß er schlecht ist, sondern einfach nur, daß man nicht den gleichen Weg geht. Der andere braucht sich nicht zu ändern, doch wer sagt, daß Sie Ihre Ziele, Träume und Absichten opfern müssen? Geben Sie den Menschen immer die Möglichkeit, zu wählen, in welche Richtung sie zu gehen wünschen. Fühlen Sie sich ebenfalls dem Weg verpflichtet, dann wissen Sie das, weil Sie sich dafür entscheiden werden; falls nicht, lassen Sie den anderen seinem eigenen Weg und seinem eigenen Ruf folgen. Sie können nichts anderes tun, wenn Sie wachsen wollen.

Für eine liebevolle und sinnvolle Beziehung nenne ich hier einige emotionelle Ebenen, vor denen Sie in sich – und auch andere – hüten sollten. Es sind Manifestationen des Gefangenseins in Mangel, Furcht, Verlust, Zorn und Ziellosigkeit.

NIEDERZIEHENDE HALTUNGEN SIND EMOTIONALE BLUTSAUGER

In der Vergangenheit bleiben.
»Ich bin unfähig und hilflos«.
»Ich armes Wesen«.

»Das solltest du nicht tun, nicht wollen.«
Versteckte Feindseligkeit.
Sarkasmus.
Emotioneller und körperlicher Mißbrauch.
Meistersein im Herabsetzen anderer.
»Ich möchte dir nur helfen.«
»Du siehst müde aus, laß mich für dich sorgen.«
»Ich bin hier, um dich zu retten und dich zu bessern.«
»Du kannst das nicht richtig.«
Ständig gelangweilt und langweilig sein.
»Ich bin zu nichts gut.«
Andere beschimpfen.
Mangel an Respekt vor dem Eigentum oder den Rechten anderer.
Kein Interesse am Leben haben.
»Alle sind Verlierer.«
Höhnische Bemerkungen.
Schwätzer.
Lügner.
Miesmacher.
»Hast du schon gehört? Ist das nicht furchtbar?«
Ständige Krisen.
»Das Leben ist ein Kampf.«

Jetzt dagegen die erhebenden Einstellungen eines Menschen, der in das Leben verliebt und für seine Qualität verantwortlich ist. Die Gegenwart eines solchen Menschen ist eine Hilfe für alle.

ERHEBENDE EINSTELLUNGEN

»Du kannst das.«
»Du bist großartig.«
»Ich liebe dich.«
»Du schaffst das, und ich helfe dir, wenn du möchtest.«
»Ich schätze dich.«
»Ich möchte, daß du gewinnst.«
»Wie kann ich dir helfen?«

»Wie kann ich dein Leben bereichern?«
»Das Leben ist großartig.«
»Danke, Gott, für mein Leben.«
»Ich kann haben, was ich mir wünsche, und du auch.«
Gutes in allem sehen.
Willens sein, das eigene Leben in Ordnung zu bringen.
Tun, was man sagt.
Die Wahrheit aussprechen.

Vermutlich finden Sie sich in beiden Listen wieder, denn ein gesunder Mensch denkt wirklich manchmal, er mache etwas falsch. Der Mensch, der nur in anderen die Fehler sieht, hat wirklich Probleme. Ein gesunder Mensch erkennt den Wert in allem und setzt die Dinge ein, um sein Leben zu verbessern.

Leben oder sterben Sie?

Stellen Sie sich auch die folgende Frage: »Sterbe ich in dieser Beziehung, oder lebe ich wirklich?« In einer Beziehung, in der man sich füreinander einsetzt und sich gegenseitig hilft, schätzt jeder den anderen, und das Leben eines jeden ist die wichtigste und einzige Überlegung. Eine gesunde Beziehung ist dynamisch und lebendig, nicht ein Zustand oder ein Hafen, in den man einläuft. Gibt es Gebiete, an die nicht gerührt werden darf – heilige Kühe und verbotene Gefühle, Fragen oder Erfahrungen –, dann ist das sowohl für die Beziehung als auch die beiden Partner das Todesurteil. Völlige Freiheit des Seins, des Ausdrucks und der Kommunikation sind ein MUSS. Es ist wichtig, sich auf die Grundregeln zu einigen, wie man sich dem anderen mitteilt.

Ich habe Freunde, die sich vor kurzem getrennt haben, weil die Basis ihrer Ehe war, daß der Mann sexuelle Beziehungen mit anderen Partnerinnen unterhielt und die Frau dies akzeptierte, weil sie so sehr mit ihm zusammensein wollte, daß sie sich selbst verleugnete. Der Ehemann erkannte, daß seine Frau in dieser Beziehung starb, weil sie ihre eigenen Vorstellungen und Bedürfnisse aufgab. Jetzt tun beide das, was sie wünschen, und sie lieben sich immer noch. Sie hat einen Partner, der eine Beziehung zu nur einer Frau wünscht und sie liebt, und der Ehemann hat die Beziehungen, für die er sich entscheidet. Beide sind lebensfroh und setzen ihre Beziehung miteinander als Freunde fort, nicht mehr als Partner.

Warum Menschen sich verkaufen

Was bringt einen Menschen dazu, sich in einer Beziehung zu verkaufen? Überlegensfragen, Geld, »Was werden die Leute denken?«, »Ich kann nicht für mich selbst sorgen«, »Ich bin zu alt«, »ich bin zu jung«, »Ich kann keine Arbeit finden«, »Wir müssen das Vermögen aufteilen«, geringes Selbstwertgefühl, Unkenntnis über den wahren Wert des Lebens und so weiter. Kurz gesagt, man erkennt nicht, daß man *haben* kann und selbst der Schöpfer der Dinge ist, die man haben möchte. Sie bekommen das, wofür Sie sich entscheiden. Also entscheiden Sie sich doch für die ganze Glorie und Glückseligkeit des Lebens.

Warum wollen Sie unglücklich sein? Warum wollen Sie Ihre Beziehung dazu verwenden, sich selbst zu bestrafen? Warum Ihr Leben leugnen?

Selbst in einer liebevollen Beziehung werden Sie gelegentlich unglücklich, gelangweilt, wütend, ängstlich, einsam, ärgerlich und feindselig sein. Sie sollten – wenn Sie das fertigbringen – sich dem anderen mitteilen und in liebevoller Weise die Wahrheit sagen. In einer guten Beziehung gehen Liebe und Partnerschaft Hand in Hand. Haben Sie die Wahl getroffen, das Spiel des Lebens gemeinsam mit Ihrem Seelenkameraden zu spielen, dann übergeben Sie sich der Liebe Gottes, die Sie durch diese Beziehung erfahren. Tatsächlich gehört jede Beziehung Gott und ist daher heilig.

Stellen Sie sich selbst ähnliche Fragen wie die folgenden, und ich bin sicher, Sie finden heraus, ob Sie sich für eine oder in einer Beziehung aufgeben:

- ☐ Wenn meine augenblicklichen Probleme gelöst wären, würde ich die Beziehung zu diesem Menschen aufrecht erhalten wollen?
- ☐ Funktioniert diese Beziehung augenblicklich für mich?
- ☐ Wenn mir die Meinung anderer gleichgültig wäre, was würde ich in dieser Partnerschaft unternehmen?
- ☐ Bin ich willens, meine Suche aufzugeben und diesen Menschen als den einzigen anzusehen und alles zu tun, was erforderlich ist, um eine liebevolle und erhebende Beziehung zu ihm zu erfahren?
- ☐ Fühle ich mich in der Gegenwart dieses Menschen wohl in meiner Haut, und bin ich mit ihm zusammen lebendiger und positiver?
- ☐ Welche Art von Beziehung wünsche ich mir, und was bin ich dafür zu tun bereit?
- ☐ Bin ich der Mensch, mit dem ich verheiratet sein, mit dem ich leben, dessen Freund ich sein oder mit dem ich arbeiten möchte? Falls nein, welche Eigenschaften sollte ich in mir entwickeln?

Der wichtigste Punkt

Wenn Sie wissen, daß es Zeit ist loszulassen, lassen Sie los. Und kehren Sie nicht um! Es ist Ihr Untergang, wenn Sie an dem festhalten, was nicht funktioniert, weil Sie Angst davor haben, daß sonst nichts und niemand für Sie da sei. Das Leben gehört den Mutigen. Haben Sie jedoch, was Sie sich wünschen, so seien Sie dankbar und entscheiden Sie sich dafür, zufrieden und glücklich zu sein. Niemand kann Ihre Entscheidungen für Sie treffen; Ihr Leben wird immer das sein, was Sie für sich selbst akzeptiert haben.

Sie müssen auf den Gegenwert verzichten, den Sie aus einer nichtfunktionierenden Beziehung zu gewinnen glauben.

Erkennen Sie jedoch auch, daß das, was wie der Zusammenbruch einer Beziehung aussehen mag, auch Ihre Unfähigkeit ist, eine Situation zu schaffen, in der Sie die Wahrheit sagen oder Ihre Ängste vor der Intimität fallenlassen können. Sie und Ihr Partner könnten aus Beratungen, einem Seminar, einem Bewußtseinstraining oder von einem spirituellen Führer viel profitieren.

Um in Beziehungen ein Meister zu werden, müssen Sie negative, auf Ängsten beruhende Muster aufgeben und sich selbst der Liebe und Unterstützung öffnen, ganz gleich, was das kosten mag. Es geschieht nicht über Nacht, doch keine Sorge – wenn das wirklich Ihr Wunsch ist, dann bekommen Sie es auch. Während ich dies schreibe, empfinde ich unsere Liebe und unsere Nähe, ja selbst Ihre tiefesten und geheimsten Wünsche.

Geben Sie den scheinbaren Lohn einer Sie einengenden Beziehung auf – und Sie sind frei von der Vergangenheit.

Bedenken Sie, Sie können keine Fehler machen – es gibt sie nicht. Wer zählt schon die Irrtümer? Ich sicher nicht. Ich weiß, Sie sind fähig und tun, was erforderlich ist, um sich um sich selbst zu kümmern. Bleiben Sie sich selbst treu, und Sie können sich niemandem gegenüber falsch verhalten.

Schauen Sie nach innen. Erkennen Sie, wen Sie loslassen sollten, und segnen Sie diesen Menschen, finden Sie dann heraus, mit wem Sie zusammensein möchten. Jeder trägt zu Ihrem Leben bei, so wie Sie zum Leben der anderen Menschen beitragen. Sie finden heraus, was Sie brauchen. Ich kann mich darauf verlassen, daß Sie das tun, was richtig für Sie ist!

Übungen

1. Führen Sie die Namen der Menschen auf, in deren Gegenwart Sie sich niedergeschlagen, unterdrückt, ungeliebt und nicht anerkannt fühlen. Was wollten Sie denn ursprünglich von diesen Menschen?
2. Nennen Sie die Namen der Menschen, in deren Gegenwart Sie sich geschätzt, geliebt, fähig, anerkannt, voller Energie und Vitalität fühlen. Welcher Unterschied in Ihrer Einstellung diesen Menschen gegenüber bewirkt, daß sich diese Menschen im Zusammensein mit Ihnen anders verhalten?

3. Nennen Sie die idealen Qualitäten, die Sie in Ihren Beziehungen in den wichtigsten Bereichen Ihres Lebens haben möchten.
4. Schreiben Sie von jeder schwierigen Person in Ihrem Leben die Dinge auf, die Sie stören. Finden Sie dann die gleichen Dinge in sich selbst, und vergeben Sie sich dafür. Seien Sie den anderen dankbar, weil Sie Ihre Aufmerksamkeit darauf lenken, wofür Sie sich selbst lieben sollten.
5. Wo und wie gebrauchen Sie die Entschuldigung, andere Menschen seien schwierig, um zu vermeiden, daß Sie die Verantwortung für Ihr eigenes Leben übernehmen müßten und dafür, das zu tun, was Sie tun möchten? Nennen Sie zwanzig Möglichkeiten.
6. Auf welche Weise halten Sie sich selbst von anderen fern, schaffen Szenen und Ärger, setzen die anderen ins Unrecht und leugnen Liebe und Vergnügen? Nennen Sie zwanzig Verhaltensweisen.
7. Nennen Sie wenigstens zwanzig Arten, in denen Sie andere anerkennen, lieben, Intimitäten zulassen, andere inspirieren und Freude zulassen.

Bejahungen

Schreiben Sie diese häufig:
Ich, __________, vergebe meiner Mutter liebevoll für alles.
Ich, __________, vergebe meinem Vater liebevoll für alles.
Ich, __________, vergebe mir selbst liebevoll für alles.
Ich vergebe, __________ (Name des Betreffenden), mich verletzt und nicht geschätzt zu haben.
Ich, __________, erkenne den Wert und die Schönheit eines jeden Menschen, dem ich begegne.
Ich vergebe mir, __________ (Name des Betreffenden) verletzt und nicht geschätzt zu haben.
Alle meine Beziehungen dienen der Liebe und der Heilung.
Ich, __________, bin jetzt von allen vergangenen Beziehungen frei.

17. Kapitel

Intimität und Leidenschaft: Männliche und weibliche Energie

Ihre Beziehungen spiegeln wider, wie Sie in sich die Ehe zwischen Ihren männlichen und weiblichen Energien vollzogen haben. Sie erfahren Frieden, Leidenschaft und Liebe auf natürliche Weise, wenn Ihre Beziehung zu sich selbst heil ist. Konflikte, Langeweile, Ängste und Trennungen sind das Ergebnis einer unvollständigen Beziehung zu sich selbst. Getrenntsein bedeutet Isolation, und wir zementieren die Isolation, wenn wir in uns selbst uneins sind. Einheit dagegen läßt Sie gesunden zur Erfahrung von Liebe und Ganzheit.

Wir können unserer eigenen »inneren Ehe« nicht davonlaufen. Der Weg aus einer Situation heraus ist der Weg hindurch. Wer sich weigert, den Konflikt zwischen den eigenen Gefühlen und Bedürfnissen einerseits und dem Intellekt und den Aggressionen andererseits zu lösen, wird sich schließlich selbst zerstören. Jeder Wunsch, uns selbst oder andere zu verletzen, entspringt der Überzeugung, etwas in uns selbst töten zu müssen. Niemand kann erfüllt und voller Frieden sein, der glaubt, irgend etwas mit ihm stimme nicht. Ob Krankheiten, Kriminalität, Krieg, Armut oder Gewaltakte gegen andere, all dies sind äußere Ausdrücke eines inneren Impulses der Selbstzerstörung, nachdem wir uns selbst als böse und unzulänglich verurteilt haben. Wir müssen den Gedanken aufgeben, wir oder andere seien böse oder unzulänglich. Ganz gleich, welche Frage wir haben, die Antwort ist Liebe, die in so reichem Maße vorhanden ist, daß jeder Mensch fürstlich leben kann. Für jeden von uns gibt es eine besondere Stelle, an der wir unsere Liebesgabe beitragen können und in immer wachsenden Ebenen des Selbstausdrucks leben.

Eine Heilung findet in jedem von uns persönlich statt – in diesem

Augenblick –, in unseren Beziehungen zu Familien, Organisationen und zur Welt. Die Heilung stellt unseren ursprünglichen Zustand des Wohlbefindens und der Ganzheit wieder her. Es ist genau dieser Punkt der Ganzheit und Vollkommenheit, an dem wir wirklich zu leben beginnen. Wahres Leben geschieht spontan aus dem natürlichen Wirken in Harmonie mit dem eigenen Selbst und den Kräften des Universums. Wenn die Mehrzahl der Menschen dieser Welt auf natürliche Weise im Einklang mit sich selbst und mit dem Leben lebt, dann wird diese Energie und das daraus wachsende Leben unsere kühnsten Träume übersteigen.

Woher Leidenschaft kommt

Leidenschaft und Gewalt entspringen derselben Energie. Leidenschaft ist das Ergebnis von Liebesenergie, Gewalt dagegen das Ergebnis von Furchtenergie. Gelebte Furcht zeugt von unserer eigenen Isolation und davon, daß wir nicht wissen, wer wir sind. Aus Furcht geborene Gedanken und Handlungen schaffen niemals Einheit.

Ganzheit erzeugt Leidenschaft. Leidenschaft ist die letztendliche sexuelle Energie. Es ist das Gefühl, in jeder Zelle und jedem Atom des eigenen Seins völlig lebendig zu sein. Es ist völliges Bewußtsein, mit allen Sinnen bewußt und wach zu sein, die Erfahrung tiefen inneren Friedens und der Verschmelzung mit den Kräften der Harmonie in allem um uns herum und über uns hinaus.

Leidenschaft ist die Belohnung für das Leben. Wir erfahren sie, wenn wir aus dem Gefühl und der Intuition heraus leben, ihm vertrauen, uns unserer inneren Bestimmung übergeben haben und Gefühle ausleben. Glückliche Menschen wissen, daß sie haben können, was sie sich wünschen. Eine ideale Beziehung ist die, in der Sie sagen: »Ich möchte dies oder jenes sein, tun oder haben«, und Ihr Partner gibt es Ihnen oder hilft Ihnen dabei, es zu bekommen. Überprüfen Sie dies, und stellen Sie fest, ob diese Feststellung Angst emporbringt. Falls ja, dann sollten Sie sich um sich selbst kümmern. Eine liebevolle und leidenschaftliche Beziehung erfordert zwei ganze

Menschen, die ihren Gefühlen und sich selbst vertrauen und zulassen, daß ihre bejahende Seite sie in dem unterstützt, wie sie sich fühlen, und ihnen das gibt, was sie sich wünschen.

Leidenschaftliche Menschen lieben das Leben und bringen sich selbst auf allen Ebenen voll zum Ausdruck. Sie sind ärgerlich, wenn sie ärgerlich sind; sie handeln wie glückliche Menschen, wenn sie glücklich sind, und sind sie traurig, so weinen sie. Die großen Künstler, Musiker, Schriftsteller, Sportler, Redner, Handwerker, Staatsmänner, Erfinder und Unternehmer leben und wirken aus dieser Art ehrlicher Leidenschaft heraus. Die Vitalität ihrer Arbeit ist der äußere Ausdruck der Vitalität, die sie empfinden.

Leidenschaft kann nur aus Intimität und einem völligen Verzicht auf Kontrolle entspringen. Sie können nur dann die Kontrolle aufgeben, wenn Sie sich selbst und dem Leben völlig vertrauen. Je mehr Vertrauen Sie zu sich selbst haben, um so mehr werden Ihre Beziehungen und jeder andere Bereich Ihres Lebens dieses Vertrauen zeigen.

Leidenschaft in Beziehungen

Die Beziehungen zu anderen Menschen sind genauso wie Ihre Beziehung zu sich selbst. Eine Änderung im Innern bewirkt eine Änderung in allen äußeren Bereichen Ihres Lebens, und je mehr dies auch der andere tut, um so mehr werden wir überall einen Energieaustausch feststellen und Liebe, Wohlstand, Gesundheit, Glück und Zusammenarbeit erfahren. Dies kann in den unwahrscheinlichsten Orten mit den unglaublichsten Menschen geschehen. Der Himmel auf Erden ist unvermeidlich, wenn Sie sich wirklich dafür einsetzen.

Wie es immer war

Wir haben beobachtet, daß die Frauen traditionsgemäß die weibliche und die Männer die männliche Energie verkörpert haben. Nur weibliche Energie allein bringt Hilflosigkeit, Gemeinheit, Gehässigkeit, Wut, (unterdrückte) Feindseligkeit und Gefühle der Verwirrung, Abneigung, Manipulation samt all den anderen sogenannten »weiblichen« Eigenschaften hervor, die Männer zum Wahnsinn treiben. Männliche Energie, ohne die Zugabe weiblicher Eigenschaften, bringt Gewalt, Feindseligkeit, starre Kontrolle, Dominanz, Unbeweglichkeit, Gefühllosigkeit, Kälte und einen Mangel an Anteilnahme hervor.

Besteht jedoch ein Gleichgewicht, in dem die weibliche oder die empfindende und intuitive Energie führt und unterstützt wird von der männlichen oder aktiven Energie, dann ist der Mensch gesund, glücklich, lebendig, erfüllt und liebevoll.

Nichts ist für eine Frau großartiger als ein Mann, der das beste der männlichen und weiblichen Eigenschaften in sich vereint. Nichts ist großartiger für einen Mann als eine Frau, die ebenfalls die Eigenschaften beider miteinander verbindet. Der heile Mensch kennt in sich selbst weder Härte noch Konflikte, denn alle Eigenschaften des Seins sind in ihm zu Hause und befinden sich im Frieden und in Liebe zueinander. Ganze Menschen ziehen ganze Menschen an und führen ein ganzes Leben. Beziehungen haben den Zweck, uns zu heilen und uns der Liebe zurückzugeben. Nach der Gesundung erst beginnt das wahre gemeinsame Leben.

Lassen Sie Ihre Beziehungen sprechen

Wie können Sie nun mit Ihren maskulinen und femininen Aspekten in Berührung kommen? Schreiben Sie auf, wie Ihre Beziehungen aussehen, und betrachten Sie das als Meßinstrument, um die Balance zwischen Ihren männlichen und weiblichen Aspekten festzustellen. Müßte das Verhältnis ausgewogener sein, dann bringen Sie die bisher geleugnete Eigenschaft bewußt zum Vorschein und zum Ausdruck. Anerkennen, loben und entspannen Sie die Seite Ihres Wesens, die überkompensiert wird, und beobachten Sie, wie die Art Ihrer Beziehungen sich ändern. Wir können beide Energien nicht unterdrücken. Beide müssen vorhanden sein, und beide sind liebenswert.

Ich war über diese Aspekte selbst völlig verwirrt. Erst vor kurzem gelang es mir schließlich, mit meinen femininen und maskulinen Aspekten in Gleichklang zu kommen und so die Ehe und Liebesbeziehung in mir selbst stattfinden zu lassen. Es ist eine wunderschöne Erfahrung.

Vergessen Sie Rollenspiele

Ganz gleich, was Sie tun, um Ihren Lebensunterhalt zu verdienen, es gibt wirklich kein Rollenverhalten, dem Sie entsprechen müssen. Sie können als Automechaniker sanft, gefühlvoll und hilfsbereit und gleichzeitig technisch denkend, ölverschmiert und tüchtig sein. Ein Mann kann gerne kochen, Blumen arrangieren, das Haus putzen und gleichzeitig stark, bestimmend, wortgewandt, logisch und intellektuell sein.

Wir können es uns nicht mehr leisten, uns selbst weh zu tun, indem wir einem männlichen Körper nur männliche oder einem weiblichen Körper nur feminine Energie zuordnen. Niemand kann es sich leisten, einen Teil seines Wesens auszuschließen oder seinem männlichen Teil die Herrschaft zu überlassen. Ihr höchstes Selbst, das Sie durch Ihre Gefühle und Intuition leitet, muß das Sagen haben, und es muß liebevoll und kindlich, spielerisch und schöpferisch sein. Ihre maskuline Energie dient dazu, Ihr kostbares, wunderbares Selbst zu schützen und dafür zu sorgen und es zu verbalisieren, zu unterstützen, ihm zu helfen und in der äußeren Welt zum Ausdruck zu bringen, wer Sie sind.

Der Machtkampf

Der Machtkampf in Ihren Beziehungen hängt mit der Angst vor Verlust und der Aufgabe der Kontrolle zusammen. In Wirklichkeit aber können Sie sich nur sich selbst anvertrauen, und nur Sie können sich um sich selbst kümmern. Tun Sie dies, dann ziehen Sie vertrauenswürdige Menschen an, mit denen das Zusammensein Spaß macht und die jederzeit liebevoll und fähig sind.

- ☐ *Sie ziehen nur das an, was Sie widerspiegelt.*
- ☐ *Niemand kann Ihnen schaden, wenn Sie sich selbst nicht zuvor schaden.*
- ☐ *Niemand kann Sie töten oder vernichten, wenn Sie sich nicht zuvor selbst umgebracht und vernichtet haben.*
- ☐ *Niemand kann Sie bestehlen, wenn Sie sich nicht selbst bestohlen haben.*
- ☐ *Niemand kann Sie herabsetzen, wenn Sie sich selbst nicht zuvor herabgesetzt haben.*
- ☐ *Niemand kann Sie lieben, wenn Sie sich nicht selbst lieben.*
- ☐ *Niemand kann Ihnen etwas geben, wenn Sie es sich selbst nicht geben.*

Lieben und nähren Sie sich

Es ist erstaunlich, wie ich mein Selbstbewußtsein zerstörte und das Wohlwollen eines Mannes zu gewinnen suchte in der Hoffnung, er würde mich schätzen. Es war unmöglich, denn niemand hätte mich mehr respektieren und schätzen können als ich selbst. Niemand kann Ihnen etwas geben oder nehmen, das Sie sich nicht bereits selbst gegeben oder genommen haben. Das ist auch der Grund, warum Sie sich selbst lieben und hegen und pflegen müssen – jederzeit. Ihr inneres Selbst bringt Ihnen Heilungssituationen und immerwährende Liebe in Ihr Leben, wenn Sie bereit sind, die Lektion zu lernen und die Liebe anzunehmen.

Immer wenn ich mit mir nicht in Einklang bin und meine Gefühle, Bedürfnisse, Wünsche oder meine Worte oder mein Verhalten verneine, dann bleibt mir nur, Sie herabzusetzen, um mich besser zu fühlen. Ich setze Sie dann herab für all das, wofür ich mich selbst herabsetzen will, auch wenn ich das leugne und die Wahrheit nicht eingestehen will. Jede Verurteilung eines anderen Menschen beginnt damit, daß Sie sich selbst verurteilen. Vielleicht beurteilen Sie einen anderen hart für das, was Sie sich selbst nicht erlaubten oder nicht zugeben wollen. Ganz gleich, wie die Situation auch sein mag, geben Sie das Verurteilen auf. Vergeben Sie sich, was es auch sein mag. Sehen Sie Ihre Gefühle und Bedürfnisse wie auch Ihr Verhalten und Ihre Worte als angemessen und richtig an. Je mehr Sie sich selbst und alles an sich annehmen, um so mehr lieben und akzeptieren Sie andere Menschen.

Vertrauen Sie Ihren Gefühlen. Bringen Sie sich selbst zum Ausdruck, und räumen Sie Ihren Mitmenschen die gleichen Rechte ein. Als ich meine Gefühle unterdrückte und nach Männern Ausschau hielt, die für mich sorgen sollten, zog ich solche an, die mir wenig gaben, ebenso wie ich mich zurückhielt. Jetzt beschenken mich mein Mann und die anderen Männer und Frauen in meinem Leben, sie erweisen mir Gutes, respektieren mich und sorgen für mich – weil ich das auch für mich selbst tue. Es ist wie mit der Geschichte über die Talente in der Bibel. Sie bekommen noch mehr von dem, was Sie bereits haben. Das ist das Gesetz der Vermehrung.

Haben Sie den Mut, sich mit Menschen einzulassen und das auszuleben, was auszuleben ist. Trauen Sie sich mitten hinein ins Herz der Dinge. Denken Sie daran, der Weg hinaus ist der Weg hindurch.

Hingabe bewährt sich

Leidenschaftlich zu leben bedeutet, wir müssen uns der Intimität hingeben und eine Offenheit zeigen, die sich nur wenige von uns zugestehen. Sie haben nichts zu verlieren und alles zu gewinnen. Wir müssen uns schätzen, uns vertrauen, um uns selbst sorgen, selbst bestimmen und uns selbst, unsere Ideen und unsere Gefühle zum Ausdruck bringen. Es erfordert Interaktion und Teilnahme am Leben. Sie können nicht den Menschen fern und sich selbst nah sein.

Leidenschaftlich zu leben heißt auch, die manipulierenden Fäden loszulassen, mit denen wir kranke, unheilige Spiele spielen. Ganze Menschen spielen das Spiel des Lebens, um Glückseligkeit und Lebendigkeit zu erfahren. Gott ist Ihre Quelle. Sie besitzen bereits alles, und das müssen Sie akzeptieren. Als ich mich nicht ganz fühlte, fürchtete ich mich vor meinen männlichen Energien; ich fürchtete mich davor, die Männer zu verletzen, die ich so liebte und gleichzeitig so ablehnte. Ich unterdrückte meine Macht, um es den Männern leichter zu machen, doch es war schwer für sie und für mich. Etwas vorzutäuschen hat keinen Sinn – es hat nie etwas gebracht.

In meinen öffentlichen Reden ist meine Leidenschaft am größten, und ich erfahre die Ehe meiner männlichen und weiblichen Aspekte als unschlagbare Kombination. Es geschieht etwas, wenn ich zu einer großen Gruppe von Menschen spreche. Ich öffne mich dem intuitiven Einstrom unendlicher Weisheit in meinem Innern, und ich verfüge über diese Gabe, weil ich durch meine Redefähigkeit und mein Verhalten diese Weisheit zum Ausdruck bringe. Ich bin ganz und gar lebendig. Es ist einfach fantastisch. Charisma wirkt. Inzwischen gelingt es mir, diese Ehe meiner männlichen und weiblichen Energien in allen Bereichen meines Lebens zu verwirklichen. Ihre Energien gehen eine vollkommene Verbindung ein, wenn Sie Ihr wahres Selbst erfahren und zum Ausdruck bringen. Leugnen wir das, dann bricht die Hölle los. Bestätigen wir es erneut, dann ist der Himmel wieder da.

Stellen Sie sich vor, *ganz und gar* Sie selbst zu sein, und sprechen Sie: »Ich liebe, was ich in meinem Spiegel sehe. Mein Spiegel strahlt jeden Tag mehr Schönheit zurück.«

Übungen

1. Beschreiben Sie, wie Sie Ihre wichtigste Beziehung im Augenblick empfinden. Schildern Sie die Beziehung oder den Mangel an Beziehungen so ausführlich wie möglich.
2. Stellen Sie sich vor, Sie wären sowohl die maskuline als auch die feminine Seite dieser Beziehung, und bringen Sie diese beiden Energien miteinander ins Gespräch. Lassen Sie die Energien ein Abkommen treffen, sich gegenseitig zu lieben und füreinander zu sorgen und das gleiche für Sie zu tun.
3. Malen Sie sich Ihre ideale Beziehung aus, und schließen Sie alles ein, was Sie sich von dieser Beziehung wünschen. Halten Sie

nichts zurück, sagen Sie die Wahrheit, und kleiden Sie Ihre tiefsten Wünsche und Bedürfnisse in Worte.

4. Nennen Sie zehn Arten, auf die Sie Ihr weibliches Wesen leugnen. Führen Sie zehn Ängste auf, die Sie daran hindern, Ihr weibliches Wesen voll zum Ausdruck zu bringen. Führen Sie diese Übung auch für Ihren männlichen Aspekt durch.
5. Führen Sie die Namen der Menschen auf, vor denen Sie sich gefürchtet haben und noch fürchten. Finden Sie heraus, ob und wie Sie Ihren eigenen Selbstausdruck unterdrückt haben.
6. Finden Sie, wie Sie sicher Wut und Schmerz freisetzen können, die mit Männern und Frauen zu tun haben.
7. Nennen Sie die weiblichen und männlichen Eigenschaften, die Sie leicht zum Ausdruck bringen können.
8. Welche Gefühle und Empfindungen können Sie nur schwer aus sich herausholen und zeigen? Gestatten Sie sich, diese Gefühle und Empfindungen ab jetzt häufiger zuzulassen und zum Ausdruck zu bringen, bis Ihnen das natürlich vorkommt und leichtfällt.
9. Wann, wo und mit wem finden Sie es schwierig, zu fragen, was Sie sich wünschen, und zu tun, was Sie möchten?
10. Erinnern Sie sich an die Zeiten, als Sie sich zurückzogen und eine bewußte Entscheidung trafen, Ihre Gefühle und Bedürfnisse nicht zuzulassen und zu zeigen. Geben Sie sich selbst die Erlaubnis, sich zu öffnen.
11. Sehen Sie sich als heilen Menschen, der sowohl seine männlichen als auch weiblichen Energien voll und leicht für sich, in seinen Beziehungen und in der Arbeit zum Ausdruck bringen kann.

Bejahungen

Ich, __________, bin ein liebevolles, empfindsames, hegendes und pflegendes und sanftes Wesen.

Ich, __________, bin ein intelligenter, fähiger, sicherer Mensch, der sich behaupten kann.

Es ist richtig, daß ich, __________, Leidenschaft und Lebendigkeit in meinen Beziehungen erfahre.

Ich, __________, gebe mir selbst die Erlaubnis, immer ein leidenschaftlicher, lebendiger Mensch zu sein.

Da ich mir selbst zugestehe, stark, fähig und verwundbar zu sein, ziehe ich starke Männer/Frauen in mein Leben, die mich lieben.

Träume werden wahr –
jetzt!

18. Kapitel

Transformation: Was sie ist und wie man sie erreicht

Normalerweise geht es älter werdenden Menschen weniger gut, doch dem transformierten Menschen, der an Jahren zunimmt, geht es immer besser. Der transformierte Mensch erfährt sich als ganzes, liebevolles, fähiges Wesen, der sein Leben in allen Dimensionen selbst verursacht oder erschafft. Der nichttransformierte Mensch sieht sich als Wirkung oder Ergebnis anderer, der Vergangenheit, des Glücks, des Schicksals, des Lebens selbst oder anderer Mächte dieser Welt, die außerhalb seiner Kontrolle liegen. Die meisten Menschen werden zwar älter, aber nicht erwachsen. Erwachsen zu werden oder sein eigenes Leben zu besitzen, ist eine Herausforderung und eine der größten Möglichkeiten.

Die gute Nachricht lautet: Sie sind verantwortlich. Doch das hört und fühlt sich auch nicht immer wie eine gute Nachricht an. Ich habe fast mein ganzes Leben lang gegen diese Verantwortung gekämpft, doch sie zu übernehmen, hat mir in Wirklichkeit mein Leben geschenkt. Übernehmen Sie die Verantwortung – und damit spreche ich nicht von Schuldgefühlen oder Beschuldigungen –, die Verantwortung, Ihre Träume zu leben, genau das zu sein, tun und haben, was Sie sich wünschen, ein Leben der Liebe, des Wohlstands, der Erfüllung, des Feierns und der Gesundheit zu führen. Der Schlüssel liegt in der Erkenntnis, daß Sie die Verantwortung für alles tragen. Dies öffnet die Tür zu allem, was Sie sich wünschen. Um alles zu bekommen, müssen Sie zunächst erkennen, daß Ihnen bereits alles gehört. Wir müssen das Hindernis ausräumen, daß wir nicht wissen, wer wir wirklich sind und was alles zu unserer Verfügung steht.

Es heißt, ein Problem zu erkennen, sei schon mehr als die halbe

Lösung. Ich füge dem hinzu, daß Bewußtsein und Bereitwilligkeit mehr als nur das Problem lösen, denn sie helfen dabei, zurückzubekommen, was Sie weggegeben haben. Sie können nichts haben, was Sie nicht auf irgendeiner Ebene bereits besitzen. Sie können sich nichts wünschen, ohne daß die Erfüllung dieses Wunsches auch möglich wäre. Vielleicht sagen Sie, Sie hätten nichts weggegeben, doch *wenn Sie nicht wissen oder sich nicht bewußt sind, was Sie haben könnten, dann ist das so, als würden Sie es hergeben.* Sie können es weder verwenden noch sich daran erfreuen. Sie können nur verschwenden, was Sie nicht nutzen.

Ein vergeudetes Leben ist eines, in dem der Mensch seinen Mitmenschen und dem Leben sich selbst, seine Liebe, Fähigkeiten, Mittel, Intelligenz vorenthält. Derjenige, der ständig Neues an sich entdeckt, mehr und mehr für sich zurückerhält und alles, was er hat, zum Leben beiträgt, empfängt alle Belohnungen. Was den Menschen davon abhält, ein so reiches und großartiges Leben wie nur möglich zu führen, ist der Mangel an Bewußtsein und Bereitschaft.

Ich erinnere mich, daß ich als jungverheiratete Frau Anfang Zwanzig nicht sehr glücklich war. Meine Ehe war weder liebevoll noch hilfreich, um es milde auszudrücken. Das gleiche traf auf die Ehen meiner Freunde zu. Ich wußte nicht, daß eine Ehe auch ganz anders verlaufen konnte, denn überall, wohin ich schaute, sah ich dasselbe. Doch erst als ich *sehr* unglücklich war und meine Schmerzen groß waren, begann ich zu sagen: »Das Leben muß doch mehr zu bieten haben als das hier!« und fragte: »Wie kann das mir gehören?« Im Leben geht es darum, Türen zu *mehr Leben* zu öffnen! Viele leben wie in einem Gefängnis, als wären sie lebenslänglich dazu verurteilt, »es eben so zu schaffen«, alles hinzunehmen, zu ertragen, zu leiden, zu opfern und sich selbst aufzugeben. *Niemand versagt Ihnen etwas außer Sie selbst.* Wenn Sie glauben, Gott versage Ihnen Liebe, Gesundheit, Wohlstand und Glück, nun, dann stehen Sie wirklich vor einer Herausforderung. Sie müssen Ihr Glaubenssystem in Frage stellen. Spirituelle Unkenntnis ist die schlimmste Form des Nichtwissens. Das Leben ist eine überströmende, liebevolle und frohe Feier – in jedem Augenblick!

Die Sonne scheint für uns alle – doch viele Menschen haben dem Licht den Rücken zugewendet und schauen in die Dunkelheit, so ist Dunkelheit das einzige, was sie wahrnehmen, wohin sie auch blicken. Diesen Menschen rufe ich zu: *Dreht euch um!*

In gewissem Umfang hat jeder von uns sich selbst Macht und Rechte versagt. In Wirklichkeit besitzen wir diese Kräfte immer noch, doch wir müssen sie wieder zum Leben erwecken. Ich erkenne Größe und Genialität in einem jeden Menschen, in manchen Menschen leichter als in anderen. Viele haben so großen Schaden erlitten, daß kaum noch eine Spur Leben in ihnen ist. Der Schaden, der echten Außenseitern der Gesellschaft zugefügt wurde, ist offensichtlich, doch in jedem von uns finden sich schadhafte Stellen, bis auf die wenigen Menschen, die sich selbst wiederhergestellt haben und weiter daran arbeiten, ihre volle Macht, ihre Fähigkeiten, Weisheit, Intelligenz und ihren Verstand und ihre Gesundheit wiederzugewinnen. Sie sehen das Leben, wie es wirklich ist, und haben sich der Liebe und dem Leben verschrieben. Die Liebe läßt uns völlig gesunden. Sie heilt das Herz, die Seele, den Körper eines jeden Menschen, der bewußt und willens ist, daran teilzunehmen.

Erkennen Sie, wer Sie sind

Viele von uns haben vergessen, wer wir sind und daß wir alles haben können. Dieses Buch geht von der Voraussetzung aus, daß Sie ein heiler, vollständiger und vollkommener Mensch sind und die Fähigkeit besitzen, durch Ihre Imagination oder Ihr lediglich reagierendes Denken (wo die Probleme liegen) Dinge zu schaffen. Sie sind eine gesunde Zelle im Körper des Universums. Das Wissen des Makrokosmos (Was ein Mensch braucht, liegt in ihm selbst; die Schätze liegen bereit, wie auch das Wissen und die Macht) steht auch dem Mikrokosmos zur Verfügung.

☐ *Sie besitzen natürlicherweise Wohlstand, Liebe, Weisheit, Wahrheit, Gesundheit, vollen Selbstausdruck und alles, was erforderlich ist, um Ihre Träume, Ideen und Pläne in die Realität umzusetzen.*

- ☐ *Das Leben ist ein Spiel, das voll ausgespielt werden soll, und es gibt Regeln oder universelle Gesetze, und es hat Folgen, ob man mit oder gegen diese Regeln spielt.*
- ☐ *Sie bekommen, was Sie sich wünschen, wenn Sie den Regeln entsprechend spielen. Dann ist alles viel leichter und funktioniert so, wie es funktionieren sollte. Kennen wir diese Regeln nicht oder verhalten wir uns regelwidrig, so hat das ernsthafte Konsequenzen zur Folge.*
- ☐ *Unkenntnis dieser Regeln ist keine Entschuldigung, wie auch das Leben nicht fair ist. Die guten Dinge gehen an diejenigen, die Anspruch darauf erheben und den Regeln entsprechend spielen. Die anderen gehen leer aus.*
- ☐ *Jeder spielt, und die meisten gewinnen nicht. Das Ziel besteht darin, daß alle gewinnen – und das ist möglich. Es gibt Überfluß für alle. Das Leben kann nur wirklich funktionieren, wenn jeder gewinnt.*

Die ganze Zeit hindurch haben wir geleugnet oder vergessen, wer wir sind, und doch immer den tiefen Wunsch gehegt, für uns selbst wiederhergestellt zu werden. Der Mensch schläft, und in diesem Zustand lebt er eine Art Alptraum. Verglichen mit strahlender Gesundheit ist selbst ein Schnupfen ein Alptraum. Sicherlich ist auch der Alptraum von Armut oder Frustration sehr real, wenn es nicht gelingt, mit den vorhandenen Mitteln auszukommen. Viele stellen ihr Schicksal nicht in Frage, oder, wenn sie es doch tun, glauben sie, daß jemand »ihnen das antut«, in irgendeiner Weise. Die wichtigste Qualität des Lebens ist die Liebe – sie ist alles, was jeder von uns sucht, ob wir uns dessen bewußt sind oder nicht. Die Liebe zu leugnen ruft Angst hervor, die Angst vor Verlust. Sich weiter fortsetzender Verlust bedeutet auf die eine oder andere Weise den Tod. Liebe, die sich ausbreitet, bedeutet in vollem Ausmaß gelebtes Leben.

Wir sind Liebe. Wir erleiden Schaden, wenn wir vergessen, daß wir Liebe sind, und daher meinen, wir seien gering. Wir vergessen, daß wir die Macht über die Verhältnisse in unserer Welt besitzen, und ignorieren die Wahrheit, daß unsere Ideen, Ansichten, Gedanken und Absichten in Wirklichkeit unsere Welt zu dem machen, was sie ist. *Sie können im Leben nicht verlieren – alles gehört Ihnen.* Kriminalität, Krieg, Hunger, Armut, Krankheit, Elend und Hilflosigkeit in unserem Leben und in der Welt sind das Ergebnis unseres Nichtwissens. Transformation hat mit Wissen zu tun. Ich sage nicht, es sei leicht, doch die Prinzipien sind einfach. Sie erfordern, daß wir uns selbst wandeln, um das Leben zu verändern. Es ist unvermeidbar, daß Sie aufwachen: es geschieht jetzt. In Wirklichkeit gibt es keine Wahl. Die Frage ist nur, *wann* Sie es erkennen.

Entscheiden Sie sich, das zu sein, was Sie sind. Irgendwann im Lauf der Jahre fand in uns eine Veränderung statt. Einige von uns sind sich dessen bewußt, andere nicht. Dieser Wandel, diese Veränderung, hatte damit zu tun, daß wir genug hatten von den Machtkämpfen in dieser Welt und beschlossen, aus diesem Spiel auszusteigen. Die Folgen sind es einfach nicht wert. Das Spiel des Ego raubt uns alles Lohnende und erfordert doch unseren totalen Einsatz. Liebe *gibt* uns alles und weit mehr, als wir je zu träumen wagten. Auch sie erfordert unseren ganzen Einsatz. Der transformierte Mensch entscheidet sich für den Weg der Liebe und für alles, der dahindämmernde Mensch hat sich entschieden für den Weg des Ego und des Verlustes, der als alles getarnt ist.

Soweit finden Sie die Schritte zur Tranformation in diesem Buch. Ich sage deshalb soweit, weil es noch mehr zu entdecken gibt. Das, was wir heute wissen und erfahren, ist lediglich die Grundlage für unsere Entdeckungen von morgen.

Ihre Erfahrung liegt darin, sich selbst zu öffnen, damit die Informationen und Übungen und Techniken für Sie wirksam werden können. Praktizieren Sie sie im täglichen Leben, und beobachten Sie dann die Ergebnisse. Dies ist eine Art zu leben, nicht ein Trostpflaster.

Folgende Geschichte gehört zu meinen Lieblingsgeschichten:

Es waren einmal vier Männer, die auszogen, um ihr Glück zu suchen. Sie hatten von einem verborgenen Schatz auf der anderen Seite des Waldes gehört, daher begannen sie ihre Reise und betraten den dunklen und schattigen Wald.

Die Geräusche waren seltsam, und im Wald schien es von fremdartigen Tieren und Erscheinungen zu wimmeln. Die vier Männer drängten sich zusammen und gingen schrittweise durch die Bäume. Einer der Männer entschied sich zur Umkehr. Er meinte, er habe nicht viel zu verlieren. Und überhaupt, genau betrachtet habe er keinen Grund zur Klage, denn sein Leben sei so gut wie das all der anderen, vielleicht besser als das vieler anderer. Er kehrte also um und ging zurück, während die anderen drei in der Hoffnung und dem Traum eines reichen und wundervollen Schatzes ihren Weg fortsetzten.

Sie kamen zu einem kleinen alten Mann, der sie nach ihrem Ziel fragte. Sie antworteten, und der alte Mann sagte: »Ja, ihr seid auf dem richtigen Weg. Es werden euch aber wilde Tiere erschrecken. Es wird vielleicht schrecklicher sein als alles, was ihr je gesehen habt, doch vertraut mir. Haltet nicht an, kehrt nicht um, kommt nicht vom Wege ab. Bleibt auf dem Pfad.«

Die drei machten sich wieder auf den Weg. Jetzt war das, was sie sahen, hörten und riechen konnten, wahrlich erschreckender als alles, was sie je zuvor erlebt hatten. Gerade als sie aufgeben wollten, erschienen in der Ferne ein Schloß und ein Königreich. Alle drei sprangen und hüpften vor Freude und Vergnügen, bis sie plötzlich drei wilde Löwen direkt vor sich auf dem Weg erblickten. Es gab keinen Weg und keine Möglichkeit, diesen brüllenden Löwen zu entgehen. Zwei der Männer, die vor Furcht zitterten, sagten, daß kein noch so großer Schatz den Einsatz ihres Lebens wert sei, und kehrten um.

Der letzte der vier erinnerte sich an das, was der alte Mann gesagt hatte, und daß er auf dem Weg bleiben sollte und nichts ihn verletzen würde. Mit allem Mut, den er besaß, und mit der Vision und dem Traum in seinem Herzen ging er den Pfad weiter. Die Löwen kamen bedrohlich näher, und ihr Brüllen wurde lauter und wilder, doch er ging weiter auf dem Pfad, Schritt um Schritt, voller Vertrauen.

Die Löwen schienen direkt in seinem Weg zu stehen. Doch als er noch näher kam, erkannte er zu seiner großen Überraschung und Freude, daß sie zu beiden Seiten des Weges angekettet waren und zwischen ihnen Platz war, um hindurchzugehen. Und als er dies tat, lag das Königreich mit offenen Toren vor ihm, bereit zu seiner Begrüßung.

Dies mag eine Fabel sein, doch die Botschaft ist wohl eindeutig. Der

Lohn wird den Sehenden, den Mutigen und den Einsatzfreudigen zuteil, die willens sind, ein Risiko auf sich zu nehmen. Diese Geschichte erinnert uns daran, daß das, was wir suchen, in diesem »nächsten« Schritt liegt. Ich hatte nicht die leiseste Ahnung, wie mein Leben in Zukunft aussehen würde, als ich meinen ersten Schritt tat, doch ganz tief in meinem Innern gab es eine Kraft, ganz leise, doch sehr zwingend, die mich zu dieser Arbeit und auf diesen Weg drängte. Das Aufregendste an all diesen Geschehnissen ist, daß da, wo wir sind, stets Anfang und Ende sind. Es gibt immer noch mehr zu entdecken und zu erfahren, wenn wir diesen nächsten Schritt wagen.

Die vier Bereiche der Transformation

Verantwortlichkeit

Transformation heißt eigentlich, sich selbst wiederherzustellen oder etwas in etwas anderes zu verwandeln. Ein elektrischer Transformator wandelt Energie in eine Kraft um, die man nützen kann. Kraft kann sowohl konstruktiv wie destruktiv eingesetzt werden. *Transformation tritt dann ein, wenn Sie einen Bewußtseinswandel erfahren.*

- ☐ *Sie erkennen jetzt, daß alles, was Sie in Ihrem Leben erfahren haben, aus Ihnen erzeugt wurde.*
- ☐ *Sie selbst müssen zur Schaltstelle werden. Das Leben durchströmt Sie, und Sie können und werden immer derjenige sein, der bestimmt, wie diese Kraft eingesetzt wird, in welche Richtung sie fließt und welche Ergebnisse sie hervorbringen wird.*
- ☐ *Sie sind nicht länger ein Produkt des Lebens, sondern die Schaltstelle zwischen allem und nichts. Wer Sie sind, ist alles und hält alles zusammen.*
- ☐ *Sie sind der Beobachter und der Beobachtete. Sie sind eins mit allem Leben – überall.*
- ☐ *Früher sagten Sie: »Schau, was mir geschehen ist«, doch jetzt sagen Sie: »Schau, was* durch *mich geschehen ist.« Das Leben wird jetzt zu Ihrem Spiegel.*

☐ *Die Kraft des Universums lenkt ihre Energie durch Sie. Entweder sind Sie sich selbst treu und lassen zu, daß diese Energie das Leben so gestaltet, wie Sie es wünschen, oder nicht.*

»Angriff« ist Verschwendung. Ein transformierter Mensch erfährt das Leben als Projektion seiner selbst. Jetzt kann er nicht mehr sagen: »Schau, was der andere mir angetan hat«, ohne gleichzeitig zu sagen: »Schau, was ich mir selbst und dem anderen angetan habe.« Es kann sein, daß es interessant ist, sich in der Mittagspause darüber zu unterhalten, was »er tat« und »Sie taten« und was »nicht fair« oder »richtig« daran ist, doch es hilft weder Ihnen noch sonst irgend jemandem. In irgendeiner Form anzugreifen oder angegriffen zu werden, ist Verschwendung der menschlichen Kraft. Wer immer angreift oder angegriffen wird, hat die Macht vergessen, die jedem von uns zur Verfügung steht. Zu erwachen heißt, dies deutlich zu erkennen und aus dieser Erkenntnis heraus zu handeln. Schuldgefühle und Beschuldigungen gehören nicht zur Verantwortung. Zu erwachen heißt mehr, als nur zu überleben oder es gerade zu schaffen.

Die Wahl liegt bei Ihnen. Um in allen Bereichen des Lebens auf höchster Ebene zu leben, müssen Sie zuerst ein verwandelter Mensch sein, der den Prozeß der Transformation ständig fortsetzt. Leben Sie aus dem Bewußtsein heraus: »Ich bin verantwortlich«, denn das ist die Wahrheit. Das heißt, Sie sind die Ursache für das, was es in Ihrem Leben gibt, es wird von Ihnen erzeugt und von Ihnen projiziert. Alles ist in dem Verständnis eingeschlossen: »Ich bin ein heiles, fähiges, liebevolles und schöpferisches Wesen.« Wenn Sie Ihr Leben nicht aus diesem Verständnis heraus führen, ist es, als ob Sie sagen: »Ich bin ein unvollständiges, unfähiges, liebloses Wesen, das nichts erschafft.« Diese beiden Möglichkeiten haben Sie, entweder oder. Beide verlangen Ihren totalen Einsatz.

Der zweite Aspekt der Transformation ist Ihre Bereitschaft zum Risiko. Die, die »etwas riskieren«, was immer dieses »etwas« sein mag, unterscheiden sich von denen, die dies nicht tun, durch die Eigenschaft, die ich Mut nenne – Mut, den Schritt in das Unbekannte zu wagen, alles loszulassen, was nicht mehr funktioniert, und sich zu trauen. Um »alles zurückzugewinnen« müssen Sie den vermeintlichen »Vorteil« loslassen oder aufgeben, den Sie scheinbar dadurch erzielten, daß Sie einem anderen Ihre Macht abtraten.

Vertrauen Sie sich dem Unbekannten an. Das Ego möchte Sie auf immer von der Liebe trennen. Fragen Sie sich: »Fühle ich mich dem Glücklichsein oder dem Rechthaben verpflichtet? Setze ich mich dafür ein, glücklich zu sein oder recht zu haben?« Risiko fordert von Ihnen, daß Sie den Trost der Selbstgerechtigkeit aufgeben. Vertrauen Sie, ohne zu wissen, wohin der Weg führt, und Sie werden auf einen hohen Seinszustand erhoben. Fragen Sie sich: »Setze ich mich ein für ein Leben in Fülle oder um steckenzubleiben?« Das Risiko besteht nur darin, das, was Sie nicht haben wollen, zugunsten eines Lebens ganz an der Spitze aufzugeben und immer wieder in das hineinzugehen, was Sie sich wünschen. *Das Leben, das Sie wirklich führen möchten, fordert von Ihnen alles, was Sie haben.* Die Bibel sagt, wir müssen »sterben, um wiedergeboren zu werden«. Zu wagen kann furchterregend sein und Todesängste ins Bewußtsein bringen. Sie hielten bisher Überzeugungen, Besitztümer, Orte für wertvoll. Doch Sie sind nicht diese Dinge.

Lernen Sie loszulassen. Sie müssen das loslassen, was Sie haben, und die Hand ausstrecken nach dem, was Sie haben wollen. Es ist eigentlich ein sehr natürlicher, fließender Vorgang, wenn Sie daran gewöhnt sind. Sind Sie es nicht, mag es erschreckend sein. Doch Sie werden sich daran gewöhnen, und Sie werden es lieben. Seien Sie darauf vorbereitet, das Wagnis als natürlichen Teil Ihres Lebens anzusehen, wenn das nicht jetzt schon der Fall ist (damit meine ich nicht, gefährlich zu leben). Je länger Sie auf die »richtige Zeit«, ein Wunder oder sonst jemanden warten, der »Sie rettet«, um ohne Risiko etwas loszuwerden, was Sie nicht mehr haben wollen, desto größer wird Ihre Angst und desto geringer Ihre Chance, daß Sie es schaffen. Hoffnung ist der Friedhof der Träume.

Einsatz

Der dritte Bereich der Verwandlung ist Verpflichtung. Es geschieht erst etwas, wenn Sie sich verpflichtet fühlen. Wollen Sie darauf warten, daß alles vollkommen ist – bis Sie ganz sicher sind und den Ausgang kennen? Dann vergessen Sie besser das Ganze. Die Erfahrung tritt erst ein, *nachdem* Sie sich eingesetzt haben. Einsatz ist ein wesentlicher Akt des Mutes. Die meisten Menschen setzen sich nicht einmal für das Leben ein!

Einsatz hat nichts mit »falls es funktioniert« zu tun, sondern mit »Es funktioniert, weil ich verantwortlich bin und mich dafür einsetze!« Verpflichtung ist weder Pflicht noch Verbindlichkeit, noch Kampf oder Opfer. Stellen Sie sich selbst die Frage: »Wie engagiert bin ich?« Es ist unser Leben. Wenn *Sie* sich nicht dafür einsetzen, wer dann? Ich habe erkannt, daß viele Menschen von uns mehr Einsatz erwarten, als sie für sich selbst bringen wollen. So funktioniert es nicht. Das ist ein Verlust-Spiel um Verluste. Es ist der Einsatz, der Glückseligkeit, Intensität der Gefühle und Liebe in einer Beziehung hervorbringt. Einsatz ist der Schlüssel zu einer großartigen, hervorragenden und wohlhabenden Ebene. Alles ist für Sie da, doch Sie müssen sich dafür ganz einsetzen. *Der Preis des Gebens ist das Empfangen.*

Beginnen Sie da, wo Sie sind. Der Einsatz, den Sie bringen, um die von Ihnen gewünschten Ergebnisse hervorzubringen, gibt Ihnen den Schwung, um aus Ebenen heraus zu wirken, auf denen Sie viel mehr zurückerhalten, als Sie hingeben. Die meisten Menschen, die sich davor fürchten, sich für etwas einzusetzen, erkennen nicht, daß sie sich bereits für etwas einsetzen; vielleicht sogar für das Leben, das für sie nicht funktioniert. Einsatz heißt: »Du kannst dich auf mich verlassen, ich bin hundertprozentig verantwortlich.«

Der vierte Aspekt der Transformation beinhaltet Liebe und spirituelle Verwandlung. Ohne Liebe geschieht nichts, da ohne die Essenz des Lebens das Leben keinen Sinn hat, denn das Leben ist ein Geschenk der Liebe. Es anders haben zu wollen bedeutet Sünde. Im Leben geht es darum, daß wir einer höheren Macht vertrauen, dem Sein erlauben, uns sanft zu durchströmen, und während des ganzen Lebens lachen und spielen. Dies mag sich lächerlich und unrealistisch anhören, wenn wir bedenken, wie die Welt heute aussieht. Doch ich spreche nicht von der Welt, wie sie ist, und nicht davon, wie sie war. Hier geht es um die neue, die transformierte Welt.

Liebe und Arbeit sind Gottes Freude. Meine Arbeit ist ein Vergnügen, und mein Vergnügen ist Arbeit. Liebe ist mein Leben, und mein Leben ist Liebe. Die guten Dinge liegen im Hier und Jetzt. Wenn das Rennen vorüber ist, ist es Zeit, den Sieg zu feiern. Geboren zu werden ist ein Glückstreffer – holen Sie sich Ihren Preis ab! Doch wir müssen das Leben anders betrachten als bisher. Es ist entweder Himmel oder Hölle. Und es ist wahr, manchmal ist es in einer Minute die Hölle und im nächsten Augenblick der Himmel. Wir brauchen nur der richtigen Einstellung treu zu bleiben und unsere Wahrnehmung zu wandeln.

Vollziehen Sie eine radikale Trennung. Eine transformierte Welt ist nicht die alte Welt, nur in zusammengeflickt und aufpoliert, sondern eine neue Welt, in der alle Dinge neu gemacht sind, in der sich die Geschichte nicht wiederholt. Es geht dabei um das Ende von Krieg, Kriminalität, Hunger, Armut und Einsamkeit. Dem Durchschnittsmenschen mag das unrealistisch und unmöglich vorkommen. Der Grund liegt darin, daß der Mensch sich selbst als durchschnittlich ansieht. Sie sind ein gewöhnlicher Mensch, der *außergewöhnliche* Dinge tut. In Ihrem natürlichen Seinszustand ist das Leben ein Fest. *Es ist nichts Natürliches daran, benachteiligt zu sein.* Das Leben ist Fülle, und es ist gut. Die Frage lautet: »Wie gut *wollen* Sie es machen?« Transformation ist der nächste Schritt, der damit beginnt, daß Sie sich selbst vertrauen.

Die Antworten auf Ihre Fragen liegen in Ihnen.

Selbstvertrauen ist eine Bejahung des Vertrauens ins Leben. Sie haben alles, was Sie brauchen, doch Sie müssen es zurückfordern und einsetzen. Dazu brauchen Sie sich nur wiederherzustellen zu dem, wer und was Sie in Wahrheit sind.

Übungen

1. Für welche geschaffenen und verursachten Dinge in meinem Leben will ich nicht verantwortlich sein?
2. Wer ist die Ursache dafür, was in meinem Leben geschieht? Wem – außer Gott – habe ich durch meine eigenen Entscheidungen meine Macht gegeben? Nennen Sie die Namen der Menschen und Organisationen.
3. Welche wesentlichen Hindernisse gibt es zur Zeit in Ihrem Leben? Zeigen Sie fünf Möglichkeiten auf, wie diese zu überwinden sind.
4. Nennen Sie die zehn glücklichsten und schönsten Zeiten Ihres Lebens bis heute! Finden Sie Möglichkeiten, wie Sie Freude und Glück zu einem *natürlichen* Teil Ihres Lebens machen können.
5. Nennen Sie zehn Gelegenheiten, wie Sie sich Freude, Glück und Liebe in Ihrem täglichen Leben schaffen können.
6. Schreiben Sie zehn bis zwanzig Möglichkeiten auf, wie Sie Transformation mit anderen teilen können.
7. Schreiben Sie fünf Methoden, in denen Sie persönlich dafür verantwortlich sein wollen, sich selbst und anderen Gottes Liebe und Reichtum zu bringen.

Bejahungen

Ich, __________, vermag alle Dinge, ob groß oder klein, durch die Kraft in mir.

Es ist vollkommen richtig, wenn ich, __________, alles habe, was ich mir wünsche.

Je besser mein eigenes Leben ist, um so mehr kann ich zum Leben anderer beitragen.

Alles, was ich mit anderen teile, kommt vervielfacht zu mir, __________, zurück.

Ich, __________, bin ein heiler und vollkommener Mensch.

19. Kapitel

Bevor wir uns verabschieden

Dieses Buch hat mir neue Höhen und Tiefen des Bewußtseins aufgezeigt. Es hat mein Leben beeinflußt und es beeinflußt Ihr Leben. Unser Buch, dieser Organismus, »Träume werden wahr« genannt, hat ein Eigenleben. Es hat mich auf neuen Ebenen transformiert, so wie es auch Ihr Leben verwandelt hat. Ich fühle unsere Verbundenheit und unsere Einheit, denn wir sind auf dem gleichen Pfad und fühlen uns der Liebe, dem Leben und der göttlichen Erfahrung verpflichtet. Bevor wir uns verabschieden, möchte ich noch einige letzte Dinge mit Ihnen teilen.

Das erste ist: Die einzige Zeit, in der Sie leben können, liegt in diesem Augenblick. Ich bin sicher, Sie haben mich dies bereits früher sagen hören und sind sich dessen bewußt, daß »darin alles liegt«. Das stimmt, im Hier, im Jetzt. Es gibt weder einen anderen Ort noch einen anderen Menschen noch eine andere Zeit. Meditation läßt Sie im Augenblick sein. In der Erfahrung der Stille steigen die Ekstase und Freude an Gottes Liebe, seinem Frieden und seiner Weisheit in Ihnen auf und erfassen jede Zeile Ihres Körpers. Finden Sie ein System der Meditation, das Ihnen hilft, ganz still und ganz Sie selbst zu sein. Nur zu sein und zu lauschen, ist ehrfurchtsgebietend und tiefgründig.

Üben Sie sich darin, im Augenblick zu leben – hören Sie, was Sie hören, sehen Sie, was Sie sehen, riechen Sie, was Sie riechen, berühren Sie, was Sie berühren, fühlen Sie, was Sie fühlen. Legen Sie sich nieder, und atmen Sie die Liebe Gottes ein, und übergeben Sie sich dieser Liebe, und die Erfahrung dieses Momentes wird zu der Erfahrung, die Sie ersehnten. Je mehr Sie sich erlauben, im Jetzt zu sein – um so mehr sind Sie im Jetzt. Je mehr Freude und Glück Sie sich zugestehen, um so mehr Freude und Glück empfinden Sie. Nicht ganz in diesem Augenblick zu leben heißt, woanders zu sein und das Gute zu versäumen. Im Gestern oder Morgen zu leben raubt Ihnen die Glückseligkeit. Sie können bei der Arbeit sein, und indem Sie ganz bei Ihrer Arbeit sind, erfahren Sie Glückseligkeit und erledigen Ihre Arbeit. Besteht Ihre Aufgabe darin, die Zukunft zu planen, dann empfinden Sie Ihren Körper, Ihre Gefühle und sich selbst als die Lebenskraft, die die Aufgabe der Zukunftsplanung durchführt.

Eine von mir angewandte Technik besteht darin, mir meines Atmens bewußt zu werden. Ich lasse bewußt Anspannungen und Streß in meinem Körper los, während ich mich dem Frieden hingebe, oder ich tanze, singe oder spiele Klavier. Finden Sie heraus, was Sie so gerne tun, daß Sie davon ganz eingenommen werden – etwas, worin Sie sich verlieren und mit der Erfahrung eins werden können.

Um den von Ihnen geliebten Menschen zu »lieben«, müssen Sie mit allen Sinnen *dabei* sein und nirgendwo anders, sonst haben Sie nur Sex. Auch sexuelle Ekstase kann jedoch nur dann eintreten, wenn Sie sich der Liebe und der Energie Ihres Partners völlig hingeben. Sex ist mehr als Entspannung, er ist ein heiliges Ereignis, das die Körper transzendiert.

Versäumen Sie nicht *diesen Augenblick*; verschieben Sie nicht, was *jetzt* für Sie verfügbar ist. Gehen Sie hinein; lassen Sie sich davon beanspruchen, in Besitz nehmen. Sich vorzubereiten und zu verschieben heißt, niemals bereit zu sein. Die Menschen vertagen die Liebe, vertagen das Glück, vertagen die Freude und vertagen das, was sie gerne tun möchten. »Morgen« ist eine Krankheit des Denkens. Lachen erfährt man im Lachen, Liebe beim Lieben, Freude in der Freude.

Was schätzen Sie höher ein als Glück, Liebe und Freude? Das ist Ihr Gott. Ihre Furcht läßt Sie weiterhin vertagen, planen, verschieben, warten und Ihre Seele für ein paar Münzen verkaufen. Hören Sie damit auf, *in diesem Augenblick*. Leben Sie diesen Augenblick, und es gelingt Ihnen, jeden kommenden Augenblick zu leben. Nichts und niemand vermag Ihnen Ihren Frieden und Ihre Freude zu rauben, denn Freude und Frieden sind da, wo Sie sind.

Ganz zu leben heißt, den Todesdrang aufzugeben. Sie können nicht leben, wenn der Tod am Horizont lauert oder neben Ihnen geht. Im Universum gibt es keinen Tod. Alles, was es gibt, ist Leben, das sich in immer wandelnden und grenzenlosen Formen und Erfahrungen zum Ausdruck bringt. Hören Sie auf, an Alter und im Zeitraum von fünfundsiebzig Lebensjahren zu denken. Das Leben dreht sich darum, auf ewig mehr von uns selbst und Gottes unendlicher Liebe zu erfahren. Geben Sie den Gedanken auf, eine Entscheidung für das Leben könne falsch oder schlecht sein.

Ich erinnere mich daran, daß ich, als ich meinen Todesdrang aufgab, mir Sorgen machte, daß die anderen denken könnten, ich sei seltsam, und mich dafür auslachen würden, mich für das Leben entschieden zu haben. Das Leben ist gar nicht »in«, und doch ist es das, was jeder Mensch sich wünscht. Es ist üblich, an den Tod als reales Ereignis zu glauben. Es mag daher fast unmöglich erscheinen, diese Befürchtung loszulassen. Es ist nicht so, als wollten wir diese Körper nicht irgendwann aufgeben, doch sie können nicht wirklich leben, wenn Sie Gedanken an den Tod beherbergen. Tod setzt voraus, daß Gott Sie umbringt und dem Menschen die Furcht vor dem Leben eingibt. Sich dem Augenblick zu überlassen heißt, sich ganz dem Leben anzuvertrauen. Ihre einzige Überlegung sollte dem Leben gelten. Sie brauchen sich nicht auf den Tod vorzubereiten. Bereiten Sie sich nicht vor auf Schaden, Verletzungen, Schmerzen oder Verlust. Sie werden erst real durch Ihre Vorbereitung. Es sind vom Ego geschaffene Illusionen, die Sie terrorisieren und andere beherrschen. Das Leben ist ein Segen, kein Fluch. Gott ist kein Mörder oder Dieb in der Nacht, der Ihnen raubt, was Sie lieben. Ich weiß, das mag sich seltsam anhören, doch untersuchen Sie doch selbst die Wirklichkeit, und erkennen Sie diese Wahrheit. Erstreben Sie Lebendigkeit. Das Schlimmste, was Ihnen widerfahren kann, ist, daß Sie den Tod als Realität ganz aufgeben, das Leben in vollen Zügen genießen, das Leben lieben – und sterben. Na und! Sie werden *gelebt* haben, und das ist es doch, was zählt! Hören Sie auf damit, das Leben zu vertagen!

Finden Sie heraus, wo Sie sich bisher beschränkt, Ihr Leben vertagt haben und dem Todesgedanken Raum gaben. Für den Tod zu leben ist unverantwortlich, denn Sie brauchen den Tod nur als Ausflucht, um zu verhindern, Ihr Leben jetzt in Ordnung zu bringen. Geben Sie den Tod auf – und das Morgen steht Ihnen offen. Leben Sie heute – und morgen wird heute, wenn es gekommen ist. Zeit und Raum sind nur Aspekte des Denkens. Das Leben ist unendlich, ewig und erfordert Ihren ganzen Einsatz. Lassen Sie sich selbst verzehren von der Leidenschaft, *in diesem Augenblick zu sein* und das Leben als einzige Möglichkeit anzusehen. Das Leben ist eine göttliche Erfahrung. Warum wollen Sie nicht sehen, wohin dieses Leben führt?

Fragen Sie sich:

- ☐ Wie wäre das Leben, wenn es keinen Tod gäbe?
- ☐ Wie könnten Sie leben, wenn Sie kein Ziel hätten, nicht Ihren Lebensunterhalt verdienen und sich selbst verbessern müßten?
- ☐ Was, fürchten Sie, wird geschehen, wenn Sie sich in diesem Augenblick dem Glück, dem Frieden und der Freude überlassen?
- ☐ Was ist Ihnen mehr wert als ganz lebendig zu sein, sich selbst zu vertrauen und in Gottes Liebe zu leben?

Nichts sollte Ihnen wichtiger sein als die Qualität Ihres Lebens. Es ist die Begeisterung, die Sie in das Leben hineinstecken, die Ihnen erst das Leben schenkt. Zum Leben anderer können Sie nur durch Ihr eigenes Beispiel beitragen. Leben Sie die Liebe in diesem Augenblick, so werden Sie andere inspirieren, dies auch zu tun.

Der zweite Gedanke hat damit zu tun, sich selbst gegenüber freundlich und mitfühlend zu sein. Ich weiß, ich habe das schon erwähnt, aber ich tue es noch einmal. Sie können wie ein neugeborenes Baby sein und zerbrechlich und unschuldig emportauchen, wenn Sie die Schichten der Unwissenheit und der Lügen abwerfen. Sie mögen sich alleine fühlen, da Sie so viel aufgegeben haben und das Neue noch nicht eingetroffen ist. Doch ich bin da, und es sind Tausende und Millionen, die zu Ihnen stoßen und Ihnen Kraft geben. Vieles müssen Sie alleine tun. Um da zu sein, wo Sie sein wollen, müssen Sie das loslassen, wo Sie sind. Sie müssen den Weg alleine gehen, denn erst in Ihrem Alleinsein wird Ihnen klar, daß Sie niemals alleine gewesen sind.

Ich habe viele einsame Tage und Nächte verbracht, in denen ich mir Fragen stellte, weinte und mich selbst suchte und mir begegnete. Es hat sich gelohnt. Ich möchte, daß Sie wissen, daß ich Sie liebe und daß das

Leben jeden Tag besser wird. Der Vorgang des Auseinanderfallens ruft die Aufregung hervor, die Sie neuen Ebenen des Lebens entgegentreibt. Sie werden neue Bereiche von sich selbst betreten, die Sie früher nicht geliebt haben, damit Sie sich jetzt vollständiger lieben. Alles dient dazu, uns selbst mehr zu vertrauen, unser Leben dem Heiligen Geist zu übergeben und mehr Liebe und Gutes anzunehmen. Denken Sie daran: Alles wirkt zusammen zu Ihrem Wohl. Derjenige, der Gutes in allem entdeckt, ist nicht zu schlagen. Die Investition, die Sie in sich selbst hineinstecken, zahlt sich auf ewig aus. Ich möchte, daß Sie weitermachen, immer wieder die Wahrheit sagen, immer wieder das Durcheinander in Ordnung bringen, es erneut wagen, anderen noch einmal verzeihen und sich noch einmal für die Liebe entscheiden.

Sie sind Teil einer wachsenden Gruppe von Wesen, die diesmal alles haben wollen und noch darüber hinausgehen. Ihr Mut, zu sein, was sie sind, und ein Leben in Liebe, Wohlstand und Glück zu führen, ist für jeden eine Inspiration. Sie sind derjenige, durch den Gott den Himmel auf Erden wiederherstellen kann, und Sie sind derjenige, der ihn zuerst erfahren muß.

Dieses Buch wird Ihnen nur geholfen haben und das auch in Zukunft tun, wenn Sie das tun, was nötig und erforderlich ist. Ein Werkzeug, das nicht benutzt wird, ist nur potentiell ein Werkzeug. Weigern wir uns, den Schlüssel zum Öffnen der Türe zu benutzen, dann bleiben wir vor dem Haus stehen. Nutzen Sie dieses Buch. Verwenden Sie es immer wieder, bis Sie es in ein Werkzeug verwandelt haben. Setzen Sie dieses Buch als Handbuch ein, um mehr Leben in Ihrem Leben zu erfahren, und teilen Sie dieses Buch mit anderen. Machen Sie andere darauf aufmerksam, wer sie eigentlich sind und worum es im Leben geht. Geben Sie anderen die Hilfe, die sie brauchen, um sich selbst zu erheben. Geben Sie ihnen ein Exemplar dieses Buches. Ich vermittle diese Botschaften über das Fernsehen und im Radio immer und immer wieder, bis unsere Welt ein sicherer und liebevoller Ort für alle Menschen ist. Ich habe meinen Platz, wo ich zum Wohle anderer beitragen kann – und Sie haben den Ihren. Zusammen besitzen wir mehr Macht.

Ich bin hier, und wenn Sie mir über sich schreiben wollen, dann stehe ich dafür zur Verfügung. Seien Sie sich bewußt, daß wir im Herzen eins sind. Ich weiß, Sie lieben mich, so wie ich weiß, daß Sie um meine Liebe zu Ihnen wissen. Ich glaube an Sie, und ich weiß, Sie sind ein in jeder Weise fähiger Mensch. Es gibt nichts, das Sie mit Gott als Ihrer Quelle nicht sein, tun oder haben könnten. Dies ist wahrlich die »Gute Nachricht«. Irgendwo werden wir uns begegnen, und unsere Herzen werden sich erkennen. Wir wollen unsere Augen offenhalten, damit wir uns auf unserem Weg erkennen können, damit wir, ganz gleich, wie verschieden wir auch scheinen mögen, in einem gemeinsamen Ziel der Liebe und des Friedens zusammenfinden. Sie sind wahrlich königlich im Königreich Gottes, und ich verneige mich vor Ihnen. Es ist immer noch mehr für Sie da, wenn Sie es nur für sich fordern.

Ich liebe Sie
Terry Cole-Whittaker